Well-Being and Justice

福祉と正義

Amartya K. Sen　　Reiko Gotoh
アマルティア・セン／後藤玲子──［著］

東京大学出版会

Well-Being and Justice
Amartya K. Sen and Reiko Gotoh
University of Tokyo Press, 2008
ISBN 978-4-13-010110-3

目次

目　次

Ⅰ　個人の権利と公共性

Ⅱ　正義の条件――義務と相互性――

初出一覧

序章　後藤玲子「アマルティア・セン」
初出：「アマルティア・セン——近代経済学の革命家——」八木紀一郎・高哲男・鈴木信雄・大田一廣編『新版経済思想史——社会認識の諸類型』、名古屋大学出版会、二〇〇六年、三二七—三四二頁。

第一章　アマルティア・セン「民主主義と社会的正義——公共的理性の到達可能性——」
国際シンポジウム「二一世紀の公共性に向けて：セン理論の理論的・実践的展開」、立命館大学、二〇〇三年六月二日　講演原稿

第二章　後藤玲子「〈自由への権利〉再考」
「アマルティア・センの〈整序的な目標＝権利システム〉の構想」
「実質的自由の内的連関とその制度化について」
国際シンポジウム「二一世紀の公共性に向けて：セン理論の理論的・実践的展開」、立命館大学、

二〇〇三年六月二日　講演原稿

第三章　アマルティア・センン「帰結的評価と実践理性」
The Journal of Philosophy Volume XCVII, No. 9, September 2000, pp. 477–502.

第四章　後藤玲子「正義と公共的相互性――公的扶助の根拠――」
初出：「正義と公共的相互性：公的扶助の根拠」『思想』「特集　福祉社会の未来」、第九八三号、二〇〇六年、第三号、八二―九九頁。

第五章　アマルティア・セン「開かれた不偏性と閉ざされた不偏性」
The Journal of Philosophy, 99 (9), 2002, pp. 445–469.

第六章　後藤玲子「ローカル正義・グローバル正義・世代間正義」
初出：「差別――ロールズ格差原理の再定式化――」藪下史朗・川岸令和編著『立憲主義の政治経済学』、東洋経済新報社、二〇〇八年、二一五―二三五頁。
「世代間正義の原理とその制定手続き――ロールズ社会契約論再考」、鈴村興太郎編『世代間公平性の論理と倫理』、東洋経済新報社、二〇〇六年、三三七―三五八頁。

終章　後藤玲子「福祉と正義」

初出：「〈実質的自由〉の実質的保障を求めて――ロールズ格差原理と潜在能力理論の方法的視座」、季刊『経済理論』、第四三巻、第四号、二〇〇七年、四一―五四頁。

序章　アマルティア・セン
——近代経済学の革命家——

一　はじめに

これまでのノーベル経済学受賞者で、人々の人生観（How to live their lives）や世界観（How to see our world）に直接訴えかけることのできた人がどれ程いただろうか。そしてこれからもどれだけいると期待されるだろうか。一九九八年にノーベル経済学賞を受賞したアマルティア・センは、人々の人生観や世界観に直接訴えかけることのできる稀有な経済学者である。大中小の三つのバッグ（コンピューターとジョギングシューズ、書きかけの原稿と行く先々で手渡された書籍の入った）を抱えて世界各地の空港から空港へ飛び回るセンは、国境というボーダーを越え、専門というボーダーを越え、学問と実践というボーダーを超えて、深い洞察と鋭い知性、ウイットに満ちた語り口と朗らかな笑い声で、世界中の人々を魅了し続けている。

センは一九三三年、インドのベンガル地方のシャンティニケタンで生まれた。もともと数学と物理学を専攻していたセンが経済学に転じたきっかけは九歳の時、およそ三〇〇万人の犠牲者を出したと言われるベンガル大飢饉を目撃した体験にあるという。以来、彼のまなざしは不遇な人々の境遇とそれをもたらすメカニズムの究明・新たな社会・経済制度の構築に向けられる。社会的選択理論でのセンの業績は、専門分野の発展に寄与するのみならず、権利と社会的目標、自由と民主主義をめぐる政治哲学上の難問に挑む理論として注目された。また、彼が厚生経済学でなした貢献は、自由な競争市場の優れた性能に配慮する一方で、貧困や社会的不正義の除去に有効なアプローチとして、UNDPの「人間開発指標」などで実践的に応用されている。

だが、彼がノーベル経済学賞を受賞する道は決して平坦ではなかった。著名な主流派経済学者はこぞってセンの受賞に反対し続けたと言われる。センが専門とする社会的選択理論は、一般均衡の存在証明で著名なケネス・アローが創始した理論であり、厚生経済学は顕示選好や新古典派総合で著名なポール・サミュエルソンらによって展開された分野である。これらの分野に多くの独創的な貢献をなしたセンを表立って主流派経済学から追放することはできないはずだ。にもかかわらず、彼らがセンの受賞に執拗に反対し続けたのはなぜだろうか。その理由は、新古典派経済学からの距離のみならず、情報経済学やゲーム理論、行動経済学との間の、近いようで遠い距離によって理解される。

二　近代経済学における位置

ノーベル経済学賞受賞後、センは、権利、民主主義、人権、グローバルな正義、自由と文化などの政治的イシューをテーマとして世界各地で精力的に講演活動を開始した。それらは、政治哲学一般からフェミニズム、多文化主義などに対して理論的インパクトを与えるとともに、大学や政府・NPO

機関を舞台に、公共的討議と活動の創出という、実践的な役割を果たしてきた。だが、センの真の貢献は、やはり経済学にあるといえよう。なぜなら、彼の議論の背後には、常に、経済及び経済学と格闘した痕跡がくっきりと残されているからである。彼は、経済学的な思考方法の利点を熟知した上で、それを超えた理論の構築を志向してきた。センの「経済&哲学」には、人々の現実の行動を記述するに留まらない、不正義に抗して経済システムを改変するための理論と分析ツールが内包されている。

センの研究領域は大きく二つに分けられる。一つは、経済システムのあり方、とりわけ資源配分方法に関する研究であり、不平等・貧困・開発・福祉が主要な関心とされる。他の一つは、経済システム構築・再構築プロセスに関する研究であり、個々人の意思を尊重しながら、経済システムのあり方を決めていく社会的選択プロセスが関心とされる。センは、これらの研究を相互に関連づけながら、近代経済学の枠組みと方法を大きく転換した。均衡解の存在や一意性の証明を主眼とし、内的一貫性(internal consistency)と完備性(completeness)を自明の要求とする、高度に抽象的で自己完結的な一般理論を解体し、代わりに、外的(視点との)対応性(external correspondence)を明示的に組み入れた個別具体的で開かれた理論へと経済学を再構築する。

近代経済学と一定の距離を保ちながら、その理論的前提や定式化を批判する経済学者は少なくない。だが、センの特徴は、いわば近代経済学のハートにありながら、その中心部に体当たりしてきた点にある。彼によれば、近代経済学の最大の難点は、モデルの定式化に対する過度な志向性にある。そこで描かれる個人は、――合理的で、自律的な選択主体ではあるものの――内的に完結したモデルにおける一変数以上のものではない。たとえば、市場というシステムの中で、あるいは、超長期的な適応と進化の仕組みの中で、理論的に予測されたメカニカルな動きや推論（reasoning）を遂行する受動的な存在にすぎない。だが、本来、経済学が依拠すべき個人の推論や合理性は、形式的な内的一貫性に留まるべきものではないはずだ。また、経済学が、考慮すべき個人の自由とは、形式的な自律性の尊重に留まるべきものではないはずだ。

ところで、内的一貫性を越えて人の推論や合理性を理解するためには、本人が受容する外的な諸目的や諸価値との対応関係を見る必要がでてくる。また、個人のより実質的な自由を考慮するためには、本人の選好や利益の成り立ちや性質を直接精査するアプローチが必要になってくる。いずれにしても、定式化されたモデルの内的完結性を打ち破る外的視点の導入が避けられない。かくして、センの哲学・倫理学研究は、経済モデルで考慮されるべき外的視点の内容的検討に向かった。また、社会的選択理論研究は、外的視点の相違による個人の選好や選択行動の相違を多層的に捉える方法的考察に向かった。だが、この外的視点の導入こそは、近代経済学が一貫して回避しようと努めてきたことだった。センの経済学の革命性は、ひとことで言えば、経済学理論の中に、この外的視点を奪回する試みに看取される。

以下では、このようなセンの革命性を浮き彫りにしていきたい。はじめに、センが批判的に捉えた近代経済学の基本的枠組みを検討していこう。

三　近代経済学の革新と保守

自己利益最大化のみを行動動機とする合理的経済人（ホモ・エコノミクス）の想定は、およそ、個々人の集合的な行動が変数とされるあらゆる社会事象の分析において、広範囲な影響力をもってきた。たとえば、異なる社会政策の性能を比較評価する際に、また、個人の権利や権原の実効性を理解する際に、個々人がそれらを所与として、合理的に私的効用を最大化しようとしたら、はたして、集合的にどんな帰結がもたらされるかが、経済学的分析の主要な関心とされた。犯罪や結婚、争いなど一見、経済学とは無縁な個人の行動や集団的行動、その他、社会現象一般にも、近代経済学の理論は広く応用されていった。

その一方で、経済学に対する批判の矛先も、多くこの想定に向けられてきた。人の行動動機は私的利益最大化に留まらないはずだ、他者への共感や利他的動機に基づいて行為する場合もあれば、制度に適応して行為する場合、道徳法則や正義原理に従って行為する場合もあるだろう、と。[1] また、人はさほど合理的に行動できるものではないはずだ、人の能力は限られているから、合理的予測や利得計算を回避して、慣習にただ従おうとする場合もあるだろう、と。このような批判は、一部、経済学の外だけでなく、経済学の内部からも湧き起こり、理論の発展を大きく促してきた。

だが、行動動機の拡張や合理性要請の緩和それ自体は、近代経済学の根幹を揺り動かす「革命」にはならなかった。近代経済学は、個々人が事実として、私的利益——本人の快苦・願望充足・幸福など——の最大化を行動動機としていること、それらを完全な合理性のもとで追求していることを前提とするものではないからだ。むしろ、その眼目は、一つに、あらゆる財・サービスが取引される普遍的な市場において、価格を所与とする無数の経済主体の自律的な経済行動によって、すべての財・サービスの需給がバランスする一般均衡がもたらされること、そして、均衡が「効率性」というよき性質を満たすことを説明することにあった。合理的な私的利益の最大化行動は、相互に分離された経済主体間の対称性を実現し、一般均衡の存在と効率性を保証するための一つの理論的仮定――「外部性」が存在しないこと、単調性を満たすことなど――に他ならなかった（Arrow=Harn, 1971 参照）。

近代経済学のもう一つの眼目は、個々人の選択行動（及びそこに顕示された選好）を情報的基礎の最小単位とし、それ以上の情報――背後にある行動動機や選好の性質など――を求めないことにあった。人々の選択行動（及びそこに顕示された選好）に想定されることは、次の意味での「合理性」だけである。[2] 個々人は、いつも、本人の選好――序数的で個人間比較不可能な順序（反射性・推移性・完備性をみたす）[3]――に照らして、外的制約条件（本人の初期状態、本人以外の人々の評価、その他共通の環境要因）が許す限り、最も高いランクの選択肢を選ぶだろう。顕示選好理論（revealed preference theory）と呼ばれるこの考え方（Samuelson, 1938 参照）は、技術的には選好の基数性や個人間比較可能性を要請しない点に特徴をもつ。それは、経済事象の記述や予測を促進するとともに、分析者の恣意的判断が入り込む外的視点を注入しないという価値中立性の要請、あるいは、より小さな前提から結論を導出するという方法的要請、情報利用を節約するという情報の効率性などの観点から利点をもつと考えられた（Robbins, 1935）。

しかも、それは、次の規範的観点からも擁護された。すなわち、顕示選好理論では、個々人は自発的な選択行動の背後にある評価の内容に干渉されないという意味での個人の自律性が尊重される（手続き上の利点）。さらに、いずれの個人も、外的制約条件を所与として、本人の評価に照らして最大のランクを達成している点で、個人間の対称性が保証される（結果的な利点）、と。後者は、自由な競争市場のように、無数の経済主体がフラットなポジションで行動する――どの経済主体も単独では価格を動かす力（特権性）をもたない――場合には、そのまま、他の人々の効用を下げることなくしては、どの個人の効用を高めることもできないという、パレート効率性（Pareto Efficiency）につながる。かくして、顕示選好理論は、自由な競争市場制度を手続き的・結果的公正性の観点から正当化するとともに、市場ときわめて親和的な自由の観念を強力に流布することになった。

顕示選好理論は、ケネス・アローの創設した社会的選択理論を通じて、その射程を広げ、政治学、法学、社会学などの分野にも積極的に移入されていく。たとえば、多数決投票や審議会での意思決定プロセスの分析、個々人の支払い意思（willingness to pay）に基づいた環境アセスメント（Contingent Valuation: CV 法、Kahneman and Knetsch, 1992, p. 57 参照）などである。さらに、市場とは異なる問題状況が新たな分析対象とされるようになった。たとえば、情報の非対称性や不確実性が存在する状況、一人の個人の行動が直接、他の個人の利得や行動に影響を与える状況、価格のように誰もがアクセス可能な公共情報が存在しない状況、あるいはまた、情報収集や推論、予測を行う能力の限界が人々の選択行動を著しく制限する状況、個々人の制約つき最大化行動が社会的なパレート効率性の実現につながらない状況（Sen, 1974, p. 79, n17 参照）などである。

このような分析対象の拡大は、他分野との交流を助けとして、現実を記述し予測する近代経済学の理論を大きく拡張することになった。ゲーム理論や情報経済学、行動経済学と呼ばれる分野を中心に、市場では想定されていなかった個人間の直接的な相互依存関係や個人の限定合理性を内生的に分析するツールが開発されていった（Simon, 1955など参照）。かくして、顕示選好理論は次のように拡張的に記述される。すなわち、個々人は、外的制約条件――ただし、それはひとの能力に関する生物学的あるいは心理学的制約も含み得る――のもとで、本人の評価――ただし、それは他者への同調や制度・慣習への順応、超長期的な適応行動なども含み得る――に基づいて、できる限り本人の厚生――ただし、それは他者の利得や効用への関心なども含み得る――を高めるように行動するだろう、と。

その一方で、科学としての経済学は、個人の選択行動（そこに顕示された評価）の内容や性質を精査する外的視点を導入すべきではないという前提、ならびに、顕示された個人的評価を分析の最小基礎単位とし、個々人の評価の形成理由や内容、個人間格差やそれをもたらす制度的諸要因に関する批判的精査は自粛するという、顕示選好理論の基本的スタンスは残された。センが挑むのは、このような近代経済学の到達点である。次節では、経済と経済学に対するセンの基本的認識を明らかにしたい。

四　経済と経済学に対する基本的認識

社会的不正義と経済システム

先述したように、センが経済学に転じた理由の根底には、幼い頃に目撃した飢饉に対する義憤があった。経済と経済学に対する彼の関心は、常にその義憤――換言すれば、不正義に抗する視点――によって裏づけられていたといっても過言ではないだろう。たとえば、市場での「合法的な」取引の結果、貧困状態に陥る人々が出現するとしたら、あるいは、取引に際して、初期賦与量や交渉能力など、個々人の外的制約条件の実質的中身に著しい非対称性が存在するとしたら、経済学はそれらを放置できるだろうか。

『貧困と飢餓』（一九八一年）の中で、センは次のように記述する。近年、発生した多くの飢饉では、利用可能な食物が社会的に不足していたわけではなかった。むしろ、特定の集団や地域では食物の余剰が存在していたのである。また、略奪、詐欺、横領等による所有権の侵害が発生していたわけでもなかった。むしろ、所有権が合法的に保護された貯蔵庫の前で、多くの人々が死んでいったのだ。その人々は、また、合理的な選択に失敗した――日頃馴染みのない食物の購入を忌避した、あるいは自ら就労を拒絶して稼得手段を失った等――わけでもなかった。物理的には確かに存在した食物を、合法的・合理的に入手しようとしても、入手する術のなかった人々が飢えたのである。たとえば、土地を所有しないがゆえに自己の生産した作物を消費できなかったひと、供給が過剰であったために、自己の所有する財を食物と交換する術をもたなかったひと、需要が減少したがために非自発的に失業し、所得の獲得手段を失ったひと、その結果、飢饉に見舞われた人々から他の人々へ、最小限の必要が充たされない地域からより豊かな地域へと、残されたわずかな食物が流出する現象すら出現したのである。このように、ある特定の集団において、合法的・合理的に取得できる財の範囲が極端に狭まったことが、飢饉の発生の最も主要な原因であった。「交換するものをあまり所有していなければ、多くのものを需要することができない。そこで、さほど切迫した必要がないものの、より強い権原（entitlement）をもつひととの競争に敗れることになる」(Sen, 1981, p. 161.)。

権原とは、ひとの経済活動の多様な局面で発生する様々な所有形態（ownership）を、合法的な諸ルールによって相互に関連づける概念である。たとえば、私が一切れのパンを所有するとしよう。この所有はなぜ容認されるのか？　それは自分のお金と交換したから。お金の所有はなぜ容認されたのか？　それは自分の竹の傘を売ったから。竹の傘の所有はなぜ容認されたのか？　それは自分の土地で採った竹を素材として自分の労働で作ったものだから。土地の所有はなぜ容認されたのか。それはお父さんから受け継いだものだから。かくして、個人の取得可能な財バンドルの集合が総体として正当化されることになる。センによれば、私的所有制のもとでは、次の四つの権原が承認され、相互に関連づけられて、「権原関係のネットワーク」を形成しているという。すなわち、⑴交易に基づく権原、⑵生産に基づく権原、⑶労働所有に基づく権原、⑷継承と移転に基づく権原である。この視点は、個々人を襲った飢餓や飢饉は、決して偶然的な事故あるいは災害ではなく、無数の「合法的な」権原の連なりがもたらした帰結の一つに他ならないこと、それは経済システムが内蔵する構造的特質の突出部分にすぎず、根底には、慢性的貧困や窮乏など目には見えにくい深刻な問題が横たわるという事実をあぶり出す。

システム改変の武器としての社会的選択理論

このような問題関心からセンが注目したのが、アローの創始した社会的選択理論だった。彼は、社会的選択理論に次のような可能性を見出す。

社会的選択理論のテーマは次の通りである。どのような場合に多数決ルールは明晰かつ整合的な決定をもたらすことが可能であるか。社会構成員たちのきわめて多種多様な諸利益を考慮に入れるとき、社会は全体として善く機能しているという判断はいかにして形成されるのか。社会を構成している様々な人々の多種多様な窮地や悲惨さを考慮するとき、貧困はどのように測定されるべきか。個々人の選好に適切に配慮しながら、彼らの権利や自由を調整するためにはどうしたらよいのか。自然環境や公衆衛生などの公共財に関する社会的な価値評価をいかに形成すべきか。この他にも、直接的には社会的選択理論に属するものではないとしても、集団的決定に関する研究の成果（たとえば、飢饉や飢餓の原因と予防、ジェンダー間の不平等の形態と影響、あるいは「社会的コミットメント」とみなしうる個人の自由の諸要求など）によって理論的に促進された調査研究が少なからず存在する。社会的選択理論の到達地点及び関連領域はまことに広いといえよう（Sen, 2002, p. 67）。

すなわち、センにとって、社会的選択理論とは、個々人の行動やテクノロジー、経済環境を規制する人為的な制度や法を、人々自身の力で創り変えるための理論的道具となるべきものだった。先述したように、アロー自身は、プラトン的実在説への反発と科学としての近代経済学への強固なシンパシーから(4)、序数的で個人間比較不可能な選好概念をもとに、あらゆる選好パターンとあらゆる選択肢集合に関して（定義域の非限定性）、個人的評価のプロファイルから一定の合理的な社会的評価を導出する集計手続き（パレート条件と非独裁性、情報効率性を満たす）の存在可能性を問うという、極度に一般的・抽象的な理論を構想するに留まった。社会的選択理論におけるセンの功績は、不可能性定理を導出したアローの理論的前提を一つ一つ吟味する作業を通じて、その理論的発展に努めながら、実のところ、近代経済学全般に共通するその基本的前提と枠組みに挑んでいたといっても過言ではない。その中心は、次の「推論」と「合理性」の再検討におかれた。

五　「合理性」概念再考

一貫していることはよいことか？

われわれはしばしば、ひとは、あらかじめ（選択に先だって）、いろいろな種類の財やサービスに対する好みをもち、それに従って一貫した選択をなすと想定する。たとえば、友人は、家でCDを聴くより旅行の方がはるかに好きだが、たまたま航空チケットの価格が高騰したために、CDの購買に切り替えたのだろう、彼らは、もともとあくせく働いて稼ぐより、自由な余暇を楽しむことが好きだから、そこそこ暮らして行ける所得補助がなされたら、働こうとはしないだろう、など。

確かに、このような推論は、特定の状況で限られた選択肢に関しては、当てはまることも多いだろう。だが、周囲の状況や選択肢のメニューが複雑に変化するとしたら、それによって、配慮しなくてはならない事柄が増えたとしたら、どうだろうか。たとえば、周囲に働きたくても働けない人々が増加したとしたら、しかも、障害をもちながら働くことのできる条件が揃ったとしたら、働けるあいだは余暇を少し減らしてよけいに働こうかと考えるようになるかもしれない。あるいは、かえって安価な労働力として使われることを懸念して、まったく働かないことを選択するかもしれない。

近代経済学の特徴は、あらゆる状況であらゆる選択肢（と選択肢集合）に関して、一貫した選択を仮定した点にある。その要請は、たとえば、次のように定式される。

［選択の二項関係性］ あらゆる非空集合Sに対して、集合Sから選ばれる選択肢xは次のような性質をもつ。すなわち、xはSに属し、かつSに属するあらゆる選択肢γと少なくとも同じくらい選好される。すなわち、$C(S) = [x | x \in S \& \forall \gamma \in S : xR\gamma]$

ただし、Cは選択関数を、Rは、想定されるあらゆる選択肢集合上で反射性、推移性、完備性の性質を満たす選好順序を表す（推移性は非循環性（acyclicity）に緩められる）。「選択の二項関係性」は、サミュエルソンの「弱顕示選好」を任意の集合に関して拡張したものであり、次の要請を含意する。すなわち、選択肢x、yが含まれているある集合で選択肢yは選ばれないとしたら、選択肢x、yが含まれている他の集合からもyは選ばれることはない。センはこの要請を「メニュー独立性の要請」と呼んだ。また、選択の二項関係性などを「内的一貫性（internal consistency）」と呼んだ（不確実性のもとでの「確実性の原理（sure things principle）」なども含まれる）。

だが、はたして内的一貫性は合理性の十分条件と言えるだろうか。センは否という。なぜなら、内的一貫性は選好順序の理由を問わないからだ。たとえば、選好順序がそっくり逆向きになったとしよう。それでも内的一貫性は保たれる。だが、それもまた合理的であるとただちにいえるだろうか。背後にある理由との照合ぬきには困難だ。それでは、内的一貫性は必要条件といえるだろうか。センはやはり否という。なぜなら、たとえ選択肢集合$\{x, y\}$からxを選び、選択肢集合$\{x, y, z\}$からyを選ぶとしても、各選択が異なる規範や目的・価値とそれぞれ合理的に対応している可能性があるからだ。

あるいは、選択肢集合（メニュー）の変化それ自体が新たな情報を提供し、合理的に選好を変えた可能性があるからだ。センはこの点を次のような例で説明する（Sen, 2002, ch. 4, 5）。

たとえば、ある個人が、あまり親しくはない知人にお茶に招待され、「お茶を飲みに出かける、出かけない」という二つの選択肢集合に直面して、お茶を飲みに出かけることを選んだとしよう。次に、そのあまり親しくはない知人によってコカインパーティにも誘われ、「お茶を飲みに出かける、コカインパーティに参加する、出かけない」という三つの選択肢集合に直面して、今度は出かけないことを選んだとしよう。はじめに、お茶を飲みに行くことを選んだのは、そのひとがお茶に誘ってくれたことに感謝し、そのひととより親しくなることを望んだからであった。それに対して、次に出かけないことを選んだのは、そのひとがコカインパーティを開くようなひとであることを知って失望し、そのひととのつきあいを警戒したからであった。

あるいはまた、ある医師が一つの薬を二人の患者のいずれに投薬するかの選択を迫られたとしよう。一方の患者は他方の患者よりもその薬によって助かる見込みが若干高く、薬は分割できないとする。もし直ちに投薬することを迫られたとすると、彼は助かる見込みのより高い方の患者に投薬することを、選ぶかもしれない。その選択行動は、医師としての評判を高め、期待効用最大化の観点からも正当化されるだろう。だが、もし彼が、くじ引きすることを許されたとしたらどうだろうか。もしかしたら彼は、助かる見込みの高い患者に確率*1*で薬が渡るトリビアルなくじよりも、二人に同確率で薬が渡るくじの方を選択するかもしれない。自分の手で、もう一人の患者の生存の可能性を決定的に奪うよりも、二人の運を天に任せたいという理由から。彼らをはたして不合理だと言えるだろうか。

思考の規律としての合理性

その一方で、センは、正義論や進化的ゲーム理論にも疑問を投げかける。理性は、私的利益最大化の仮定の対極にあって、常に正義原理に従うことを要請するのだろうか。あるいは、超長期的な利益に従う適応行動が事後的に観察されるだけで、理性による事前的な判断の余地はないのだろうか。これらの見解は——私的利益最大化の仮定と同様に——、確かに、特定の状況で特定のメニュー（選択肢集合）に関して、個々人が選び取る行動動機の一つと考えられる限り、見逃すことのできない重要な議論を提起する。だが、あらゆる状況であらゆるメニューに関してあらゆる個人にあてはまると主張された瞬間、それらもまた、上記の選好の内的一貫性に関する批判を免れられない。「選好」という語は、もともとのアローの定義がそうであったように、嗜好（taste）とも価値評価とも「評価についての評価も含めた評価体系全体」とも、さらには、進化が埋め込まれた本能とも書き換えられるからである（Arrow 1951a, p. 18 参照）。

それでは、センの考える合理性とは何だろうか。センは、それは思考の規律の一つであるという。そして、推論とは、選好評価の理由となる目的や価値そのものを問い返し、状況に応じて自分の採用する行動動機それ自体を吟味し、情報に応じて選好評価を組み変え、選択し直す営みであるという。センによれば、このような理性の営みは、限界合理性の考え方あるいは長期的な進化のプロセスという考え方と矛盾するものではないが、それらによって、無効にされるものでもないという。それはまた、人々の間に共有された自我や判断様式が存在するという考え方、あるいは固定的な制度のもとでイデオロギーが形成されるという考え方とも矛盾するものでもないという。だが、いかに深く強い制約があろうとも、ひとが推論する余地は確かに存在し、この点を認めることは、個人の自由の理解にかかわってくるのだ、とセンは主張する。リベラルパラドックス以来、センは、経済学で、自由を論じ続けた。(5) それこそは、セン経済学の核心といえるかもしれない。

六　自由再考

センにとって、合理性は、いわば経済の枠（frame）を規定するキイ概念だとしたら、自由は、センにとって、まさに経済の的（object）となるキイ概念だった。センによれば、経済は、資源や財を利用して——ひとの厚生を高めるだけでなく——ひとの自由に資するものでなければならない、という。

かつて哲学者アイザイア・バーリンが、個人が何かを達成する能力を阻む外在的要因と内在的要因に着目し、自由の平等な保証は、外在的要因の除去を意味する消極的自由に限られるべきだと主張したとき、若きセンはバーリンに嚙みついた。川にひとを突き落とすのがいけないとしたら、川に溺れそうなひとを見過ごすことがなぜ許されるのか、ひとから食べ物を奪うのがいけないとしたら、飢えているひとを見過ごすことがなぜ許されるのか、たとえ他者からの拘束から逃れることができたとしても、実際に何かを実現することができないとしたら、はたしてひとは自由であるといえるのだろうか、と。

かくしてセンは、バーリンが追放した積極的自由の概念を回収し、より広義な自由概念を構成する。センによれば自由とは、「本人が価値をおく生を生きられる」こと、より正確には、「本人が価値をおく理由のある生を生きられる」ことを意味する。それは、自己にも他者にもその理由をつまびらかにしながら、ある生を価値あるものとして選び取っていくという個人の主体的かつ社会的な営みが、実質的に可能であることを意味する。センの経済学は、このような広義の自由を人々に平等に保障すること、そのために必要な制度的な諸条件の整備――生存を支える物質的手段の保障から個人の主体的な生を支える社会的諸関係や精神的・文化的諸手段を整えることまで――を的（object）とした。

だが、自由の実質的保障を唱えようとした途端、ひとはたくさんの課題を引き受けなくてはならなくなる。たとえば、バーリンは、積極的自由を実現するためにはカント的な意味での自律――理性による傾向性のコントロール――が要請されるが、それが個人の内面を越えて社会的に要請されるとしたら、全体主義・管理主義を招来するおそれがあると憂慮した。また、リバタリアン（自由至上主義者）は、自由の実質的保障には資源に余裕のあるひとから困窮したひとへの移転を伴うが、それはまさに財産権の侵害ではないかと批判する。さらに、近代経済学者は、生存ぎりぎりのラインを超えて「本人が価値をおく理由のある生」を保障することは、人々の勤労意欲を低め、福祉依存を強めることにつながらないかと問いかける。他にも、個々人を別個の目的として扱うことは、個人間で分割不可能な共同善を実現する途を閉ざしてしまうのではないか、というコミュニタリアン（共同体主義者）の批判が存在する。はたして、センはこれらの批判にどのように答えるのだろうか。センの考える自由の保障とは具体的にどのようなかたちをとるのだろうか。

はじめに、「本人が価値をおく理由のある生を生きられる」という言葉の意味を検討しよう。それは、個人が選択主体であることに注目するのか、利益主体であることに注目するのか。この問題に関して、センは次のような議論を展開する。個人の選択を尊重するとしても本人が自分でなした選択が本人の意思を正しく示す保証はないし、本人の示した意思が本人の利益を正しく伝える保証もない。長い抑圧経験をもつひとは、他者からの批判を恐れて、自分の意思からかけ離れた選択をなしてしまうかもしれない。あるいは、自分の真の利益から目をそらすことが習い性になってしまっているかもしれない。そうだとしたら、本人の選択や意思はひとまず留保したうえで、本人の利益を直接、社会的に保障しながら、本人が自分の真の利益に適う選択をなすために必要な力（合理性や推論、想像力、共感）の修得機会、あるいはそのような力の発揮を支える条件の整備を行う方が妥当ではないか。

だがその一方で、何が真に本人の利益であるかもまた自明ではない。たとえ個々人に共通に有益な財が特定化されたとしても、個々の特殊な文脈においてその意味が異なってくる可能性を否定できない。ひとにとって飢えないことがかならず利益になるといえるなら、食料を給付すればよいだろう。移動することがかならず利益になるなら、移動手段を提供すればよいだろう。けれども、ひとの利益や関心は途方もなく多様であって、他に何かの目的があり、それとのひきかえで、いまは飢えを忍ぶことが、あるいは、ある箇所に留まることが彼女自身の利益に適うかもしれない。個々人は、外からは容易にうかがいしれない固有の事情をもち、独自の希望をもつとしたら、本人の意思を超えて本人の利益を知ることはきわめて困難であると覚悟せねばならない。

加えて考慮しなくてはならないことは、個人の評価が多層的であるという事実である。個人が配慮する対象は、自分自身の私的利益に限られない。また、個人の選択は、私的利益に対する関心に基づくとは限らない。たとえば、個人は、親しい家族や隣人の利益に広く配慮する場合もあるし、特定の他者との関係性を超えて、何が正しいかという問いへストレートに向かう場合もある。そして、何が正しいかがストレートに関心事となる場面では、あえて自分の私的利益（たとえそれが真の利益であろうとも）を差し控え、それとはかならずしも一致しない選択をなす可能性がある。あるいはまた、自己の有する知識や情報が不確かな事柄については、自分の意見が公共的に等しい重みでカウントされることを恐れて、あえて選択しないことを選ぶかもしれない。

このような困難に対処するために考案されたものが、潜在能力アプローチ（capability approach）である。ある個人の潜在能力（capability）は、財やサービスなどの資源（より厳密には、財やサービスなどの資源のもつ「特性（characteristics）」Gorman, 1968, Lancaster, 1966 参照）を利用して達成可能となる諸機能（functionings：すなわち、様々な行いや在りよう）の集合として定義される。潜在能力の中から何を実際に選ぶかは、本人が「価値をおく理由のある生」をもとに決められるとしても、選ぼうと思えば選べたはずの諸機能が不足していると判断された場合には、社会的に補塡する手立てがとられなくてはならない。最終的に選ぶのは、本人だという枠組みを残しつつも、実際に選ぶことを可能とする条件を整えることは、社会の義務とされる。この議論は、はたして、本人が選ぶ局面をどこに設定し、「実際に選ぶことを可能とする条件」に何を入れ込むかによって、まったく異なる様相を呈する可能性があるものの、選択主体と利益主体をともに尊重する枠組みを示した点で画期的である。以下では、潜在能力アプローチの要点を示そう。

七　潜在能力アプローチ

新厚生経済学は、近代経済学の落とし子である。その特徴は、効用の基数性と個人間比較可能性を完全に否定し、個人の選好の性質を識別する視点を排除しようとする点にある（Robbins, 1935 参照）。そこでは、たとえば、厚生経済学がもっていたニーズ（needs）観念は、理論的関心の外におかれた。はたして、競争均衡において実現される資源配分が個々人のニーズを満たすに十分なものであるか、あるいは、そもそも個々人の選好が本人のニーズを適切に反映しているかについては問われることがない。それに対して、センの潜在能力アプローチは、このニーズ観念を復活させるものでもあった。ただし、それは、前述したように、選択肢の集合と関連の深い概念であり、しかも、公共的討議を通じたニーズの発見――自分にとってのニーズ、自分たちにとってのニーズ、自分以外のより一般的なニーズを評価しようという個々人の内省的かつ公共的な営みの中を通じて、次第に形をとっていく――という考え方を背後にもつ点で、特定の性質やメニュー――たとえば、所得弾力性の小さい財やサービス――を理論先験的に仮定する厚生経済学での議論とも近年のベーシック・ニーズ論とも袂を分かつ（Streenten, 1980 など参照）。

潜在能力理論の真髄は第一に、本人が実際に選択した状態、あるいは、本人の評価に基づいて最大と見なされる状態のみならず、本人の評価から離れて、本人が達成可能である状態の集まり、すなわちその機会集合（潜在能力）に着目する点にある。ひとには、自己の福祉以外の事柄――介護してくれる人々の福祉や効用、あるいは国や自治体の財政状況など——を考慮して、あえて評価の低い福祉を選択する可能性がある。あるいは、慢性的な疾患をもちながらも医療費と仕事を休む機会費用を懸念して、ときおり酒を仰いで働き続ける可能性もある。これらの場合、彼らの状態は本人のある評価に基づいて最大ランクに位置しているからといって、あるいは、現在、彼らが達成できている福祉はさほど低くないからという理由で、社会的に放置してよいことにはならないだろう。機会集合への着目は、個々人が自己の福祉に関してどのような評価を形成する機会をもっているか、あるいは将来にわたってどのような状態が達成可能であるかにも関心を払うことを意味する。

潜在能力理論の真髄は第二に、財やサービスの配分を、効用（utility）ではなく、個々人のより客観的な状態である福祉（well-being）の観点から評価することにある。もちろん、自己の福祉に対する本人の評価は、本人の主観に基づく点で効用と共通する。ただし、効用は、多様な評価観点をひとくくりにする概念（快、願望の充足、幸福その他）であるのに対し、福祉に対する評価は、評価の観点と理由を明示的に区別する点において、効用とは異なる。評価の観点と理由の明示化は、本人以外の異なる評価者との間の了解可能性——受け入れるにせよ、受け入れないにせよ——を高めるとともに、財に対する本人の評価それ自体を複層的に捉える道を開くだろう。たとえば、ある個人は自己の福祉を損ねることを自覚しながら、病院に行かずに酒を買いに走るかもしれない。あるいは、自己の福祉に対する他者の評価——心配、配慮、非難など——を払拭できずに、酒屋の前で立ち尽くすかもしれない。このような彼の行動を効用情報だけで理解することは困難だろう。

潜在能力の真髄は第三に、ニーズと自由を不可分の観念とする点にある。ある個人に対してどんな潜在能力を保障すべきかは、本人の意思だけでは決められないとしても、本人の意思からまったく離れて定められる事項でもないはずだ。それは、人々の主観的評価に還元されはしないが、人々の認識や評価を超越した客観的事実として理論先験的に与えられるものでもない。それは、最終的には社会を構成する人々の社会的な選択によって決められなくてはならないだろう。ただし、ここでいう社会的な選択とは投票プロセス——たとえば多数決のような——だけを意味するものではない。上述したように、個々人の関心は多層的な構造をもち、個々人の意思もまた単一ではないとしたら、選択にあたって個々人は、自分の関心を振り返る作業を余儀なくされるだろう。潜在能力の社会的保障といった問題を決めるうえで最も重要なことは、自己のもちうる多様な関心や自己のなしうる多様な選択の中から、公共的な判断により相応しいものを選択しようという、個人のメタ評価（Sen 1974, 1977 参照）の営みであり、そのような評価を形成する理由を広く公共的に問うような討議プロセスではないだろうか。かくして、ニーズと自由は結び合う。「市民的・政治的自由の権利は、人々に対して自分自身のために行為する機会を与えるのみならず、自分以外のより一般的なニーズに対して関心を抱く機会、あるいは他者に対して公共的行為を要求する機会を与えるものである」（Sen, 1999, pp. 16–17）。

このように、センの潜在能力理論は、社会的選択の視座を伴って、個人の社会性を尊重しながら福祉を保障する手立てを決定し、福祉を保障する手立てを講じながら個人の主体性を尊重するという、離れ業に挑むものだった。その背後には、個人の主体性と社会性・公共性とのかかわりについての深い洞察が読み取れる。人には、選択することを通じて選択する力自体を高め、自分の位置や他者との関係や自他に対する責任を自覚し、自分のなした選択と真の利益とのギャップに気づいていく側面がある。だが、その一方で、「〈自分にとって〉価値ある生は何かという主体的な問いは、〈人々にとって〉価値ある福祉は何か」という社会的・公共的な問いとの関連で、より深く吟味される側面、他者に対して説明する努力を通じて、理由がより明確化される側面があることも確かではなかろうか。

八　近代経済学からの批判に応えて

二〇〇一年の初夏、ドイツのビーレフェルドで、ある著名な経済学者が「低賃金ではあるもののセクシャル・ハラスメントはあるものの高賃金である」という二つの雇用条件をめぐって、労働者自身が選択をするという経済モデルを提示したとき、センは激しく噛みついた。「ものごとには経済学的分析が適切な問題とそうではない問題がある」というのが、彼の長い批判コメントの主旨だった。筆者がそれに続けて、「切羽詰まった貧しい少女に、はたして選択の自由があるといえるのか？」とコメントし、あとで、「もし、私がそんな張り紙を見つけたら、中に入っていって雇用者を蹴っ飛ばすだろう」とつぶやくと、センはハッハッハッハと大声で笑い、「私をサポートしてくれてありがとう」と言った。これがセンとの最初の出会いである。

このとき私が思い浮かべていたのは、センの『自由と経済開発』（一九九九年）にあった次の一節だった。

半奴隷的な境遇に生まれ落ち、拘束的な状態にある労働者、抑圧的な社会で束縛的な状況におかれている女性、自己の労働力以外に格別の実質的稼得手段を持たない労働者らは、福祉の観点から剝奪されているばかりではない。彼らは責任ある生を送る能力という観点からも剝奪されている。なぜなら、責任ある生を送る能力は基本的諸自由をもつことに依存するものであるから。責任はその前提条件として自由を要求するのである。(6)

社会的選択理論&潜在能力アプローチに結実されたセン経済学の要点は、次の点にある。経済システムの分析にあたって、個々人を定式化されたモデルの一変数としてではなく、状況やメニューの変化に配慮しながら、複数の外的視点——相対立する動機や関心や規範——に引き裂かれながら、評価をつくり、こわす存在として理解すること。そして、経済システムの分析・評価・構築にあたっては、広義の意味での自由の保障——意思・利益・評価主体である個人を尊重すること——を外的視点として明示的に導入することである。

六節の冒頭で紹介したように、近代経済学は、生存ぎりぎりのラインを越えて「本人が価値をおく理由のある生」を保障することは、人々の勤労意欲を低め、福祉依存を強めることにつながらないだろうかと懸念する。それに対して、センは、同じく『自由と経済開発』（一九九九年）の中で、こう主張する。確かに、潜在能力の保障に関して、政策意図を裏切る帰結の可能性は残るだろう。だが、それはむしろ個人が動かざる受動体（motionless patients）ではなく主体的な行為者であることの証左に他ならない。

自由の保障の目標は、個人の主体的な活動性の回復にあるが、個人の選択行動が選択の状況やメニュー、目的や価値、他者との関係などに応じて多様な展開を遂げるものであるとすれば、政策意図とずれがでるのはむしろ自然ではないか。たとえずれがでたとしても、個人が、自己や他者との対話の中で「本人が価値をおく理由のある生」を見出したとすれば、自由の保障は確かな成果をもたらしたといえるのではないか、と。センはいま、モラル・コンフリクトの文脈で、経済学的思考（とりわけ二項比較の視点）のメリットを再評価する一方で、倫理の視点の明示的な導入を可能とする経済学理論の方法的拡張に取り組んでいる[7]。

（1） セン自身もこのような批判を行い、同感（sympathy）とコミットメント（commitment）という二つの概念を提示した。同感は他者の境遇への関心が直接自らの厚生に影響を及ぼすケースに対応する。その特徴は、他者の厚生を高める利他的な行為が自己の厚生をも高める点にある。それに対して、コミットメントは、たとえ自らの厚生を低める可能性があるとしても、その点に関する配慮とは独立に、引くに引かれぬ義務感からある行為を選択することを意味する（Sen, 1977; 1982, pp. 91–94）。

（2） ケネス・アローの社会的選択理論は、社会的選好に関しても同様の合理性を要求した。

（3） 反射性とは、「任意の選択肢 $x \in X$ に対して、xR_ix がかならず成立する」こと、完備性とは、「任意の選択肢 $x, y \in X (x \neq y)$ に対して、xR_iy あるいは yR_ix のうち、少なくとも一方が成立する」こと、推移性とは、「任意の選択肢 $x, y, z \in X$ に対して、xR_iy かつ yR_iz であれば、かならず xR_iz が成立する」ことと定義される。

（4） プラトン的実在説とは個人の願望とは独立に定義される客観的な社会善（social good）が実在するという仮定を指す（Arrow, 1951, pp. 22–23）。

（5） リベラルパラドックスとは、正式には「パレート派リベラルの不可能性」の定理を指す。すなわち、

「社会に少なくとも二人の個人がいるものとせよ。そのとき、パレート原理とセンの最小限の自由至上主義の原理を同時に満足する社会的評価形成ルールで普遍的な適用可能性をもつものは論理的に存在しない」(Sen, 1970b 参照のこと、また、鈴村＝後藤、二〇〇一／二〇〇二、一二〇―一二二頁、吉原（二〇〇四）などを参照のこと)

（6）　Sen 1999, p. 284.

（7）　Sen, 近刊を参照のこと。なお、本書でいう「外的視点」は「モデルの外」という意味であり、法哲学者H．L．A．ハートのそれとは異なる。この点を示唆してくれた二〇〇八年度日本法哲学会での議論に感謝したい。

参考文献

Arrow, K. J. (1951=1963) *Social Choice and Individual Values*, 2nd ed., New York: Wiley（長名寛明訳、『社会的選択と個人的評価』、日本経済新聞社、一九七七）

Arrow, K. J., and Harn, F. (1971) *General Competitive Analysis*, San Francisco: Holden-Day; republished, Amsterdam: North-Holland, 1979.

Kahneman and Knetsch (1992) “Valuing Public Goods: The Purchase of Moral Satisfaction,” *Journal of Environmental Economics*, vol. 22, pp. 57–70.

Robbins, L. (1935) *An Essays on the Nature and Significance of Economic Science*, 2nd ed., London: Macmillan.

Sammuelson, P. A. (1938) “A Note on the Pure Theory of Consumers’ Behavior,” *Economica*, 5, 61–71.

—*Foundations of Economic Analysis*, Cambridge, MA: Harvard University Press.

Sen, A. K. (1970a) *Collective Choice and Social Welfare*, San Francisco: Holden-Day.

Sen, A. K. (1970b) “The Impossibility of a Paretian Liberal,” *Journal of Political Economy*, vol. 78, 152–157.

Sen, A. K.（1974）“Choice, Orderings and Morality,” in Korner, ed., *Practical Reason*, Oxford: Blackwell; reprinted in Sen（1982）.

Sen, A. K.（1977）“Rational fools: A Critique of the Behavioural Foundations of Economic Theory,” *Philosophy and Public Affairs*, 6, 317–344（Sen, A. K.（1982）に採録）。

Sen, A. K.（1981）*Poverty and Famines: An Essay on Entitlement and Deprivation*, Oxford: Clarendon Press（黒崎卓・山崎幸治訳『貧困と飢饉』岩波書店、二〇〇〇年）。

Sen, A. K.（1982）*Choice, Welfare and Measurement*, Basil Blackwell, Oxford（大庭健・川本隆史訳『合理的な愚か者——経済学＝倫理学的探求——』、勁草書房、一九九〇に抄訳あり）。

Sen, A. K.（1999）*Development as Freedom*, New York: Alfred A. Knopf（石塚雅彦訳『自由と経済開発』日本経済新聞社、二〇〇〇年）。

Sen, A. K.（2002）*Rationality and Freedom*, Cambridge: Harvard University Press.

Sen, A. K. “Economics, Ethics and Law,” Gotoh, R. and P. Dumouchel eds., *Against Injustice—The New Economics of Amartya Sen*, Cambridge University Press, 近刊。

Simon, H.（1955）“A Behavioral Model of Rational Choice,” *Quarterly Journal of Economics*, 59.

Streeten, P.（1980）Basic Needs and Human Rights, *World Development*, Vol. 8.

鈴村興太郎・後藤玲子（二〇〇一／二〇〇二）『アマルティア・セン　経済学と倫理学』実教出版。

吉原直毅「アマルティア・センと社会的選択論」絵所秀紀、山崎幸治編著『アマルティア・センの世界：経済学と開発研究の架橋』晃洋書房、二〇〇四年五月、五一—八二頁。

I　個人の権利と公共性

第一章　民主主義と社会的正義（1）

――公共的理性の到達地点――

一　民主主義概念

過去百年の間に、多くの注目すべき出来事が起こった。二〇世紀において特筆すべき政治的変化は民主主義の台頭であろう。もちろん、このことは民主主義が長期にわたって少しずつ進化してきたことを否定するものではない。たとえば、紀元前五世紀の初期ギリシャの直接民主制、東や西の多様な文明のもとで起こった政治的・市民的参加の進展や互いに寛容な相互行為に関する記録、そして一二一五年のマグナ・カルタに見られるような制度の変化、一八世紀におけるフランスやアメリカでの革命、さらには、世界中で徐々に成熟していった公民権などは重要である。だが、民主主義の観念が、いかなる国家も――ヨーロッパであろうとアメリカであろうとアジアであろうと――認める「通常の」形態として確固の地歩を得たのは二〇世紀においてである。

ここで各国（ブラジル、南アフリカ、コンゴ、インドネシアなど）は民主主義の「準備ができているの」か、と問いかける必要はない。それは間違った問いかけのように思える。これまで、ある国がまだ「民主主義に適していない」かどうか（植民地支配者は彼の勢力を正当化するためにこれに対して否定的な答えを出してきた）をめぐって長い議論があった。だが、いまはある国が民主主義に適しているかと判断される必要はない。むしろ民主主義を通じて、（民主主義に）適するようになることが理解されてきている。これはまさに重要な変化である。われわれは民主主義を通じた旅を始めているので、この変化は、われわれが二一世紀に期待すべきことに影響を与えずにはいられないだろう。

しかしながら、重要なことは、ジョン・ロールズが指摘するように、「たくさんの異なる民主主義観念がある」という基本的事実である[2]。特に、民主主義には二つのまったく異なる見解がある。両者は、いずれも広く注目されているが、民主主義の基礎、歴史的起源、地理的連繫、現代的関連に関するわれわれの理解をまったく異なるものとする。一つは、「公共的投票パースペクティブ」とここでは呼ぶが、民主主義を主に多数決ルールとして解釈し、投票する自由と集計方法の公正さにもっぱら関心を向ける見解である。他の一つは、「公共的理性パースペクティブ」とここでは呼ぶが、民主主義を主に相互行為的参加と公共的討議の機会の観点から眺める見解である（公共的理性に応答し保護するという関与の観点から政治的秩序を査定する）。

二番目の見解はより多くの要請を内包する。公共的討議と推論を支え励ますための体系的な制度的枠組み、あるいは、公共的討議と推論の結果が影響力と効果をもつために必要な条件の整備が要請される。実のところ、投票、より一般的には「公共的投票」のパースペクティブの具体的プロセスが、どのような役割をはたし、どこまで到達することができるかは、民主主義の「公共的理性」的側面の進み具合に依存すると考えられる。

二　民主主義的優先性と基本的権利

民主主義の要請は、社会的選択の枠組みに一定の厳密な諸条件を確立することになる。民主主義は社会的選択が受容可能なものとなるための必要条件だという認識は、次のような諸権利に高い道徳的・政治的地位を与える。自由に投票する権利、各人の投票が適正にカウントされる権利、そして、民主主義の「公共的理性」的側面を発揮させるために必要な諸権利、たとえば公共的政策を批判する自由をもつ権利、反対意見をいう権利、改革や変化を示唆する権利、他の人々――一国の市民や居住者ならびに国境を越えた人々――と相互行為を行う権利などである。いかなる国にとっても、十全に機能する民主主義が重要な目標とされるなら、表現の自由、コミュニケーションの自由、相互行為の自由、政治的参加の自由にかかわるこれらの権利は、いずれも社会的目標とされ得るだろう。

民主主義の中身に直接関連するこれらの権利に加えて、民主主義システムが機能することによって、そのもとで導出される権利がある。(民主主義における）公共的討議と推論によって、基本的な個人的諸自由の保証、そして、すべての市民が識字や教育、衣服や居住、医療や健康に関する基本的潜在能力をもつように助ける社会的諸条件の整備、などが公正な社会システムの要となるという了解が導出されるだろう。世界中の異なる地域――ヨーロッパ、北アメリカ、日本、インド、ラテン・アメリカ――で行われた民主主義の実践は、公共的討議が盛んであったときはいつでも、基本的潜在能力に十分な注意と社会的支持が向けられる傾向にあったことを示す豊富な証拠をもっている。

権利一般ならびに人権は、時に「第一世代」と「第二世代」に分類されることがある。その区別は権利に関する文献の中では異なる扱いを受けてきた。いわゆる「第一世代」権利は、フランス革命者らが「人間の権利」と呼んだ、初期の人権理論が注目する権利であり、個人の私的な生に対する政府や他者の干渉からの自由と一般的な解放、そして民主主義的参加の権利（言論の自由を含む）と選挙における権原を含む。またそれらは、民主主義での公共的理性のプロセスが明白に支持する傾向のある免責と自立、たとえば、脅迫されないこと、肉体的に脅されないことを含む。

「第二世代」権利は、いわゆる「経済的社会的権利」をさしている。それは、うまく機能する民主主義での開かれた公共的討議のもとで、広範な支持を得る傾向がある。たとえば、飢饉に遭わない、基本的医療ケアを欠いていない、基本的教育への権利をもつ、女性が男性と等しい扱いを受けることなどがそこに含まれる。それは、「第一世代」権利を特性づける個人的自由や市民的政治的権利の既成観念をはるかに越える視野をもつ。

三　認識と権利の実現

しかしながら、一定の諸権利を認めることは、それらが自律的に充足されること、あるいは充足に向けて政治的指導者の完全な勢力のもとで追求されることを意味するわけではない。権利を認めることとそれらが実現されることとを混同する過ちは、権利、民主主義、社会的正義に関する多くの議論に影響をもたらす。ここでは両者の相違を明らかにしよう。

公共的理性の第一の役割は基本的問題の一般的重要性に注意を向けることにある。公共的討議は認知された権利の充足のための方法や手段にも向けられるが、そのことは、ある国で実効勢力をもつ政治機構が直ちに目的の実現に着手することを意味するものではない。民主主義の実践は、公共的圧力や批判、さらには公共的投票の行使を通じて、特定化された目的を追求するように政治的指導者を後押しする機会を創出する。だが、それは、政治的プロセスの複雑なダイナミズムがこれらの権利の完全な充足へと直ちに向かうことを意味するものではない。

例示すると、世界の中の最富裕国、たとえばアメリカ合衆国の四五〇〇万人以上の人々はいかなる種類の医療保険をもたないし、ヘルスケアを保証されてもいないという事実は、もしアメリカ合衆国で問題にされ、公共的に検討されるとしたら、直ちに社会的正義の侵害と見なされるだろう。だが、そのことは修復可能であるはずの制度的欠陥を実際に修復するようにアメリカ政府を動かし、ヘルスケア・システムを改革する効果的な手段を見出すこと、それによって、富裕国の抱える社会的施策上の汚点を取り除くことにはつながっていない。これらの違反行為によって最も被害を受けている貧しい家庭出身のアフリカ系アメリカ人は、アメリカの選挙プロセスに懐疑的であるためか、選挙での投票率は低い。これはアメリカ合衆国における民主主義の実践の失敗を示している。経済的社会的権利の保障に関しては、それらが公共的討議の主題となるときはいつでもその重要性が認知されるにもかかわらず、いまだ実現されていない。

同様に、インドの選挙では一定の認知された権利の侵害を軽減することに成功してきている（飢饉の急速な減少はその一例だ）にもかかわらず、他の諸権利の侵害（極端ではないものの深刻な栄養不良などに関する）を「政治的」な問題とすること、つまり政府に十分な対策をとらせることに成功してはこなかった。飢饉は政治化することがさほど困難ではないが、さほど「顕著」ではない剝奪に政治的注意を向けるためには、より大きな伝達技術や政治的組織が必要とされる。

いずれの例においても、公共的政治の機構は、結局のところ、一定の基本的権利を充足するための方法と手段に優先性を与えるような、効果的な主張をなすことに失敗してきた。これらの問題をめぐる公共的討議は、政治的経済的権利の重要性を認識させることになったものの、制度的には未充足のまま残すことになった。明らかに、権利を認知することは権利を実現することと同一ではない。

四　実現、認知そして制度

権利を認めることとそれらが実現されることとを区別することは、権利基底的な考え方一般に向けられる批判、あるいは、その中でも、とりわけ飢えない権利、基本的教育や医療への権利などの「経済的社会的権利」を含む「第二世代」権利に向けられる強力な批判を検討するうえで重要である。これらの権利はアメリカ憲法やフランス憲法など人権に関する古典的表象には姿をあらわさないが、キャス・サンスタインが「権利革命」と呼ぶ、権利の現代的な領域を構成するものである(3)。

批判の中には、主として経済的社会的権利を標的とした「制度化批判」と呼ばれるものがある。制度化批判は、権利と、厳密に定式された対応義務とが正確な対応関係をもつことを要求する議論と関連している。法理論では、権利と義務は通常、相互的な関係で結ばれている。あなたが私から本を借りたら私に本を返す、それを要求する権利を私がもっているとしたら、その権利は私に本を返すというあなたの——適切に定式化された——責務（duty）を伴う。諸自由に関する権利に関してはこの関係が成立しやすい。特に第一世代権利に関してはおおよそ成立する。あなたが襲撃されない権利をもつとしたら、明らかにわれわれすべてはあなたを攻撃しない義務を負う。これらのケースにおいて権利義務の対応関係を見ることにはさして問題はない（これから述べるように、第一世代権利に関しても不完全にしか定式化されない義務が付加的に結びつくこともあるが）。

経済的社会的権利の場合はどうだろうか。もし人々が餓死しない権利、医療処置に対する権利をもつとしたら、それらを充足することは誰の義務となるのか（国家か公共か隣人か世界共同体か）。当為（義務）がかくも曖昧だとしたら、権利の実現は望めないではないかと懸念される。ケンブリッジ大学の聡明な教授オノラ・オニール[4]は、権利は制度化されるまでは、そして、制度化されない限りは存在しないと主張し、このような批判を鮮明に行っている。

不幸にも権利についての多くの書物と説明は、国際憲章や宣言で顕著である他の社会的、経済的、文化的権利と同様に、財とサービスへの普遍的な権利や、特に「福祉の権利」を不注意に宣言する。しかしそれらは、何がそれぞれ想定する権利保持者を特殊な義務の担い手（達）に結びつけるのかを示さない。ゆえにそれらはこれらの想定された権利の内容を全く曖昧なままにするのだ。この曖昧さが広大な政治的また理論的論争の背景や源泉になってきた。普遍的な経済的、社会的、文化的権利の擁護者の幾人かは先には論を進めず、それらは制度化され〝うる〟と強調するだけである。

それは真実ではあるものの、見逃されているのは、それらは制度化され〃なければならない〃という点である。もしそれが制度化されなければ権利はまったく存在しないのである。(5)

はたして、制度化される以前にも権利は存在することを主張し、それを必要な制度を設立する動きへとつなげていくためには、どうしたらよいのだろうか。

五　完全な義務と不完全な義務

オニールの批判に応えるにあたって、当為や義務は「完全」でも「不完全」でもありうるというカントの区別に言及したい。(6)「完全な義務」は誰が何をなすかが正確に特定化された当為であり、「不完全な義務」は権利の充足のために人々が適切な援助を提供するという一般的な——そしておそらく非厳密な——形をとる当為である。当然ながら、広く特定化された「不完全義務」は、他の——より完全に定式化された——「完全な義務」を補完することになる。

例示するのが有効であろう。最近、ニューヨークで起きた事件について。一人の女性が真昼間に人々の目前で襲撃された。大勢のひとがその惨劇をアパートメントから目撃し、叫び声を聞いたにもかかわらず、だれも助けようとはしなかった。この例には、相互に関連し合ってはいるものの、異なる三種の間違ったこと（wrongness）がある。(1)女性の自由——そして権利——暴力を受けないことが侵害された、(2)何人も暴力を受けてはならないことを加害者が侵害した（完全な義務の侵害）、

(3)犠牲者を助けるような行為を行わなかった他の人々が「不完全な」義務を侵害した（彼らが提供するであろうと期待される状況で）。これらの失敗は相互に関連しあい、構造化された倫理体系の中で、権利・義務に複雑な対応関係をもたらしている。

この例が示すように、古典的な「第一世代」権利であっても、誰か（上記の例では目撃していた一般の人々）に「不完全義務」をもたらすことがある。それらは、明確に定義された一定の「完全義務」とは別の事柄である。経済的・社会的権利も同様に、制度的な有りように依存しつつ、完全義務あるいは不完全義務を要請する。一定の基本的な経済的社会的権利の侵害を阻止するために、社会や国家――たとえ貧窮しているとしても――ができることに関して、公共的に討議し、市民社会から働きかける余地がたくさんある。さらに、社会組織（ＮＧＯを含む）が行う支援活動は、しばしば制度的変化を目的とするものであるが、これらの活動は、基本的権利の侵害が起こったときに、ある社会で担うべき個人や集団が不完全義務の一部であると見なされる。

「第二世代」権利それ自体を認めることの重要性は、たとえ直ちにそれを実現する制度システムをもたないとしても、いささかも減ずることはない。ある種の社会的要求に権利としての地位を与えることは、これらの要求が効果的な援助を得られるように促すこと、すなわち、承認された権利を実現するための制度改革など、社会的変化がもたらされるように、関心ある人々が不完全義務の遂行を通じて国家や社会に影響を及ぼすことを意味する。

六　実行可能性・実現・認知

権利は、たとえ未だに実現されていないとしても、また、たとえ適切に制度化されていないとしても、それ自身の意義や確かさを失うものではない、という点を理解することは重要である。もっといえば、権利の実行可能性すらも——通常考えられていることとは違って——、ある要求を権利として認知するための条件ではないことを理解することは重要である。私は、権利に関して、①認知、②実現、③実行可能性という三つを区別することは、現代社会において権利基底的な考え方の意義と到達点（射程）を理解する上できわめて重要であると考える。

ある主張が権利としての地位を得るうえで、なぜしばしばその実行可能性が絶対的な条件と見なされるのかを推測することは難しくない。第二世代権利に対する「実行可能性批判」と私が呼ぶものは、たとえ最大限に努力したとしても、経済的社会的権利の多くをすべての人に実現することは実行不可能だという議論に由来するものである。これは単なる一つの経験的な観察にすぎない（興味深い論点を含むとしても）。だが、承認された人権は完全に成就可能でなければならないという主張を——自明視されたまま——前提とするとき、それは、飢饉に遭わない、基本的医療ケアを欠いていない、などの事柄を権利として受容することに対する有力な批判になってしまうことがある。もしこの前提が受容されたとしたら、経済的社会的権利と呼ばれている多くのものを特に貧窮した社会において、権利の外に放り去ることになるだろう。

著名な政治哲学者であるマウリス・クランストンはこの議論を強力に展開している。すなわち、

伝統的な政治的・市民的権利は制度化することが困難ではない。それらは政府や他者一般に対して、ひとを一人にしておくことを要求する。しかしながら、経済的社会的権利への主張が提出する問題はまったく異なる指令をなす。制度化をすることがことに困難であるアジア、アフリカ、南アメリカ地域の政府に、何百万の勤労住民達に対する社会保障、休日の提供を要請することがはたしてできるだろうか。(7)

このような批判を検討するにあたって、われわれは問う。実行可能性を高め、その実現に向けて努力することが目的である場合に、完全な実行可能性が権利を認知する条件であるはずがあろうか。ある種の権利は完全には実現されえないこと、さらに現在の環境のもとでは完全に実行可能でもないことを理解することは、だからこれらは権利ではない、という結論を導出するものではない。それはむしろ、現在の支配的な環境を変化させようという要求に他ならないのだ。

続いて、実行可能性の問題は経済的社会的権利に限られるものではない点を指摘しよう。それはより広範囲にわたる問題である。自由と自律に関しても、ひとが「干渉されない」（クランストンがいうように）ことはそれほど容易なことではない。少なくとも二〇〇一年九月以来、その基本的事実に関する認識は、否応なく鮮明なものになってきた。もし、完全で包括的な充足を保証することの実行可能性が必要条件にされるとしたら、経済的社会的権利のみならず、自由、自律、政治的権利も権利

として認知されないことになってしまう。権利を認知することの役割は、これらの権利の実現に向けて制度的なあるいはその他の変化を強く促すことにある。これらの要求は、現在の実行可能ではない権利を、できるだけ実行可能とするような働きかけを含むものでなければならない。

権利をこのように認識することは、異なる三つの関連し合う目的に役立つ。第一に、一定の重要な自由（暴力からの自由、飢えや飢餓からの自由など）との関連で、一定の請求に関してその道徳的政治的意義を宣言すること、第二に、他者の権利の侵害、あるいは他者の権利の充足に直接的な責任をもつ人々に対して要求すること、第三に、たとえ権利の侵害を引き起こしている状況に直接関係してはいないとしても、助けることのできる位置にいるその他の人々、適切に行為できると考えられる位置にいる人々に要求すること。

相互依存的社会においては、人々は、他者の権利を充足するために、どのような助けをすることが適切かを考える一般的な義務をもつ。彼らは直接的な援助ができるかもしれない、あるいは間接的な援助ができるかもしれない（たとえば、必要な制度的社会的変化の促進を通じて）。いま実行不可能な権利を、可能な限り実行可能にするための働きかけは、責任ある社会的行動に関連した不完全義務概念の一つの大事な構成要素に他ならない。

七　社会的選択と公共的理性

道徳的政治的哲学における標準的区別に馴染み深いひとにとっては、「帰結主義的推論」の名のもとに行われている議論は明白だろう。われわれの行為の結果に対して、あるいは、行為しないという選択（行為する機会があるもとで）がもたらす帰結に対して、われわれは何らかの責任をもつべきだという基本的理解から議論を出発しよう。[8] 帰結に関する広い概念のもとで権利の充足――そして権利の侵害が引き起こすマイナスの価値――の重要性を考えることは、権利基底的な考慮と人間生活の福祉と幸福への一般的関心を織り合わせることになる。両者を結合したシステムとははたしてどのようなものかに関しては独自の解明と説明を要するが、ここではその問題に立ち入ることができない。しかし、後藤玲子教授の論文はこの論点及び関連する論点について言及している。そこで、私は彼女の優れた論文を参照せよと言える幸せな位置にいる。[9]

しかしながら、わたしはここでこの問題と社会的選択理論との関係を簡単に論ずる必要があるだろう。社会的選択理論は、四〇年にわたって私が研究してきた分野であるが、その問題意識は、民主主義の観念及び実践と関連するのみならず、社会的評価に際して帰結主義的な推論を用いることと密接な関連をもっている。[10] 体系的な研究分野としてはじめて一つの形をとったのは、フランス革命の頃、一八世紀後半に、ボルダやコンドルセなどのフランスの数学者によってである。当時の知的雰囲気は啓蒙主義に大きく影響されており、社会秩序の理性的な構築に関心がもたれ、この構築に民主主義は根本的な役割を果たすと期待された。[11] 社会的選択に関する初期の貢献は、集団のすべての成員の選好や利益関心、請求を適切に考慮しながら、ある集団が合理的民主主義的な決定をなす際の枠組みを発展させることにあった。

しかしながら、これらの研究はむしろ悲観的な結論をもたらした。コンドルセが示したように、多数決は一般的な整合性を保証しない。たとえば、多数決のもとで、AがBを負かし、BがCを負かし、CがAを負かすことがある。一九世紀の間も多くの解明的な研究がなされた。ルイス・キャロル(『不思議の国のアリス』の作者、本名ドジソン)を含む創造的な人々がこの問題を探求し、社会的選択の困難さに取り組んだ。社会的選択の主題が二〇世紀、現代の形でよみがえったのは、ケネス・アローの手による。彼もまた、集団の決定の困難さ、それらが引き起こす非整合性の問題に関心を寄せた[12]。

アローはきちんと分節化された形式的構造(公理的枠組みをもとに)をもって、現代の社会的選択理論の専門的・体系的基礎を築くとともに、著明な「不可能性定理」を確立した。それは、一定の合理性の条件を満たす整合的な民主主義的な決定は不可能であることを示唆するものと見なされた。実際には、これは彼の衝撃的な数学的結果に対する一つの解釈にすぎないものであったが(それに続く文献が明らかにしたように)、結果的に、民主主義を用いることに対する悲観主義をもたらすことになった。確かに、アローや彼に続く人々は、一つ一つは魅力的な原理であっても、それらを結合させようとすると矛盾がもたらされることを証明している。このような研究は、社会的決定の手続き的な基礎を注意深く精査することの必要性を示唆するとともに、魅力的だが究極的には矛盾し合う諸原理に関して、それらの間の厳しい選択に直面することの必要性を示したのである。

アローの「不可能性定理」に続く文献には、不可能性を阻止するための多くの建設的な可能性が素描されている。だが、それらの可能性はいずれも注意深い精査を要するものだった[13]。全体的な見通しは望みのないものではないが、その多くは社会的選択システムに関する諸要求を注意深く精査しながら定式化するものであり、社会的選択結果が過去半世紀もたらしてきた両立不可能性に注目するものだった。たとえば、自由の権利に対する無条件的な要請は、最小限の要請であろうとも、厚生経済学でなじみの深いパレート原理に関する無条件的な要請と矛盾することをわれわれは知っている[14]（訳註センの「リベラル・パラドクス」、本書序章注（5）参照のこと）。

形式的な社会的選択理論は、異なる情報的基礎に基づいて異なるタイプの社会的決定原理をもたらすことを許容する。多数決決定法はただ、人々に投票する（もっといえば選好を表明する）余地しか与えない。それに対して、たとえ多数決の結果であろうとも、押しつけられた社会的決定に反対する権利を各人に提供する原理も考えられる。原理の多元性に関連して生ずる複雑な問題は、社会的選択理論の研究成果が導出した結果に鋭く現れている。これは、投票基底的な意思決定（多数決はその単純な例の一つであるが）はそれ自身の内に矛盾を孕みうるものだという洞察と一部関連している（二百年以上前にコンドルセによって示され、アローによって一般化された結果[15]）。それは少数者の権利の問題とも関連する。コンドルセ自身が警告するように、「古代の、また現代の共和主義に広まっている、少数者が合法的に多数者の犠牲になるという格率」が存在する[16]。さらにそれは、一つ一つは明白に理に適った原理が互いに矛盾し合うという分析的な結果にもあらわれている。たとえば、個人の自由と多数決の間の矛盾（ジョン・スチュアート・ミルが議論を展開したように）は、ある選択肢のペアにおける個人の自由に関する最小限の要請と他の選択肢に関する全員一致の威力との抜き差しならぬ緊張関係へと拡張される[17]。また、Suzumura=Gotoh（2001）が議論しているように、「ルール制定プロセスへの参加」と「社会的相互行為への参加」をバランスづける必要があるだろう[18]。

不可能性を示す結果は、何ができ、何ができないかという建設的な光から検討される必要がある。その主要な教訓は一般的な悲観主義を促進するものとして解釈されるべきではない。むしろ、人々が社会的要求をなす際には、彼ら自身による識別と精査の営みが不可欠であるという道理ある要求を示すものとして解釈されるべきである。彼ら自身による識別と精査がなされている場合には、不可能性結果もまた公共的理性の行使の一部とみなされうるのである。

八　政治・公共的理性・歴史

はじめに述べた公共的投票パースペクティブと公共的理性パースペクティブとの乖離がもつ意味について言及したい。二つの視野の対照は、民主主義理論の枠内での区別であるが、近年の民主主義研究の焦点が「公共的理性的な視野」へと移行していることに伴って、特別の重要性を帯びている。事実、この区別は、民主主義の歴史の読み方にきわめて大きな意味をもつ。

ここには、事実、次のような有力かつ有望な「理論―歴史」対照が存在する。紀元前五世紀アテネでの多数決原理以来、民主主義の「歴史」と考えられているものと、西洋の経験だけに特別の関心を向けることとの対照、そして、民主主義の性質に関する現代の概念的・イデオロギー的な精査、すなわち、投票以外にはあまり関心を払わないことと公共的理性とそれを支え励ます政治的組織により多くの関心を払うこととの対照などである。

このような理論―歴史対照は、これまであまり議論されてこなかったが、地理と関連する他の二分法とリンクしている。すなわち、
――民主主義を本質的に「西欧的」観念（古代ギリシャの投票方式にさかのぼる）とみなす考え方と――民主主義の一つの側面、特に「公共的理性」に対する支持は広範囲にわたっており、多様な形をとりながら、西欧以外の伝統においても多く見られる、しかも、しばしばそこでは西欧社会よりもはるかに多くの実践的関与が見られる、という考え方との対立など。

現代の民主主義に関する理解は、投票よりもはるかに多くの要素を含んでいる。たとえば、公共的討議、新しい考えの導入に対する開放性、「個としてのひとの価値に関する信念（アラン・バロックがいうように）」、「一定の基本的権利がすべての市民に保証されている（実際に、紙のうえだけでなく）」ことへの確信など[19]。民主主義の内容は、明らかに、多数決投票の行使のような決まりきった実践をはるかに越えた広がりをもっている。

ロールズが「熟慮的民主主義において決定的な観念は、熟慮そのものだ[20]」と述べるとき、彼は民主主義の概念的基礎に関する広義の理解を指摘している。ロールズ自身はヨーロッパの体験のみを引用しているが、広義の民主主義概念の様々な局面は世界の異なる文化でかなり多くの支持を得ている。同様に、アミイ・グットマンとデニス・トムソンが「政治的生活において道徳的討論に中心的な場を用意する民主主義の観念[21]」を提示するとき、彼らの引用は主としてヨーロッパの源泉に向けられてい

るものの、彼らの民主主義観念は、世界中の異なる多様な社会で注目を受けている考え方を叙述している。

これらの区別は通常考えられている以上の重要な意味をもつ。浅薄にも、民主主義の歴史をもっぱら公共的投票の視野の内で理解しようとし、ただ西洋の経験のみに注目する見方は、政治の現実的な実践と同様に、政治の理解のうえにも多大な影響をもたらしてきた。人権活動であれ、市民的組織であれ、政府であれ、国際的団体であれ、全世界において民主主義を提唱するものはことごとく、「西欧的価値」や「西洋的実践」を西洋以外の国々に押しつけるという理由で非難されることを免れない。そこには、近年のヨーロッパの歴史において民主主義は強く支持されてきたという認識を超えて、民主主義は、他のどこにも源泉をもたない、本質的に西洋的な思想に跡づけられる観念だという議論があり、それは暗黙の前提となってしまっている(22)。

古代ギリシャが投票形式をもつ直接民主制のパイオニアであるという主張は、その通り認められるだろう。だが、この主張はただちに、民主主義は基本的に西洋的なものだという結論をもたらすだろうか。ここには二つの検討課題がある。第一は、古代ギリシャは「西洋的伝統」の一部であるというように、地理的相関をもって世界を離散的な文明に分断することの問題性である。第二は、投票や選挙以外の民主主義の構成要素、たとえば多元主義や寛容の役割を軽視することの問題性である。

第一の問題に関しては、西洋文明をすべてギリシャに結びつけるという暗黙の民族主義の存在を見落としてはならない。このパースペクティブでは、ギリシャの伝統以外のゴーツや西ゴーツの子孫を含めることはさほど難しくはないだろう（彼らは皆ヨーロッパ人だから）、ただし、古代エジプト、イラン人、インド人を含めることは困難だろう。たとえ古代ギリシャ人自身は彼らと話すことに大きな興味をもっていたとしても（むしろ古代ゴーッと話すより）。

伝承物語は、多く、権力の不平等への批判を含めて、直接的にも間接的にも民主主義的な考えに関連する主題に関心を寄せてきた。たとえば、アレキサンダーがインドのジャイナ哲学教徒の集団になぜ彼らは強大な侵略者に少しの注意しか払わないのかと尋ねたとき、彼は次のように答えた。

アレキサンダー大王様、ひとはみな私たちが立っている地球の表面しかもたないのです。いつも忙しく、満足せず、何マイルも離れたところへ旅をしていることを除けば、あなたも私たちと同様の人間に他ならない。あなた自身にとっても他者にとっても邪魔者にすぎない。……あなたもやがて死ぬでしょう。そのとき、あなたは埋葬用に、私たちと同じくらいの地球の表面を占めるにすぎないでしょう。[23]

九　多元的伝統と西洋以外の世界

次に、民主主義を西洋の発明とみなす見方に対する疑問に移ろう。世界の異なる場所で歴史的になされてきた多様な討議や討論は、民主主義の現代的な観念の中心的な考えとかかわりをもってきた。これらの観念は西洋あるいはヨーロッパの独占であるというテーゼは、実際のところきわめて不正確である（政治的に無責任であるばかりでなく）。寛容さは、現代ヨーロッパの（ナチスドイツなどの例外を除いて）重要な特徴である。だが、ここに長期にわたる歴史的分断——西洋的価値を西洋以外の倫理的思考から切りわける——を見ることは容易ではない。確かに、アリストテレスは寛容の主唱者であったが、紀元前三世紀のインドのアショカ王も寛容の主唱者であった。しかもアショカ王は、個人の自由の重要性を説く際に女性や奴隷を考慮の外には締め出さなかった。

また、孔子は規律主義者であったが、プラトンやオーガスティンもそうであった。ユダヤ哲学者のマイモニデスが一二世紀に非寛容なヨーロッパを去らなくてはならないとき、彼はアラブ世界に寛容な避難所を見つけた。そして、カイロの皇帝サラディン——十字軍とのたたかいにおいてイスラムのために戦ったそのひとである——のもとで安息地を見出した。一五九〇年、ヨーロッパで宗教裁判がなされていた頃に、アクバールは多元主義と尊敬の必要性をインドで説き、異なる信条をもつ人々との間で（無神論者も含めて）対話を繰り返していた。アクバールがアジアで寛容を説いているとき、ジョルダーノ・ブルーノは一六〇〇年に火あぶりの刑に処せられた。

このことは、われわれが通常考えているように、民主主義は、一八世紀啓蒙思想の流れの中で、ヨーロッパや北アメリカで明確な形をとった理論と実践の体系であることを否定するものではない。だが、そのことは民主主義を単なる西洋的観念とみなすものでもない。事実、ヨーロッパの知性的な啓蒙指導者たちは、ヨーロッパのみならず世界各地の異なる考えや実践に深い関心を寄せていた。そして時に彼らは、西洋以外の社会に帰属させられる観念に批判的ではあったものの、同時に、ヨーロッパの旧態依然とした、現に進行中の実践に対してもしばしば厳しい目を向けていた。これは偉大な啓蒙思想家であるアダム・スミスの主張、「われわれは何より、『われわれから一定の距離にある』地点から自分の感情を眺めなければならない」という主張の背景にもなっている。彼は、たとえば、「ある刑罰が衡平であるか否か」を理解するためには、「他の人類に向かう目」が不可欠であると主張している。(24)

民主主義の理論家たちは典型的にそれを「西洋的な」観念であるとみなしていたために、他の地域での寛容と多元主義社会の観念の継承者たちにあまり関心を向けてこなかった。このことは、民主主義的原理の許容力と広い到達点（射程）に関する適切な理解を阻み、世界中の異なる場所での特殊な民主主義的観念の重要性を否定することになった。民主主義に関する文献はプラトンとアリストテレスとの対照、パドゥアのマーシリウスとマキャベリとの対照、ホッブスとロックとの対照などに満ちている。だが、中国、日本、東アジア、南アジア、インド亜大陸、イラン、中東、アフリカは民主主義原理の到達点を分析する際にほとんどと言っていいくらい、無視されてきた。このことは、公共的理性や公共的討論・討議の擁護を通じて開拓されてきた民主主義的観念の性質と威力を適切に理解するうえで、決して望ましいものではなかった。

例を挙げよう。仏教徒の知識人が指摘した公共的討議の重要性は宗教その他——世俗的なものでさえ——の主題に関する広いコミュニケーションにつながるのみならず、多様な議論の場の設定を目的とする最初の三つの地球規模の会合、つまり「世界会議」につながった。最初の仏教会議は仏陀の死後、紀元前六世紀にラジャグリハで開催された。二回目は一〇〇年後にヴァイサリーで、三回目はアショカ王の主催で紀元前三世紀に、一〇回目はインドの首都パタリピュートラで。そこでは、異なる見解が公表され比較され、合意事項が記録されている。

「民主主義は議論による政治を意味する。だが、それが効果的となるのはただ人々が話すのを止めることができたときだけだ[25]」というクレメント・アトリーの警告は正しいとしても、人々を話しはじめさせることもまた重要である。インドでは成功せず、中国、韓国、日本で発展させられた初期印刷技術の多くは、仏教技術者によって着手されたものであることをこの文脈で注記しておくことは、コミュニケーションの拡大との関連で重要だろう。

一〇　結論的覚え書き

まとめにはいろう。この講義で私は民主主義の多様な局面、とりわけ公共的理性に関心を寄せてきた。ペーパーをまとめることはしないが、関連する一般的事柄に言及したい。

第一に、「公共的理性」の局面は少なくとも「公共的投票」の局面と同じくらい重要である。ある意味では、公共的理性の視野は、投票基底的な視野を支える知的な背骨としての意味をもつ。投票及び選挙は公共的理性に効力をもたせるための一つの方法である。現代の政治哲学文献で、公共的理性の視野に大きな関心が寄せられていることは、意外ではない。

第二に、公共的理性の追求は、自由や市民的政治的権利のみならず基本的な経済的社会的権利を含む基本的権利の観念を喚起し、行使する包容力をもっている。これらの権利が帰結的推論の適切に定式化されたシステムに組み込まれるならば、それらの到達点と意義はきわめて広大なものとなるだろう。私が「制度化批判」あるいは「実行可能性批判」と呼んだものに基づいた、経済的社会的権利の容認に対する懐疑を取り除くだろう。そのような懐疑は一見もっともらしいものの、究極的には支持しがたいものである。

第三に、権利ならびに社会的目標を帰結的に定式化することは、社会的選択理論をうまく用いることを可能とする。社会的選択理論は、方法論的に社会的選択の帰結基底的な見解に向かう性質をもつ。「公共的理性」の役割に関するわれわれの理解の多くはジョン・ロールズの仕事におうものの[26]、社会的選択理論の専門に関する歴史的発見者たち、たとえば一八世紀のコンドルセ、ならびに間接的にこの論点に影響を与えていたアダム・スミスを含む同時代の理論家たちもまた、このような民主主義的な意思決定の局面に特別の関心を寄せていたことは、明記される必要があるだろう[27]。さらにこの主題が二〇世紀にケネス・アローによって再起されたとき、公共的議論の性質は、「社会的選択理論」と「公共的選択理論」の両方から深い関心を寄せられた[28]。私は、他で、民主主義の「公共的理性」的な側面を、投票メカニズムその他の形式的手続きへの制度的な関心に統合することの必要性を説いてきた[29]、必要なことは、相互行為的コミュニケーションの役割と影響を組み込むことが可能となるように、社会的選択理論を拡張することである。

第四に、公共的理性に注目することは、民主主義の歴史を解釈するうえでも重要である。なぜなら、公共的理性を追求し、それに関連する寛容やコミュニケーションに注目してきた多くの歴史が、世界中の多様な文明の中に見られるからである。仏教が討議的な解決に注目してきたことは、これとの関連で研究するに値する。たとえば、対立を解消するために会合を設定したり、コミュニケーションや相互行為をひろめるために印刷技術を進化させた歴史は重要である。民主主義が、投票などの単一の制度的特徴に還元されるのではなく、それに相応しい見地から考察し直されるならば、現代民主主義の歴史的継承者たちについてもよりよい理解が得られるだろう。

二〇世紀は、歴史上はじめて、民主主義が、社会的選択の最も理に適ったシステムとして、広く受容された世紀であるが、民主主義を受容する源泉は世界の歴史のずっと前にさかのぼる。公共的理性は、われわれの過去をわれわれの未来の見通しへと確かに結びつけるものである。われわれの過去には賞賛されるべき事柄があった。だが、まさにいま、闘わなければならない多くの事柄もある。そのような闘いは、公共的理性の特性に関する適切に幅広い理解によって支えられるであろう。

（1）これは二〇〇三年六月京都の立命館大学で開催された国際シンポジウム「二一世紀の公共性に向けて」の報告論文である。ジョシュア・コーヘン、後藤玲子、トーマス・スキャンロン、鈴村興太郎との有益な議論に感謝する。

（2）Rawls, J., *Collected Papers*, ed. by Freeman, S., Cambridge: Harvard University Press, 1999: 579 参照のこと。

（3）Cass R. Sunstein, *After the Rights Revolution: Reconceiving the Regulatory State*, Cambridge: Harvard University Press, 1990

（4）Baroness O'Neill は、事実、ケンブリッジ大学ニュンハム・カレッジの学長である。

（5）Onora O'Neill, *Towards Justice and Virtue*, *Cambridge*: Cambridge University Press, 1996: 131–2 参照のこと。本書第三章注（29）参照のこと。

（6）Immanuel Kant, *Grundlagen zür Metaphysik der Sitten*, 1785（T. K. Abbott によって訳された *Fundamental Principles of the Metaphysics of Ethics*, 3rd edition, London: Longman, 1907）ならびに Kritik der Praktischen Vernunft, 1788（L. W. Beck によって訳された *Critique of Practical Reason*,

New York: Bobbs-Merrill, 1956) 参照のこと。

（7） Maurice Cranston, "Are There Any Human Rights?" *Daedalus*, Fall 1983: 13.

（8） 本書第二章参照のこと。

（9） Gotoh R., "Understanding Sen's Idea of a *Coherent Goals-Rights system* in the Light of Political Liberalism," 二〇〇三年六月二日に開催された立命館大学国際シンポジウム「二一世紀の公共性に向けて」における報告原稿。

（10） Kenneth Arrow, Amartya Sen and Kotaro Suzumura, eds., *Social Choice Re-examined* (London: Macmillan, 1996). See also the *Handbook of Social Choice*, by the same editors, Vol. 1 (Amsterdam: Elseviers, 2002), and vol, 2 (forthcoming) を見よ。

（11） J. C. Borda, "Mémoire sur les élections au scrutin," *Mémores des l'Académie Royale des Sciences*, 1781; Marquis de Condorcet, *Essai sur l'Application de l' Analyse á la Probabilite des Decisions rendues á la Pluralite des Voix* (Paris: L' Imprimerie Royale, 1785).

（12） 社会的選択理論に関する一般的紹介としては、Kenneth J. Arrow, "A Difficulty in the Concept of Social Welfare," *Journal of Political Economy*, 58 (1950). また、翌年刊行されたアローの古典である *Individual Values and Social Choice* (New York: Wiley, 1951；拡張版、New Haven, Conn.: Yale University Press, 1963).

（13） このような展開に関しては Kotaro Suzumura, *Rational Choice, Collective Decisions and Social Welfare* (Cambridge: Cambridge University Press, 1983) ; Amartya Sen, "Social Choice Theory," in K. J. Arrow and M. Intriligator, eds., *Handbook of Social Choice Theory*, vol. III (Amsterdam: North-Holland, 1986) ; Arrow, Sen and Suzumura, eds., *Social Choice Re-examined* (1996) を参照せよ。

（14） Amartya Sen, "The Impossibility of a Paretian Liberal," *Journal of Political Economy* 78 (1970) ; Kotaro Suzumura, "Welfare, Rights, and Social Choice Procedure: A Perspective," *Analyse & Kri-*

tik, 18 (1996) を参照せよ。

(15) Condorcet, *Essai sur l'Application de l'Analyse á la Probabilite des Decisions rendues á la Pluralite des Voix* (1785; New York: Chelsea House, 1972, in *Oeures de Condorcet*, eds., A. Condorcet O'Conner and M. F. Arago (Paris: Firmin Didot, 1847–49), 6, pp. 176–7.); Arrow, *Social Choice and Individual Values* (1951, 1963) を参照せよ。

(16) Condorcet, *Essai sur l'Application de l'Analyse á la Probabilite des Decision rendues á la Pluralite des Voix* (1785) Emma Rothschild, *Economic Sentiments: Smith, Condorcet and the Enlightenment* (Cambridge, MA: Harvard University Press, 2001). Chapter 6 における関連議論を参照せよ。

(17) John Stuart Mill, *On Liberty* (London: Parker, 1859); Amartya Sen, *Collective Choice and Social Welfare* (San Francisco: Holden-Day, 1970; 同再版 Amsterdam: North-Holland, 1979); Symposium on the Liberal Paradox in *Analyse & Kritik*, 18 (1996).

(18) Kotaro Suzumura and Reiko Gotoh, "Gonstitutional Democracy and Public Judgements," paper presented at the Conterence in Honour of Amartya Sen held at the Interdi sciplinary Research, University of Bieleteld, Germany, June 21–23, 2001 (*Discussion Paper Series* A No. 411, The Institute Economic Research Hitotsubashi University に収録)

(19) Allan Bullock, "Democracy," in Allan Bullock and Stephen Trombley, eds., *The New Fontana Dictionary of Modern Thought*, third edition (London: Harper Collins, 1999): 209.

(20) Rawls, *Collected Papers*: 579–80.

(21) Amy Gutman and Dennis Thompson, *Democracy and Disagreement*, Cambridge, MA: Harvard University Press, 1996: 1

(22) たとえば、サミュエル・ハンチントンは次のように主張している。「西洋はモダンになるずっと前から西洋だ」、また、西洋の文明化において「個人主義の感覚、ならびに個人的権利と自由の伝統」は「ユニーク」である (Samuel Huntington, *The Clash of Civilization and the Remarking of World Or-*

der, New York: Simon and Schuster, 1996).

(23) アーリアンは次のように報告している。アレクサンダーは、ディオゲネスと出会ったときと同様に、その批判に対して尊敬をもって答えた。だが、彼の実際の行動は変わらなかった。「彼がそのとき憧憬していると告白した事柄とは正反対」だった。Peter Green, *Alexander of Macedon, 356–323 B. C.: A History of Biography*, Berkeley: University of California Press, 1992: 428.

(24) Adam Smith, *Lectures on Jurisprudence*, edited by R. L. Meek, D. D. Raphael and P. G. Stein（Oxford: Clarendon Press, 1978；再版 Indianapolis: Liberty Press, 1982）, p. 104.

(25) Clement Attlee, speech at Oxford, 14 June 1957, 再版 *The Times*, 15 June 1957 に収録。

(26) John Rawls, *A Theory of Justice*（Cambridge, MA: Harvard University Press, 1971）, and *Political Liberalism*（New York: Columbia University Press, 1993）を見よ。

(27) スミスとコンドルセの仕事に関連する文献として Emma Rothschild, *Economic Sentiments: Adam Smith, Condorcet and the Enlightenment*（Cambridge, MA: Harvard University Press, 2001）参照のこと。

(28) Kenneth J. Arrow, *Social Choice and Individual Values*（New York: Wiley, 1951; second edition: New Haven: Yale University Press, 1963）ならびに James M. Buchanan, "Social Choice, Democracy and Free Markets," *Journal of Political Economy*, 62, April 1954 参照のこと。

(29) "Rationality and Social Choice," *American Economic Review*, 85（1995）を参照せよ。また私のノーベル賞受賞講演 "The Possibility of Social Choice," in *Les Prix Nobel 1998*（Stockholm: The Novel Foundation, 1999）ならびにこの動向に関してはアメリカ経済学会での私の会長講演 *The American Economic Review*, 89（June 1999）を参照のこと。

第二章 〈自由への権利〉再考

一 アマルティア・センの〈整序的な目標＝権利システム〉の構想

はじめに

権利も社会的目標も社会が尊重すべき政治的価値に他ならない。どちらも不偏性、一般性、公示性、非還元性、優先性などの性質を要請される。権利に固有の特質は、むしろ、その価値が個人（個人の意思あるいは利益）に帰属することにある。たとえば、ロナルド・ドゥオーキンは権利を、「等しい尊重と配慮」を求める個々人の「切り札」と呼んだ。権利は、「公共の福祉」の見地からなされる社会状態への制約を、個人的行為や状態の価値を理由として、――たとえそれがたった一人の個人に関与しようとも――跳ね返す視点を与える。だが、その一方で、個人による権利の行使は、他者の行為や状態を直接的に制約するおそれ、あるいは、社会的目標の阻止を通じて、他者の行為や状態の実現可能性を制約する恐れもある。本章の目的は、同一の権利における異なる個人の間の関係、あるいは同一の個人における異なる権利の間の関係、さらには権利と社会的目標との関係を正面から論じようとしたアマルティア・センの「整序的な目標＝権利システム（a coherent goal-rights system）」

(Sen, 1996, p. 154：本書第三章一二三―四頁参照) の観念を検討し、それを現実化する方途を探ることにある。

権利を論ずる際には、何をもって個人の権利と定めるかという問題と、個人による権利の行使をどこまで認めるかという問題を区別することが有効である。権利として定められる個人の行為や状態は、一定の抽象性をもった人格の構成要素である。個々人に対する権利の付与は、ひとはその個別的特性の相違にかかわらず、人格において等しく尊重されるべしという理念を示すことになる。それに対して、権利が個人によって実際に行使される局面においては、権利の具体的な諸相が問題とされる。個々人が権利の行使を通じて実際に影響を及ぼすことのできる社会状態（センのいう事態 state of affairs：本書一〇〇頁）は、個々人の置かれている社会的・経済的環境、あるいは本人の個別的特性の相違によって異なったものとなる可能性があるからである。個々人を不偏的に尊重するためには、付与された権利のもとで、個々人が自分の意思に基づいて実際に何ができるか、どんな状態でありえるかを規定する、つまり権利の実効性を具体的に定める公共的ルールを考える必要がでてくる。[1]

アマルティア・センの提唱する「整序的な目標＝権利システム（a coherent goal-rights system）」とは、個々人の厚生や境遇に及ぼす影響のみならず、国民所得の上昇、地球環境保全、社会秩序の維持などの社会的目標に及ぼされる影響を考慮しながら、様々な権利の実効性を規定していく多元的かつ整合的な体系を意味する。[2] それは、人々のおかれた個別的諸条件や各人の私的関心、そして社会環境の変化に応じて各権利の重みづけや優先性の程度が変化することを許容しつつも、その変化が、首尾一貫したメカニズムとして運行することを要請する。このような議論は、道徳判断に関する目的論

（帰結主義）対義務論あるいは「目標基底的」対「権利基底的」という二分法、あるいは個人主義対ホーリズムという二分法を乗り越える視座をもつ。(3) だが、この構想は、いかにして、――いかなる法規範や社会制度のかたちをとって――現実化されるのだろうか。権利と社会的目標、あるいは異なる種類の権利間の対立は、どのような論理のもとに整合化されるのだろうか。

考察の鍵は、個人的な行為が他者や社会に広く及ぼす影響という実体的な意味での公共的関心(public interest)(4)、ならびに、人々の判断とその重複的合意という手続き的な意味での公共的関心との関連で、権利及び社会的目標を再解釈することにある。それは、ジョン・ロールズらの政治的リベラリズムに通底する視座であるが、アマルティア・センの関心は、その具体的な定式化と現実化にある。

社会的目標と権利に関する従来の代表的理論

従来、社会哲学においては、社会的目標と権利は相対立するものとして捉えられてきた。たとえば、功利主義は、個々人に帰属する分離可能な価値と快苦の原理に従う個人を前提とする一方で、社会的には、社会構成員の価値の総計を最大化するという目標を設定する。個人の権利と功利主義との調和を図ろうとしたJ・S・ミルは、「価値に関する選択原理」（個人の権利）と「進歩する存在としてのひとの利益」（社会的目標）という二つの道徳的観点を立てたうえで、個々人は「進歩する存在としてのひとの利益」を自分自身の目標として主体的に追求するであろうという事実的な想定をおくことによって、両者の整合性を図ろうとした。また、リバタリアニズムはロバート・ノージックの「社会的目標に対する横からの制約（side-constrains）としての権利」という言葉に代表されるように、個人の権利をいかなる社会制度にも先行するものとして捉える。社会的目標は、個々人による権利の行使の後に、はじめて適用されるのである。ただし、彼らがそこで認める権利とは国家に対する不作為請求を核とする消極的自由への権利に限られる。[5] 他方、古典的共和主義（classical republican）は、個々人の間で分離不可能な共同的な価値（たとえば、政治的徳）の存在を前提としたうえで、個々人の権利・義務関係は、共同的な価値の推進という社会的目標によって制約されると主張する（後藤、二〇〇二、三〇五頁参照のこと）。

経済学においては、所与の社会的目標に照らして経済システムの性能を分析するための道具として、バーグソン＝サミュエルソン型社会的厚生関数が広く流用されている。それは、個々人に帰属する個人的目的関数を一定の方法でウエイトづけして構成する関数ではあるものの、その構成プロセスにおいて（たとえばウエイトづけの方法に関する）個々人の判断を反映するものではなかった。他方、ケネス・アローの提唱する社会的厚生関数は、諸個人の合理的な選好（価値判断）を基礎として、社会的目標に関する一定の合理的な社会的選好（あるいは評価）を構成する手続きを表現する関数に他ならない。それは憲法手続き（constitution）とも言い換えられている。[6] アローの一般不可能性定理は、価値の多元性を前提とするとき、個々人が主体的に表明する合理的な選好を形式的に等しく尊重し、いくつかの条件、たとえば、個々人が表明する個人的選好の範囲が外的に制限されないこと（定義域の非限定性条件）を前提として、個々人の選好が一致した場合には社会的選好として尊重されること（パレート条件）や非独裁制条件などを満たしながら、常に、合理的な社会的選好を導出しうるような集計手続きは存在しないことを示した（「アローの一般不可能性定理」と呼ばれる。定理の詳細と証明については、鈴村＝後藤、二〇〇一、四四-四九頁など参照のこと）。

それに対して、アマルティア・センは、定義域の非限定性条件とパレート条件を満たしながら、常に、最小限の自由の条件を保証する手続きは存在しないことを明らかにした（パレート派リベラルの不可能性定理）。これは社会的意思の形成にあたって、パレート条件に表現される形式的な民主主義の要請と個人の意思決定の自由を常に両立せしめることは不可能であることを示すものである。セン自身は、この結果を踏まえて、社会的意思形成にあたって、情報的基礎としてカウントすべき個人の選好判断とそうでないものを本人自身が質的に区別することの必要性を、逆説的に提起しようとしたのである。

リベラル・パラドックスの問いかけ

アローによれば社会的選択理論において定義される「社会状態」は、立候補者の名前であっても、資源配分状態であっても、資源配分後の個々人の厚生状態であっても構わない。およそ社会的な関心の対象とされるすべての事項が「社会状態」の候補となりうる。そこでいま、「社会状態」を個々人の私的な行為の連なりとして定義しよう。このとき、個人の自由は、自分の行為や状態に関してのみ異なる二つの社会状態（ペア：二項）に対する本人の選好が社会的にも支持されることとして表現される。留意すべきは、一見きわめて私的な、と思われる行為や状態であっても、それが個人の意思に留まらず、外に発現する限り、社会状態のあり様を制約する可能性、あるいは、社会状態に関心を寄せる人々の効用に影響を与える可能性がある点である。裏返せばこのことは、個人は自己の私的な行為の選択を通じて、社会状態のあり様や人々の効用を変えられることを意味する。センが自由と権利の考察にあたって社会的選択理論の枠組みを用いようとした意図には、個人的行為が有する〈社会性〉を総合的に捉えることにあった。

以下では、より一般的なモデルのもとで問題を考察しよう。いまn人の個人の集合を考える。個々人は、互いに分離可能であり、独立した私的領域（個人的パート集合）をもつとしよう。私的領域とは、本人の選択により実現することのできる行為や状態の集合を意味する。ただし、ここでいう行為や状態には、その程度や大きさをカウントできるものも、できないものもあるとする。個々人がそれぞれ自己の個人的パート集合から、ある種類の行為あるいは状態を一定程度、選択すると、n個の名前のついた個人的行為あるいは状態からなる個人的パートプロファイルが構成される。ここで問題は、各人の選択した個人的行為あるいは状態が、単に個人の願望であるに留まらず、(7) 一つの社会状態として実際に出現したときに、どのような社会性を帯びるかである。

はじめに、各人の選択によってひとたび実現した社会状態が再度、相互に分離し独立した個人的パートに復元できるケースを考えよう。すなわち、実現した社会状態が、再度、各人の個人的パートに分解可能であり、しかも各個人的パートは本人のもともとの行為や状態をそのまま保持しているとしよう。このケースでは、ことさら各人の個人的パート集合からの選択を社会的に制限する理由は見当たらない。むしろ、秩序や安定など社会的目標を理由として個人の行為や状態の選択に規制がなされるとしたら、冠婚葬祭など慣習的に容認されたケースを除いて、自由に対する侵害とされるだろう。

個人の私的領域に関する個人の自律的選択の尊重を要請するリバタリアンの主張はこの限りにおいて容認される。

だが、通常、個々人が選択した個人的行為や状態は、その社会的な出現に伴って、他のひとの個人的パートのあり様や意味を変質させる可能性をもつ。たとえば、ある個人の投入した労働のもたらす価値（限界生産性価値）は、使用可能な技術や設備はもとより、他の人々の労働投入、あるいは生産物の需要に依存して変化する。あるいは、ひとたび社会的に出現した個人的行為や状態は、再度、個人間に分離帰属させることが不可能な共同的状態（信頼、友情、愛、協業の喜びや果実）を生む可能性、もしくは、当事者たちを越えて不特定の人々に及ぶ派生的影響（経済学でいうところの外部性）をもたらす恐れがある。たとえば、喫煙するか、しないかという個人的行為の選択は、けむりを通して他者の状態に直接、影響を与える。そこでは、予測される様々な帰結を評価したうえで、個人的行為や状態の実現を社会的に制限すること、一定の基準を満たす個人的行為の組み合わせが（それのみが）——たとえば、ある車両ではけむりを浴びたくないひとが浴びないですむことを保証する個人的行為の組み合わせのみが——社会的に推奨されることに理が認められるだろう。

さらに、次のような問題もある。社会構成員の中には、——たとえば日常生活や労働の基礎となる——基本的な行為や状態とみなされている事柄が、本人の個人的パート集合（本人が選択可能な行為や状態の集合）に含まれていない個人、換言すれば、本人が選択可能な行為や状態の範囲が厳しく制約されているため、基本的な行為や状態を実現したくてもできない個人が存在する可能性がある。そのような個人が存在する場合には、個々人が選択した行為や状態に対応させて、出現した社会状態を個々人に分解する自明な方法——たとえば個々人の限界生産性価値に対応させて、社会的協同の成果物を個人的パートに分ける——が考えられたとしても、あえてその方法を採らないこと、特定の行為や状態との自明な対応関係をいったん切り離したうえで、改めて社会状態を個人的パート間に分離帰属させる妥当な方法を模索することが要請されるかもしれない。

これらのケースにおいては、個人の私的領域を所与として、本人の自律的選択の尊重を説くリバタリアンの主張は自明の正当性をもちえない。本人の選択によって物理的には実現可能となる個人の行為や状態を、そのまま社会的にも容認すべきか、それとも、それらがもたらす影響を広く考慮して、その実現を社会的には制約すべきか、あるいは、もっと踏み込んで、本人の選択によっては物理的に実現不可能な行為や状態を、社会的には実現可能とするように、ある物理的制約下にある個々人の私的領域を社会的に再分配する方法を模索すべきか。これらの問題は、n個の名前のついた個人的パートの連なり（プロファイル）がもたらす共同的状態、派生的影響、さらには個々人に帰属する個人的パートの意味や価値、それへの社会的介入に関する内在的評価と切り離しては判断しえないだろう。

政治的リベラリズムの基本的視座

ジョン・ロールズの政治的リベラリズムとアマルティア・センの社会的選択理論に共通する視座は次のようなものである。個人の権利は人々の間で形成されうる公共的関心（public interest）を超越するものではないが[8]、その一方で、公共的関心もまた個人の権利を超越するものではない[9]。権利と公共的関心の各々、及び両者の関係は次のように理解されている。

個々人の権利の行使によって社会状態がどう規定されるかが、個々人にとって〈実際に〉共通の（高次的）関心事となる、あるいは、ある個人の権利の実現によってだれか他の人々が〈客観的に〉影響を受ける可能性がある、このような場合には、社会状態に関する公共的関心に基づいて個人の権利の実効領域が制約されることには理があるだろう。ただし、何をもって個々人の〈実際の〉関心事となっているとみなすか、何をもってある個人が〈客観的な〉影響を受ける可能性があるとみなすかという問題、また、そもそも公共的関心を根拠として権利の実効領域を制約することがいつ、どこまで許されるかは、それ自体、個々人の理性的判断と公共的熟議に基づく社会構成員間の重複的合意によって判断されなければならない。ここでは、前者を実体的な意味での公共的関心と、後者を手続き的な意味での公共的関心と呼ぼう。

このような視角をもった議論の特徴は、権利の実在を理由として社会的目標を退けること、あるいは、公共的関心の実在を理由として権利を制約すること、という二つの論法のいずれをもとらない点にある。そのことは権利あるいは公共的関心が実在する可能性を理論的にも事実的にも否定するものではない。ただし、権利であれ社会的目標であれ、それが社会状態を制約する根拠とされるためには、社会を構成する人々の理性的・公共的判断による解釈と承認のプロセスが不可欠であるとする。

ここにて、権利と社会的目標のいずれを優先するべきかという問いから、両者の関係性（ノージックの言葉を借りれば、「横からの制約」の相互性）に配慮し、個々人の行為や状態、その他の社会的状態に留意しながら、はたしてどのような社会的諸目標を立て、諸権利の実効領域をどのように調整するか、という問いへと視座が転換される。これは個々の社会的文脈で実践的に形成されていく公共的関心について、そのあり方を理論的に考察する作業に他ならない。

以下では、市民的自由・福祉的自由・政治的自由という三種の自由に関する権利の実効領域を調整する方法について考察しよう[10]。まず、市民的自由への権利について。市民的自由は、個人的行為や状態が他から介入されないことを要請する自由であるため、それへの権利の実効領域の調整は、次の二つの観点からなされる必要がある。(1)様々な特性をもつ個人がある行為・状態を選択し、あるいは、ある行為や状態の選択を禁じられるとしたら、社会的に出現した、あるいはしなかった彼の行為や状態が、他者の選択可能な(社会的に出現する可能性のある)諸行為・諸状態と組み合わさることによって[11]、本人、他者、その他の社会状態にどのような影響を及ぼす可能性があるか、(2)およそひとが自分自身に帰属するはずの行為や状態の社会的実現を、物理的な実行可能性とは別に、他から制約されることの内在的意味は何か[12]。ここでいう内在的意味とは、帰結的考慮から離れて捕捉される意味、たとえば、たとえいかなる個人も実際にはある行為や状態を実現する意思をもたないとしても、あるいは実現することができない(現在の社会的・個人的諸条件のもとでは実現不可能である)としても、ある行為や状態の実現を禁ずること、それ自体が孕む問題性を指す。

つづいて福祉的自由への権利に移ろう。福祉的自由への権利は、福祉的自由を享受する権利を指す。ただし、ここでいう福祉的自由とは、一定の基本的行為や状態を自分の選択によって実現することのできる自由、そのための手段を実際に備えていることを意味するので、その手段を物理的に備えていない場合には、福祉的自由への権利は手段の充足を社会に要求する権利を意味することになる。

この福祉的自由への権利に関しては、物理的には本人の選択で実現することのできない行為や状態を、手段の社会的付与によって可能とすることの妥当性、その際の〈分配のあり方〉が問題とされる。たとえば、所与の市場制度と当事者間の私的契約制度のもとで、基本的な行為や状態を実現する手段をもたない人々に対して、はたして何をどの程度、提供することが望ましいのか。より一般的には、福祉的自由への権利に関する実効領域の調整は、次の三つの観点からなされる必要がある。(1)ある行為や状態を実現する可能性が物理的に閉ざされていることの意味、また、社会的にその可能性を開くことの意味は何か。(2)ある行為や状態の実現可能性の社会的な保障により、[13]他の人々の「資源の保有・使用の自由」への権利の実効領域はどの程度、制約されるか、されてもよいか。(3)福祉的自由の実効領域を調整する一定のルールのもとで、多様な特性をもつ個々人の選択によって結果的に実現される社会状態[14]はどのようなものであるか、どのようなものであってよいか。

政治的自由への権利の実行領域

政治的自由への権利は、社会的な意思決定に実質的に参加できる自由への権利を指す。ここで「実質的に」参加できるとは、社会的な意思決定プロセスから排除されない、責任をもって表明した判断や意見が等しく尊重される（理由なくして外されない）という形式的保証のみならず、社会的な意思決定に参加する実質的な機会をもつこと、参加する手段をもたない場合には、それを社会的に要求することを含む。たとえば、重度の心身障害をもつ個人であっても、実際に判断を形成し、表明するための手立て（情報へのアクセス、移動支援、障害に見合った学習方法）が社会的に用意されることを意味する。先述したように社会的選択理論ではこのような政治的自由への権利の実効領域の調整方法として、たとえば、次のような条件を課すことが考えられてきた。個々人が表明する判断に関して内容的な規制がいっさいなされないこと（定義域の非制限性）、集計に際して、全員が一致した判断を示した場合にはそれが社会的に尊重されること（パレート条件）、同様の構造をもつ二項判断は判断主体や選択肢の名前や属性、その他いかなる特徴からもまったく独立に等しい扱いを受けることである（匿名性、中立性。厳密には、これらはアロー自身が課した条件よりも強い。匿名性はアローの「非独裁性」の十分条件であり、中立性は「無関連対象からの独立性」の十分条件である）。

端的に言えば、この方法は、社会的な意思決定に際して、政治的自由への権利に関する個々人の実効領域を何ら社会的に調整しないことを意味する。社会的判断に厳しい合理性条件（判断の整合性のみならず完備性をも）を課した上で、この方法を適用するとしたら、論理的には、アローの一般不可能性定理やセンのリベラル・パラドックスを避けえないばかりか、個人の権利や社会的目標の観点からリーズナブルとされる社会的判断の形成を妨げるおそれもある。はたして、「市民的自由への権利」や「福祉的自由への権利」、さらには「政治的自由への権利」それ自身と両立可能であり、しかも内的矛盾のない社会的意思決定をなすためには、政治的自由の権利の実効領域にどのような制約をおくべきだろうか（上記の諸要請の中で何をどのように緩めるべきか）。

この問いに対する答えとして考えられるのは、①諸個人が表明する判断プロファイルは事実として、無矛盾な社会的意思決定をもたらす傾向をもっていると仮定する（定義域を事実的に限定する。たとえば、Sen, 1970, Chapter 10*, 鈴村＝後藤、二〇〇一、六九-七二頁参照のこと）。②社会的な意思決定の基礎とする個人的情報の性質に関して、一定の規範的観点に基づく制約がなされることを仮定する（定義域を規範的に限定する）。③一定の規範的観点から捉えた判断主体や選択肢の個別的特徴に応じて、同一の判断形式をもつ二項関係（個人間比較不可能な序数的判断）に対して異なる扱いをなすこと（たとえば、集計にあたって異なるウェイトでカウントすること）を許す。[15] ④社会的判断に対して、完備性を満たすことまでは要求しない。すなわち、社会的には二項関係的な判断を形成することが不可能であるケースを許容する。

たとえば、センはリベラル・パラドックスに関して、他者の自由と抵触するような選好関係の表明を控え、準順序の性格をもった選好判断を表明する「リベラルな個人」の存在を想定することによって、本人の意思決定の最小限の尊重とパレート条件との両立可能性が拓けることを示そうとした(Sen, 1970, Suzumura, 1977, 78)。これは、上記の②、定義に関する規範的制約の一例である。また、ロールズ正義論では、当該社会で受容可能な高次原理によって、社会的意思決定の基礎となる個人的情報の性質やその取り扱いが制約されること、[16] そして、正義原理や憲法（constitution）――権利規定と統治機構規定の双方を規定する――などの最高次原理に関しては、認識条件に関する個々人の自己規制として、判断内容を制約する方途が考えられている。[17]

良心の自由もまた公共的秩序あるいは安全への共通の利益（the common interest）によって制限されうることは皆によって賛同されるであろう。……ただし、そのような制限を受容することは、公共的利益（public interests）が道徳的・宗教的利益に優る（superior to）ことを意味するわけではない。……それは、平等な初期状態において賛同した諸原理に従って、個々人が自分たちの道徳的・宗教的利益の追求を規制するものである（Rawls, 1971, p. 212）。

この議論をより精緻に展開するためには、個々人の公共的判断の形成と重複的合意の形成を支える認識的・制度的条件、ならびにそれらの諸条件を正当化する背景的理論の解明を必要とする。これは、各権利の実効領域を確定する「公共的関心」それ自体の形成プロセスを規範的に探究する作業に他ならない。それに関する記述は次節に譲り、ここでは次の点のみ確認しておこう。政治的自由に関する権利の行使とは、個々人が、公共的にカウントされるような判断を主体的に形成し、合意を模索するプロセス全体の運行を意味するものである。したがって、政治的自由に関する権利の実効領域の制約は、単に、個々人がある選好・判断の表明によって、帰結的状態をどれだけ制約しうるかという問題に留まらず、よりよき合意を形成しようという人々の公共的な関心そのものを問い返すことになる。

公共的関心の形成に関する理念型とその現実化の試み

いずれの権利に関してもその実効領域の確定において重要となるのは、各々の場合に予測される帰結や影響あるいは権利の内在的意味に関する評価の方法である。評価にはかならずや一定の観点が伴う。そして観点の背後には、一定の価値が伏在する。はたして誰が、どのような観点をもとに、どのような価値の実現を目標として評価するのか。評価主体との個別的関連を越えた共同的・派生的状態への影響や再分配効果、さらには概念それ自身の内在的意味の評価が要請される権利の文脈においては、行為者本人の私的関心に基づく観点や価値、あるいは特定の組織や共同体の集合的関心に基づく観点や価値は不適切だろう。このような場面で要請されるのは、異なる複数の個人や集団の観点を自在に行き来しながら形成される不偏的・反省的観点であり、それに基づいて、異なる複数の時点や地点に位置するあらゆる個人や集団が理性的には退けることのできない政治的価値を志向することである。先に公共的関心と呼んだものは、このような観点や志向性をいわば共通のフォーマットとして備えた関心である。もちろん、たとえこれらの性質を共通に備えるとしても、個々人が形成する評価は依然として分かれる可能性がある。[19] それでも決定すべきであるとしたら、たとえば、決定方法に関する改訂手続きを明記したうえで、特定の集計手続き（多数決、ボルダ・ルール、くじびきなど）を限定的に用いざるをえないだろう。ただし重要なことは、共通のフォーマットがある限り、最終的にどのような決定がなされようとも、一応の適理性が個々人によって承認されうる点である。[20] そして、より適理的な評価形成をめざす個々人の改訂活動が保証される点である。彼らは、たとえば多数決による決定を承認しつつもそれとは異なる評価を持ち続けること、集計手続きそれ自体を批判し続けることが依然として可能である。彼らの意見は広く公示され、いつの日か人々の間に浸透し、現在の決定内容や決定方法を覆す可能性も開かれている。

見解の全員一致は期待できない。適理性をもった複数の正義の政治的構想は常に同じ結論に至るわけではない。また、同じ構想を抱く市民たちであったとしても特定のイシューに関して常に合意できるものでもない。だが、ある理性的な正義に適った立憲体制にあるすべての市民たちが公共的理性の観念に沿って誠実に投票するならば、投票の結果は適理性をもつ（reasonable）と見なされるべきである。このことは結果が真実（true）であるとか、正しい（correct）ということを意味するものではない。けれども、当面、それは適理性をもち、多数決原理によって市民を結束させることができるものである。……市民たちは、互いの相克と議論から学び収穫する。そして、彼らの諸議論が公共的理性に従うものである限り、彼らは社会の公共的文化を教示し、深化させていくであろう（Rawls, 1996, pp. lvi–lvii）。

センは、複数の集団やカテゴリーに実際に所属している諸個人が正義の感覚の到達範囲を拡張する営み（expanding the reach of our sense of justice）に注目することによって、このような理念的モデルをより現実的に展開しようとしている。複数の集団に属する個人は、各集団の個別的請求に対して内的にコミットしながら、重層的な選好を形成していくと考えられる。彼は、自己の内面において、ある集団の個別的請求を別の集団の関心から観察し、反省し、評価する機会を得る。彼は自己の属する諸集団に関して自発的に行うことになる。このとき、各人は各集団の個別的請求がもつ普遍的・人間的意味を評価する公共的観点を自ずと獲得すると考えられる。そのようにして、公共的観点を獲得した個人の間では、各善を重みづける方法——公正に実現するための資源配分方法——に関して共通の判断を、ある範囲で形成する可能性が開かれるであろう。そのとき、なおそこで、異なる複数の判断が残されるとしても、それらはいずれも適理性を備えた判断と見なしうるのである。[21]

結びに代えて——方法論的射程——

権利概念の有効性は、数の論理に対抗してひとの内在的な価値を明記する点にある。このような権利のミクロ的な視野は、ひと以外の存在の内在的な価値、人類にとっての「使用価値」に留まらない価値をも想起させる。いうまでもなく、個人間、世代間、あるいは人間と他の存在との間に相互的な便益がもたらされるように努力することは重要である。だが、われわれは利害が相互に対立し合う可能性を否定しきることはできない。このような場面において権利の概念が重要性をもってくる。権利の概念は、相互に還元できない複数の種類の価値が存在すること、また複数の価値の担い手がいること、それらを厚生のような単一の量にまとめあげることは困難であることをわれわれに想起させる。その一方で、個人の公共的判断に基づく公共的関心の概念は、ひとやひと以外の存在それぞれの固有の価値を相互に理解し、尊敬することを可能とする。もちろん、個人は存在においても認識においても、本人自身の位置、本人が属している範疇、共同体、社会から離れることは困難である。しかし、センが言うように、現代においては、個々人は複数の位置、範疇、共同体、社会に属し、多様な興味、選好、判断をもっている。したがって、もし、個人が本人の経験の意味を吟味し、異なる複数の関心、選好、判断を互いに表明するならば、彼は互いに還元できない複数の価値を認識できるかもしれない。

公共的な場とは、相互に重なり合った経験をもった個々人が一堂に会する場に他ならない。彼らはそこで、部分的に共有しあう互いの経験を確かめるとともに、他の人々のもつ特有の経験に耳を傾ける。それはそれ自体新しい経験となる。これらすべての経験は、個人の公共的な見解が形成されることを促進する。権利概念のもつミクロな視野と公共的関心概念がもつ幅広い視野は、社会的目標や権利などの政治的価値をバランスづけるうえで不可欠の重要性をもっている。

二 実質的自由の内的連関とその制度化について

はじめに

『自由と経済開発』(一九九九年)に代表されるように、セン教授は開発や福祉を考察するにあたって、自由の概念に着目する。それはこれまで述べてきた〈整序的な目標=権利システム〉の形式的な枠組みに対して、実質的な議論を提供する。すなわち、市民的自由・福祉的自由・政治的自由という三種の自由が互いに不可欠な関係にあること、開発や福祉の立案にあたって、いずれかの自由を突出させるのではなく、三者をバランスづける必要のあることを明らかにしている。そこで、本講演の残りの時間、センの自由概念を紹介したい。

従来経済学では自由の観念は、私的所有権の不可侵性をベースに、選択の自由、経済活動の自由、契約の自由として理解されてきた。それは、個人の権原(entitlements:生産、消費、交渉などに関する能力や外的資源に対する合法的な権利)を所与として、自律的・主体的な経済活動を妨げられないことを意味する。それに対して、アマルティア・センの福祉と開発の経済学が主題とした自由とは、「本人が価値をおくような生を生きられる――そして価値をおく理由があるような生を生きられる」という広義の意味での自由であり、それを支えるために必要な社会制度的な諸自由を指す。このような自由をあらゆる個人に具体的に保障するためには、様々な制度的――法的なあるいは道徳的な――条件が必要となる。たとえば、生存を支える物質的手段の保障から社会的諸関係や精神的・文化的諸手段の保障など。それをここでは実質的な自由と呼ぼう。それはセンの言葉を借りれば、いまだ十分に制度化されていないとしても、制度化をめざすべきもの、つまり権利として公共的に認知されるべきものを意味している。はたしてどのような実質的自由を制度化していくべきか。生存に必要な物的手段であれ、社会的諸関係であれ、自力で、あるいは隣人とのプライベートな相互行為ですませられること、すませるべきことがある。それに対して制度的保障は、匿名の他者からの資源の移転、あるいは見知らぬ他者との相互行為を含むものである。はたして、広範囲の匿名の他者との間での資源移転を通じて、あるいは相互行為を前提としながら、権利として保障すべき自由とはどのようなものであろうか。

福祉的自由と潜在能力アプローチ

センは、経済開発や飢饉、貧困や不平等の研究を通じて、福祉的自由（well-being freedom）の観念を確立した。福祉的自由とは、疫病から逃れられること、栄養をバランスよく充足できること、自由に移動できること、自分の気持ちや考えを適切に表現できること、必要な情報を的確に理解できることなど、人々の行いや在りように関する基本的能力の豊かさ（センはそれを「潜在能力（capability）」と呼んだ）を表す概念である。それらは、生存の危機に対するひとの耐性を高めるのみならず、個々人が個性的な生を展開していくために必要不可欠な基本的能力に他ならない。その具体的内容（リストと水準）は、当事者自身の主観的な認知を超えて彼（女）の境遇の改善に必要であるとともに、その必要性が広く人々の公共的・理性的判断によって了解されうるという意味での「客観性」をもつ。また、社会・経済的文脈に応じて変化する可能性をもつものの、各時代・各社会に生まれた一人ひとりの個人の生に照らして必要だという意味での「絶対性」をもつ。ところで、すべての個人に対して一定の客観的・絶対的な基本的能力を保障するためには、個別的特徴（身体的・精神的その他）に応じた格差的な資源の分配が要請される。センの福祉的自由の観念は、個々人の個別的特徴を正当に反映する資源分配メカニズムの枠組みを要請することになる[22]。

さらにセンは、福祉的自由を個人の意思決定に関する自由（主体的自由：agency freedom）と不可分の関係で捉えた。ここで主体的自由は二つの局面で理解される。一つは、私的な目的追求に関する自律的な意思決定の自由（市民的自由）である。他の一つは、社会的目標の設定プロセスに参加する自由（政治的自由）である。前者は従来経済学で当然視されてきた自由であり、後者は社会的選択・民主主義の前提となる自由である。そのうえでセンは個人や制度に関する規範的考察をもとに、三つの自由を積極的に結びつける視座を提供した。政治的自由は、市民的自由の制度的な確立と存続を可能とするとともに、自由の行使に関する（諸自由間、諸個人間の）具体的な調整を図っていくうえで不可欠である。またそれは、異なる境遇におかれ個別的な特徴をもつ個々人が、公共的な討議と検証のもとで「われわれの必要」を発見し、福祉的自由の保障を具体化していくうえで不可欠である。他方で、市民的自由や政治的自由の保障を欠いた制度は、人々の福祉的自由の保障を困難にし、ひいては飢饉や震災などの自然的・社会的災害に対する制度的耐性を著しく損ねるおそれがある。これら三つの自由は相互に密接不可分な連関性をもっている[23]。そしてそのいずれに対しても理論的な優先性を与えない点にセンの特徴がある。むしろセンは、自由の内的連関性についてきわめて深い洞察を示す。次節でそれを概観しよう。

選択と責任と援助

個人を独立した責任ある主体として尊重するための一つの方法は、心身に対する他者からの束縛を禁ずることである。他の方法は、公共的に保証された私的領域（権原）から本人の行為や状態を自発的に選択することを尊重することである。いわゆる消極的自由の擁護者たちは、心身の束縛の禁止のみならず、個人の権原からの本人の選択を――それが本人自身の利益に適っているか否かの考察とは別個に――尊重することを要求する。社会は、いかなる帰結的な考察にも先立って、顕示された個人の選好に注意を払わなくてはならない。個人の選択を重視する理由は、まずもって、ひとにとって〈選択〉がもつ内在的な価値におかれる。そこに、個人の真の利益は本人のみが知り得るという仮定が加わると、個人の選択は本人にとってよりよい利益をもたらすからという理由が導出されることになる。

センもまた個人の選択を尊重する。福祉的自由は「機会集合」として表現されることがある。だが、センの視点はそこに留まらない。センの視点は選択の背後にある、社会に対する個人の責任へと突き進む。それは、先述したように、きわめて個人的な行為や状態であろうとも公共的関心の対象になりうるし、なすべきこともあるという洞察に基づく。また、個人の選択は、他者に対する個人責任を伴うのでそれ自身、社会的・公共的意味をもつという洞察がある。たとえば、個人は隣人のみならず、ずっと離れた人への影響を考えて合理的かつ理性的に自己の選択の帰結を評価することがある。あるいはまた、社会選択の場において、適切な判断をするために必要な情報をもたない自己の判断が、等しい重みでカウントされてしまうことを恐れて選択を控えることもある。

このような考察は民主主義の実行においてとりわけ重要な意味をもつ。個人の関心が多層的であり、問題に応じて採用すべき基準も変化するとしたら、民主主義のプロセスは個々人がそれぞれの文脈で何を公共的にカウントされるべき自己の判断として用意しているか、それこそを捉えなくてはならないことになる。

センは責任ある選択をするためには、個々人の個別的状況に依存して形成される判断の普遍的意味を理解しようとする「ポジション依存的客観性（position depending objectivity）」の観点から、多様な帰結的評価を行うことの重要性を指摘する。重要なことは、選択しうる多様な選好の中から公共的な発言に相応しいものを選択しようとする個人のメタ選好を促す公共的熟議であり、それを民主主義的集計手続きの中に組み込むことである。

他方で、センは「選択抑制（choice inhibition）」を指摘する。たとえば、われわれは抑圧的な状況への適応を強いられて、自分自身の真の選好——それが自分に対するものであれ、他者に対するものであれ——、よりよい環境であればなしたであろう合理的・理性的な選択から離れてしまうことがある。この可能性を考慮するとき、自由を尊重するためには、つまり、個人を目的そのものとして尊重するためには、個人の顕示的な選択の前で留まることはできないことになる。この視点は福祉的自由という概念の独自性を根拠づける。たとえば、本人の真の選好をダイレクトに捉え、それを個人の顕示した選好と比較するという積極的な介入が要請される。そこで一定のギャップが見られるとしたら、何らかの方法で社会的な保障をなしながら、彼の合理的・理性的選択を阻む原因や理由を調べることに、意味があるだろう。さらに、合理的・理性的に選択し、真の利益をあらわす能力が基礎的福祉（機能）に他ならないと考えるならば、それを支える制度的条件の整備に向かうべきだろう。

権利としての自由

ただし、次の点に留意する必要がある。これまで述べてきたように、たとえ個人の選択は様々な制限を余儀なくされるとしても、これらの制限は、「自由への権利」を制度化することそれ自体への制限とは異なるものである。「自由への権利」の放棄は選択の機会を永久に失うこと、自分の選択した事柄を変える機会も、再度、選択することを選ぶ機会をも失うことを意味する（Mill, 1859, p. 206 参照のこと）。逆に、自由が権利として公共的に認知されるならば、社会は個人を目的として尊重する義務を負うことになる(24)。三つの自由に関する権利が保証されるなら、社会は個々人が「評価する理由のある生を生きられる」ために必要な諸条件を積極的に提供しながら、同時に、本人が彼自身の関心——自分に対するものであれ、他者に対するものであれ——に沿って選択する余地を確保しなくてはならないことになる。

ひとは、たとえ不十分であろうとも、実際に選択することを通じて、合理的・理性的選択の能力それ自体を高め、自分や他者に対する責任のあり方を再考し、選択と自己の真の利益とのギャップに気づいてもいく。「適切な医療処置を受けることのできない人は……自分に対してであれ、他者に対してであれ、責任ある存在として様々なことを行う自由をも否定されている、……抑圧的な社会にさらされ続けてきた少女は福祉の観点から剝奪されているのみならず、責任ある生を送る能力の観点からも剝奪されている」という、先述したセンの指摘は正しい。

以上、自由の内的連関、ならびに、自由への権利と社会的目標に関するセンの考えを検討してきた。彼の視座は、三つの自由への権利間の葛藤を理論的に（もちろん実践的にも）完全に消去するものではない。たとえば、すべての個人の福祉的自由を適切に保障すべきだという要請、ときには生存のリスクをも厭わない個人の多様な選択を妨げてはならないという要請、社会的決定の最終的根拠は個々人の主体的判断に求めるべきだという三つの要請が対立しあうことがある。だが、これらの葛藤は、異なる正当性をもった複数の規範に、状況の相違を考慮しつつ、異なる重みを与えることの必要性を示すものに他ならない。そうであるとしたら、肝要なことは、第一に、それぞれの状況に異なる重みを与える理由を明示化することであり、第二に、状況の違いを分類しつつ、状況の違いを反映した諸理由を整合化するような論理と倫理を発見することであり[25]、第三に、それらを発見し、承認し、改善していく個々人の公共的活動を支える条件を具体的に解明することであろう。

かくしてセンは、多様な諸個人の私的な目的や価値の発芽を豊かに育む一方で、人々の協同を不可欠な要請とするような社会的目標を、人々自身の公共的関心（public interest）と熟議（delibera-tion）のもとに設定し、実現していくようなシステム（「整序的な目標＝権利システム」）を構想したのである[26]。いま求められているのは、そのようなシステムを、たとえば現代日本の福祉社会において現実化するための理論的・実証的基盤を明らかにすることではないだろうか。

(1) 以下では、権利が、個々人によるその行使を通じて実際に規定することのできる社会状態の範囲を、「権利の実効領域」と呼びたい。

(2) 本章第三章では「権利包含的目標」あるいは「目標権利」と呼ばれている。本概念に着目する研究書として、例えば、若松(二〇〇三)川本(二〇〇八)参照のこと。

(3) 前者は社会的目標の正当性を最終的には個々人に帰着させようとする立場。個人の目的を超えた社会的目標の存在を認めない。後者は社会的目標の正当性を個人を超えた実体に帰着させる立場。山脇、一九九九、二〇〇二参照のこと。

(4) ここでいうinterestはself-interestを意味するものではない。カントの場合の道徳法則への関心と同様に、ロールズは公共的ルールを制定することへの関心を私的利益に対する関心とは区別することを提唱する。Rawls, 1982, p. 174f.

(5) リバタリアンの中でも森村進は「最小限生存権」を認める議論を展開している(森村、二〇〇四)。

(6) Arrow, 1951=1963, p. 5

(7) アリストテレスの定義によれば、意識内の願望にとどまるものは選択とは呼ばれない。「われわれは幸福であることを願望する(中略)が、幸福であることを選択すると言うわけにはいかない」(Aristotle, p. 92).

(8) たとえばロールズにおいては、権利もまた社会的基本財(social primary goods)の一つであり、その分配方法は社会的決定事項の対象とされる。また、「ドゥオーキンにとっては、権利とは個別化された政治的目的である」(長谷川、一九九一、九六頁)という指摘を参照のこと。

(9) 公共的秩序や安全を維持する政府の権利は、市民に対する責務、すなわちすべての市民が自己の関心を追求し、自己の義務を果たして生きるために必要な諸条件を不偏的に援助するという責務を遂行するためにもつべき権利であると解釈される。本書第二章参照。(Rawls, 1971, p. 212)。

(10) 同様の関心をもつ先行研究として長谷川二〇〇一、二〇〇一f頁が挙げられる。そこでは公正の理念を手掛かりとして、具体的な権利の認定方法および権利の調整方法が考察されている。また、本章の以下の議論の形式的定式化を試みたものが、Gotoh and Suzumura (2002), Gotoh, Suzumura and Yoshihara (2002) である。

(11) かならずしも (特定の均衡概念を所与として導出される) 均衡戦略のもとでの均衡結果とは限らない、様々な帰結に関してという意味である。

(12) たとえ現在の環境的諸状況のもとではある権利の実効領域が空であることが妥当であると判断されるとしても、状況の変化に応じて実効領域の拡大が要請されうるように、権利それ自体のはこを作っておくことの必要性を判断するうえで不可欠な視点である。

(13) ある行為や状態を実現するためには、提供された資源を本人がその用途で使うことが必要であるが、ここでは実際に使われる保証はないという仮定のもとで考察される。

(14) ここではゲーム論でいうところの均衡結果 (存在可能性を含めて) までが問題とされる。

(15) それに対して、以下の主題は、本人の意思決定の最小限の尊重という問題設定を越えて、想定される様々な個人的行為や状態の中で、どのような個人的行為や状態の社会的実現を認め (あるいは促進し)、どの社会的実現を禁止するかに関して適切に判断しうるようなルールの制定である。以下の叙述は、そのようなルールの制定を可能とする条件に関するものである。

(16) たとえば、法や規則に関しては違憲立法審査権によって制約する。以上の議論の詳細は、後藤、二〇〇二、一八章。

(17) 同右。

(18) これはセンが主張する「ポジション依存的客観性 (position depending objectivity)」の観念に他ならない。Sen, 1993, 後藤、二〇〇二、一八六頁。

(19) ロールズもまたこの問題を正しく認識していた (Rawls, 1971, 357)。

(20) 本シンポジウムでのセンの講演において指摘された民主主義の一つの側面、「公共的投票」を他の側面、「公共的理性」によっていかに支えるかが重要になってくる。

(21) この基本的アイディアはセンによって提出された。Sen, 1999a, Sen, 2000, Sen,2001, 後藤二〇〇三a参照。また、本章第五章・第六章第五節参照。

(22) 潜在能力に関するセンの理論は、経済学的定式化の方法、哲学的基礎、実践的意味など多岐にわたる内容を含んでいる。その概要については、たとえば鈴村＝後藤、二〇〇一／二〇〇二、第六章参照のこと。

(23) 福祉的自由を含む諸自由の連関に関する詳細は、Sen, 1999 に詳しい。鈴村＝後藤、二〇〇一／二〇〇二、第七章参照のこと。

(24) 本講演でセン教授が述べた「不完全義務」参照のこと。

(25) 詳細は道徳判断の情報的基礎に関するセンの議論を参照のこと。後藤、二〇〇二、二八一頁、鈴村＝後藤、二〇〇一／二〇〇二、九八頁。

(26) Gotoh (2003) 参照。

参考文献

Aristotle, *The Nicomachean Ethics*（高田三郎訳『ニコマコス倫理学』、岩波書店、一九七一年）。

Arrow, K. J. (1951=1963) *Social Choice and Individual Values*, 2nd ed., New York: Willey（長名寛明訳、『社会的選択と個人的評価』、日本経済社、一九七七）

Dworkin, R (1977) *Taking Rights Seriously*, Cambridge: Harvard University press（木下毅・小林公・野坂泰司共訳、一九八五、木鐸社）。

Gotoh, R. (2002) "A Perspective of the Theory of Justice á la Rawls and Sen", mimeo.

Gotoh, R. and K. Suzumura (2002) "Constitutional Democracy and Public Judgements," Discussion Paper Series A, No. 411, The Institute Economic Research Hitotsubashi University.

Gotoh, R., Suzumura K. and N. Yoshihara (2005) Extended Social Ordering Functions for Rationalizing Fair Allocation Rules as Game Forms in the Sence of Rawls, *International Journal of Economic The-*

ory, Vol. 1, 21–42.

Hori, H.（2001）“Non-Paternalistic Altruism and Utility Interdependence,” *The Japanese Economic Review*, 52, 2.

Mill, J. S.（1859/1977）*On Liberty*, London: Parker. Reprinted in: *The Collected Works of John Stuart Mill, Vol. XVIII*, ed., J. M. Robson, Toronto: University of Toronto Press.

Norzick, R.（1974）*Anarchy, State and Utopia*, Oxford: Basil Blackwell.（嶋津格訳『アナーキー・国家・ユートピア』上・下、木鐸社、一九八五／八九）。

Rawls, J.（1971）*A Theory of Justice*, Cambridge, Mass.: Harvard University Press.（矢島鈞次監訳『正義論』紀伊国屋書店、一九七九）。

Rawls, J.（1982）“Social Unity and Primary Goods,” In Sen and Williams, eds., *Utilitarianism and Beyond*, Cambridge: Cambridge University Press, 159–185.

Rawls, J.（1993）*Political Liberalism*, New York: Columbia University Press.

Rawls, J.（1995）“Reply to Habermas,” *The Journal of Philosophy*, 92: 3.

Rawls, J.（1996）*Political Liberalism*, New York: Columbia University Press（reprinted paperback）.

Rawls, J.（2001）*Justice as Fairness: A Restatement*, ed. by Kelly E., Cambridge, Harvard University Press.

Rousseau, J. J（1762）*The Social Contract*（桑原武夫・前川貞治郎訳『社会契約論』一九五四、岩波文庫）。

Sen, A. K.（1966）“Hume's Law and Hare's Rule,” *Philosophy*, 41, 75–8.

Sen, A. K.（1967）“The Nature and Classes of Prescriptive Judgements,” *Philosophical Quarterly*, 17, 46–62.

Sen, A. K.（1970）*Collective Choice and Social Welfare*, San Francisco: Holden-Day.

Sen, A. K.（1973）*On Economic Inequality*, London: Oxford University Press.（杉山武彦訳『不平等の経

済学』日本経済出版社、一九七七)。
Sen, A. K. (1977) "Rational fools: A Critique of the Behavioural Foundations of Economic Theory," *Philosophy and Public Affairs*, 6, 317–344.
Sen, A. K. (1993) "Positional Objectivity," *Philosophy and Public Affairs*, Vol. 22, pp. 126–145.
Sen, A. K. (1996) "Legal Rights and Moral Rights: Old Questions and New Problems," *Ratio Juris*., 9, 153–167.
Sen, A. K. (1999a) *Reason Before Identity, The Romanes Lecture for 1998*, Oxford, Oxford University Press.
Sen A. K. (1999b) *Development As Freedom*, New York: Alfred A. Knopf (石塚雅彦訳『自由と経済開発』日本経済新聞社、二〇〇〇)。
Sen, A. K. (2000) "Consequential Evaluation and Practical Reason," *The Journal of Philosophy*, XCVII, 9, 477–503.
Sen, A. K. (2001) "Justice, Democracy And Social Choice," Text of Public Lecture at the Center for Interdisciplinary Research (ZIF), University of Bielefeld, Germany, on 22 June.
Suzumura, K. (1978/1979) "On the Consistency of Libertarian Claims," *Review of Economic Studies*, Vol. 45, pp. 329–42. "A Correction", ibid., Vol. 46, p. 743.
川本隆史(二〇〇八)『双書　哲学塾　共生から』、岩波書店。
後藤玲子(二〇〇二)『正義の経済哲学　ロールズとセン』、東洋経済新報社。
後藤玲子(二〇〇三a)「多元的民主主義と公共性」山口定編、公共研究会叢書『新しい公共性を求めて』、有斐閣。
後藤玲子(二〇〇三b)「ニーズ基底的相互提供システム」斉藤純一編、『シリーズ　福祉国家の行方　第5巻』、ミネルヴァ書房。
後藤玲子(二〇〇四)「正義とケア　ポジション配慮的ルールとは」塩野谷祐一・鈴村興太郎・後藤玲子編著

『福祉の公共哲学』、東京大学出版会。

鈴村興太郎・後藤玲子（二〇〇一／二〇〇二）『アマルティア・セン　経済学と倫理学』実教出版。

長谷川晃（一九九一）『権利・価値・共同体』（法哲学叢書2）、弘文堂。

長谷川晃（二〇〇一）『公正の法哲学』、信山社。

森村進（二〇〇四）「リバタリアンはなぜ福祉国家を批判するのか——さまざまの論拠」塩野谷祐一・鈴村興太郎・後藤玲子編著『福祉の公共哲学』、東京大学出版会。

山脇直司（一九九九）『新社会哲学宣言』、創文社。

山脇直司（二〇〇二）『経済の倫理学』、丸善。

若松良樹（二〇〇三）『センの正義論』勁草書房。

II　正義の条件

――義務と相互性――

第三章　帰結的評価と実践理性

本章の主題は、実践理性における帰結的評価の射程と到達地点である。この分析にとっての良い出発点は、選択の結果に対して責任をとる必要があるということである。選択（行為、戦略、あるいは実践理性における他の決定変数の選択）を行う個人に責任を要求することは、(1)〝評価〟の規律と(2)その評価に基づく〝選択〟の規律の両方に関連する。これらの規律によって帰結的評価は、非常に多様な関心事を体系的に結びつけることができる。そこには、他の種類の結果（いくつかのより狭義な意味の帰結的な推論——たとえば功利主義——が専念する傾向のある結果）とともに——その重要性を軽視することなく——、行為の性質（と関連する考慮、それは義務論的な文献に目立って現れるのだが）に対して責任をとることが含まれる。私は、この種の広義に統合された枠組みには利点があると主張したい。

本章は帰結的評価に関するものであり、それは責任ある選択の規律として理解される。その規律は選択者が事態を評価することに基づき、その選択の正確な状況を考慮に入れて考えられるすべての関連する結果を考慮することを含む。共通に使われている「帰結主義」という〝用語〟がどのように用いられるべきかを論ずるものではない。ここで探求されるような帰結的評価が「帰結主義」という名前で呼ばれるべきかどうかは補足的な問題であり、さほど面白くない問題である。実際、「帰結主義」

という用語は、帰結的評価の支持者よりはむしろ反対者によって考案されたものであり、主として反駁されるために喚起されてきた。帰結主義に対してしばしば多彩な反例が挙げられるが、それらは道徳哲学にある種の刺激――と多くの余興――をつけ加えるものだった。「帰結主義者」であることを認めることは、ほとんど自分を「色の浅黒い黒人」か「蛙をよく食べるフランス人」か「イギリス人水兵」として紹介するようなものである。それは豊かに記述しなくとも即座に描写されうる。実際その用語はあまりに魅力的でないので（たとえそれがボツリヌス中毒のような病気の用語を思い起こさせなかったとしても）、それを取り去りたいと思う誰に対してもはっきりとその意味が伝えられるのである。

　しかしながら偶然にも、私の帰結的評価に対する特徴づけは、少なくとも、次のような一つの標準的な定義とは矛盾しない。すなわち、帰結主義は、行為（あるいは規則や戦略や何であれ）の選択が、利用可能な他のいかなる選択肢よりも全体的に悪い結果をもたらすことのない代替案を選ぶことに基づいて、なされることを要請する。たとえば、それはフィリップ・ペティットの帰結主義の定義とまったく両立しうる。彼の定義は、『帰結主義』をタイトルとする彼の著明な論文集の序文で提示されている[1]。ペティットによれば、「大雑把に言って、帰結主義とは、ある特定の選択が行為者にとって為すことが正しい選択かどうかを考えるための手段は、その決定に関連する結果を調べること、つまりその決定に関連する世界中の影響を調べることである、という理論なのだ」(Pettit, 1993, p. xiii)。彼の定義はまた、選択の行使を、選択結果に責任をとるという考えに直接、結びつけるという利点をもつ。それゆえ彼の定義は、この論文で探求されるアプローチに近い。

この責任という規律は、帰結主義者の倫理の中で必ずしも適切に認識されているとは限らない。標準的な功利主義者の倫理には、その認識が著しく欠けてきたと私は考える。彼らは効用以外の全結果を、たとえそれらが事態（たとえば、実際に生じた特定の行為者の行為）の不可欠な部分である時でも無視する。その傾向は、帰結主義と〝付加的な〟要求、特に「厚生主義」とを結びつける功利主義者のプログラムによって強化される。「厚生主義」は、事態はそれぞれの状態に関連する功利情報（たとえば、幸福や欲望の達成）によって排他的に判断されなければならないことを主張する。たとえ帰結的な事態が他にどんな特徴をもとうとも——たとえば特定の行為のパフォーマンス（どんなに意地悪くとも）や他の人々の自由の侵害（どんなに個人的であっても）があっても——、そうなのだ。(2)

その一方で、帰結的評価の「批判者」は、厚生主義などの付加的制約による恣意的な制限を取り除いた場合に、はたして帰結的推論はどこまで到達しうるかに十分留意しているとは言い難い。実際、これらの付加的制約は、帰結的評価の諸責任に適切に留意する機会を減じるものである。そのため厚生主義などの付加的制約を帰結的評価の一部であると仮定する帰結的評価の批判者は、帰結的推論の潜在的な到達範囲や広やかな射程に対して、正当な取り扱いをしないよう仕向けられるのだ。

では、広義の帰結的評価は義務論的アプローチとどのように比較されるのだろうか。この比較が困難であるのは、義務論は非常に多くの異なる形態を取りうるからだ。いくつかの義務論的アプローチがかなり制限された範囲をもつのは、それらの主張が〝帰結から独立した〟判断（私が今扱っているのは、この種の古典的な議論である）を行うからである。他に、特定の結果が考慮されることを許容するものの、多様な関心事に注目する際に、いくつかあるいはすべてに関して〝トレードオフ〟の可能性を排除する（リバタリアンの義務論はこの目立った例であり、緩めることのできない様々な制約を課す）[3]アプローチもある。対照的に、いくつかの寛容な義務論は段階的にのみ、多様な種類の関心事を認めるように思われる[4]。トレードオフが実際認められているように思われるのは、結果的に、矛盾する様々な関心事が広義の義務論的な分析の中で、互いにバランスづけられている場合である。広範な関心事に基づくこれらの判断が、いったいどのような全般的規律に基づくものであるのかは、幾分不明瞭なままであったとしても、この点は認められるように思われる[5]。

それゆえ、よく問われる問い、〝なぜ義務論ではなく広義の帰結的評価を用いるのか〟という問いに、一つの簡単な答えを与えるのは困難である。義務論との対比は、どの種類の義務論を考慮するのかに依存する。〝帰結から独立した〟義務論、つまり〝トレードオフを禁止した〟義務論との比較では、広義の帰結的評価はより広い到達範囲と幅をもつ。後者は、われわれが配慮すべき様々な道徳的関心事を組み込むことができるのだ。寛容な種類の義務論との比較では、広義の帰結的評価は少なくともより明示的な――そして幾分より統合された――判断評価の枠組みをもつと主張できる。

さらに考察すべき論点がある。ここでは詳細に探求しないが、要点のみ注記したい（なぜなら私の信念では、それは広義の帰結的推論の利点を理解する際にいくらか重要であるからだ）。「善さ（goodness）」と「正しさ（rightness）」の観念を、一般的で統合された枠組みの中で結びつけることによって、十分に広義の帰結的枠組みは、次のような言明（どのような形態にせよ、厳しい義務論でしばしば喚起される）に含まれていると思われるある種の疎外（alienation）を回避することができる。すなわち、「これは倫理的に行うべき最も善い（best）ことであろう、しかしながら倫理的理由のため、私はそれを行うべきではない（must not）」ということだ。(6) 倫理がとても複雑なのは、われわれの道徳的な信仰が異なっているために、外部との意見の対立にわれわれはみな直面する傾向があるからだ。しかも不幸なことに、内部にも緊張関係の兆候があることを、さらにつけ加えねばならない。

一　帰結的評価と帰結から独立した義務論

しかしながら私は現代の論争ではなく、二〇〇〇年以上前に起こったことを伝えた論争から始めたい。インドの叙事詩マハーバーラタは、キリスト生誕の約二、三世紀前の期間の作品と通常は考えられているものだが、その中に面白い対話がある。それは、その叙事詩の偉大な武人で英雄のアルジュナと、彼の友達で忠言者であるクリシュナの間の会話である。（デリー市から遠くはない）クルシェトラでの対戦の前夜のことだ。それは、アルジュナの兄であり王座の正当な相続人であるユディスティラによって統括された有徳の王家であるパンジャブ家と、彼らの従兄弟であり、王国を不当に強奪したカウラヴァとの戦いである。インド・ガンジス平原の他の王族はそのほとんどすべてがどちらかに参加し、両軍はその国のかなりの割合の体の丈夫な人間を含んでいた。

アルジュナとクリシュナが両側の軍を見て始まりかけている大戦を熟考する時、アルジュナは、これらすべては戦争に値するのかどうかを尋ねる。彼の確信では、これには正しい理由があり、これは公正な戦争なのであって、また彼の軍はその相対的な強さを考えると――特にアルジュナの大将としての優れた技術や兵士の技術のおかげで――確かにこの戦いに勝つであろう。しかし、非常に多くの人々がこの戦いで死ぬであろうことに、また自分自身がたくさんの人々を殺さなければならないことに、アルジュナは気づく。アルジュナはさらに、どちらの軍においても、殺されるかもしれないたくさんの人々は自分が愛着をもっている人々であり、彼らの多くは（しばしば親族関係の忠誠や他のつながりから）この大きな大陸戦争のどちらかを支援することに同意した以外に、特別にいかがわしい事は何もしていないことにも気づく。

アルジュナはクリシュナに、彼は戦いたくないこと、自分たちは不正なカウラヴァに彼らが強奪した王国をあっさり支配させるべきことを伝えた。それは二つの悪のうちより小さいほうであるかもしれない。クリシュナはこれに反対するのだが、彼の返答はインドの道徳哲学で何度も繰り返されてきた行為原則をはっきり述べるという形をとる。実際クリシュナは、叙事詩の中で、パンジャブ家の高貴ではあるが党派心の強い後援者から、後のヒンドゥー教におけるように神の化身へと徐々に変化する。その変化と共にアルジュナとの対話は、非常に神学的に重要な文書になったのだが、これはバガバジータあるいは略してジータと呼ばれる。

クリシュナは、結果の評価にかかわらず、アルジュナには戦う義務があることを指摘する。それは大義に他ならず、アルジュナは戦士として、また彼の味方が信頼しなければならない将軍として、自分の義務を（それから何が生じようとも）拒むことはできない。クリシュナの厳しい義務論は後の数千年の道徳議論に深く影響を与えてきた。私の考えでは、それは純粋理論がもつ力への賛辞である。マハトマ・ガンジーでさえ、やはり結果にかかわらず義務を行うというクリシュナの言葉に非常に感激した。たとえこの場合の義務がアルジュナにとって暴力的な戦争を戦うことであったとしてもそうなのである（一般的には、その大義にガンジーが共感を寄せるとは思われていない）。

クリシュナの道徳的な立場はまた雄弁にT・S・エリオットによって『四つの四重奏曲』[7]の中の詩「ザ ドライ・サルヴェイジズ」で支持されている。エリオットはクリシュナの意見を訓戒の形で要約している。すなわち「行為の結果を考えてはならぬ／先へ進め」と。エリオットの説明では、「ご無事で、とは言わぬ／しかし先には進め、航海者よ」(Eliot, 1935, p. 31) となる。私のここでの意図は、反対の側――つまりアルジュナの側に立って、基本的な考えから進むことである。その考えとは、ひとは自分の行為と選択の結果に対して責任をとらなければならないし、この責任は帰結から独立した責務や義務への示唆によっては取り除かれない、というものだ。私の論では、単に「先に」ではなく「無事に進め」、である。つけ加えるべきは、よくありがちな出来事であるが、宗教の文献として「ジータ」は、クリシュナに有利なかたちで解釈されるとしても、その対話は本来、叙事詩〝マハーバーラタ〟から生じたということである。マハーバーラタは両方の言い分に多くの余地を与えるので、彼らのそれぞれの議論を展開できるし、この議論には二つの理に適っている側があると明白に仮定できる。

二　一般的な帰結主義と特殊な帰結主義的体系

帰結的評価を分析する二つの異なるレベルがある。第一に、評価と選択の基礎に結果の査定を置くという一般的な要求について、われわれは研究しうる。この一般的なレベルにおいて、帰結的評価の規律は、より十分な帰結主義的理論に達するための異なる手段を許容する。第二に、この一般的な分析を特定の評価理論、あるいは、選択に対する責任に焦点を当てるという重要な特徴を共有している特定のクラスの評価理論の検討に結合することができる。私がここで関心をもっているのはこれら両方の課題に対してである。

一般的な分析においては以下のような認識が特に重要となる。すなわち、いくつかのより有名な帰結主義的体系、たとえば（功利主義者の倫理理論が信頼する）厚生主義に結びつけられている非常に特殊な要求は、帰結主義の原理自体によって〝要請〟されるのではないということである。おそらく（功利主義者が行うように）帰結的評価にこれらの追加的な要求を結合しても差し支えないだろう。(8)しかしそれらは、一般的な帰結的評価にとって必須ではないのだ。私はすでにこの主題について論評したことがある。しかし今これを進めて、私がまた議論しなければならないのは以下のことである。すなわち、どの種類の特定化（功利主義とは異なる）が賢明に追求されるとしたら、より十分な帰結主義的理論を得ることができるのか、ということである。とりわけ、ここでの関心は、選択に対して責任をとるという基本的な動機との整合性におかれる。このような課題に取り掛かるにあたって、最初に特殊な領域を特定することとしよう。その領域ではさらなる特定化――帰結的評価の一般的な要求に対して付加的である特定化――が、要請されることになるであろう。

帰結的評価の規律に関連して、少なくとも三つの異なる論点についてより明確な表現を与える必要がある。

(1)〝状況づけられた評価（Situated evaluation）〟。どの観点から評価はなされるべきか。責任の議論が示唆するのは、選択を行うひとは、行為やその結果に対して自分自身の立場（position）に気を配る必要性から逃れることはできない、ということだ。この「状況づけられた評価」の要請は、（功利主義的倫理によっておなじみの）以下の要求に結合するかもしれないし、しないかもしれない。その要求とは、〝あらゆる〟状況づけられた立場からの評価がどうにかして正確に〝同じもの〟でなければならない、というものだ。この「不変性の要求」については、もしそれが提案されるならば、追加の議論が必要となるだろう。[9] しかし私はそれを提案しようとは思わない。

(2)〝最大化の枠組み（Maximizing framework）〟。サミュエル・シェフラー[10]が正しく指摘するように、「〝最大化する〟合理性」は帰結的評価の中心を成す。彼が述べるには、「この合理性の概念の核心にある考え方は以下のようなものである。すなわちもしも達成される特定の目標の望ましさが承認されるならば、またもしも二つの選択肢の間で自由に選べ、その選択肢の一つは必ずこの目標を他の選択肢よりも上手く達成するならば、後者よりも前者を選ぶのは〝他の条件が等しければ〟合理的である」（Scheffler, 1985, p. 252）。私は後ほどこの原理の広範囲にわたる含意についてさらに話さなければならないだろうが、当座の問題関心は以下のようなものである。すなわち最大化の枠組みは、選択肢がお互いに関して完全に順序づけられていない時でさえ、用いられうる。もしその評価が賢明にもいわゆる部分的な順序を凌ぐことができないとしたらどうなるだろうか。容易に考えられるように、シェフラーの最大化原理は、順序づけが完備であることまでは要求しない。しかし彼が完備性について黙っていることは議論を省略しているからなのか、それとも、彼の最大化の特徴づけはそのままで十分なのか。ここには省略はないと私は論じるつもりだが、この問題にはさらに取り組んでいかなければならない（さらにこれについてやがて邁進しなければならない）。しかしながら、ここで私が述べるべきことは、完備性を要求しないことは、評価の順序が実際完備であるかもしれない可能性を排除しない、ということだ。仮に完備性が（ただ認められるというよりも）厳密に要求されるならば、この要求の正当化が必要とされるだろう。しかし、私はそのような要求をしない。

(3)〝状態を構成する要素を排除しないこと（Nonexclusion of state components）〟。帰結的事態（states of affairs）のすべての特徴は潜在的に重要か。帰結的評価の原理の観点からは、状態を構成する特定の要素を考慮の外へ先見的に排除するのは恣意的であろう。この〝状態を構成する要素を排除しない〟という要請はそれ自体では、功利主義的倫理で行われるように、次のような主張を行う可能性を排除しない。すなわち、事態における（いわゆる幸福や欲求の充足という形態での）〝効用のみ〟が、究極的には倫理的評価の説明に取り入れられなければならない、という主張だ。ただし仮にその実質的な制限が課されたならば、その正当な擁護が必要とされるであろう（というのもそれは一般的な帰結的評価の原理には含意されないからである）。しかし私はそのような制限を課さない。

次節では、簡単に（選ばれた要請の制限の中で）、ある特定の〝クラス〟の帰結主義的アプローチに注目し、それらがもつ広義の特徴を概説しよう。

三　責任と状況づけられた評価

どの観点から評価はなされるべきか。状況づけられた評価の要求が要請するのは、ひとは自分が選択を行っている特定の立場を無視すべきではないということだ。たとえば、幼児のためにある特定の離乳食を選択している親のことを考えてみよう。状況づけられた評価の要請は、ひとが制約された状況で無知であってよいと開き直るものではない。また無理なく可能だとしたら、他のひとがすでに知っていること、了解していることに、そのひともまた気づく必要があることを否定しない（たとえば親が馴染んでいる離乳食は、有害であると明らかにされるだろう）。それはより広い共感と関連していることを否定しない（たとえば、ある親は他の子どもが手に入れられない離乳食を自分の子どもが享受することが正しいことかどうかを尋ねるだろう）。否定されるのは、特定の状況におけるそのひと自身の責任を無視する可能性であり、この場合はこの子どもの親であるという責任である。

たとえ、決定は、彼女が置かれている状況の外から来たる考慮に対応してなされるべきだとしても（たとえば近所の人が不審に思う離乳食を使わないだとか、近所のひとが彼らの子どもに与えられない離乳食を自分の子どもに与えない）、その決定は、彼女の次のような責任からもたらされなければならない。すなわち、彼女はいま自分が離乳食を選択している自分の子どもに対して責任をもつのだ――この意味でその決定は責任と両立しうるであろう（「他の」関心事やその重要性は、〝彼女自身の立場に状況づけられた〟親によって評価されなければならない）。彼女が責任をとらなければならないのは、（評価を越えて進む）実質的な行為の選択だけではなく、その選択の基盤にあるはずの彼女の評価なのだ。彼女は――アルジュナが行うように――出来事の中での自分自身の立場や、彼女が行うことの結果として生じるかもしれないことに対して彼女がもつ責任に注意して、評価を行わなければならない。

この評価にかかわる論点がもたらすきわめて重要な問題は、評価を行うひととそのひとが状況づけられた特定の環境との関係に関するものである。アルジュナが悩まされるのは、もし戦争が行われれば大勢が死ぬであろうという事実だけではなく、彼自身がたくさんの人々を殺すであろうという事実や、さらには殺されることになる人々の多くは彼自身が愛情を抱いている人々であるという事実なのだ。これらの物事は、戦争のせいで生じる出来事の悪い性質の一因となるのだが、それは特にアルジュナ自身の立場から理解されることになる。この理解は、彼が自分の選択とその結果に対して責任をとることの本質的な部分である。これらの出来事に関与しない別の観察者は、実際アルジュナ（〝彼〟ではなく〝アルジュナ〟）は人々を殺しているだろうし、死者の中にアルジュナ（〝彼〟ではなく〝アルジュナ〟）が親密さや愛情を感じる人々がいるであろう、といったことにさほど気に留めないだろうが。アルジュナが理性的に、自分の選択の結果から切り離された見方をすることができないのは、彼がこの選択を行うことに直接関与しているからである。

したがって、評価を行い、選択をしているひとの人生に、評価を適切に状況づけることは可能なのである。このことは、評価は評価者から独立したものでなければならないこと、しかもそれは総効用を最大化するという特定の形式をとるべきことを要求する功利主義の定式化と鋭く対照される。評価者独立性の要請は、功利主義特有のものであるというより、帰結主義的評価の一般的規律が功利主義者によって分有されてきたと考えられてきた。

さらに言及すべき点として、立場（position）に関連する評価者相関性の規律は——その十分な含意を私は他で探究しようと試みた[11]、——誰かが自分の好きなように結果を自由に評価できるという主張から区別されなければならない。自分が好きなように結果を自由に評価できるということから離れて、アルジュナは責任をもって――実際その責任から〃逃れることはできない〃のだが――自分が評価すべき事柄に特有の悪さ（badness）に注意する。なぜなら彼自身が殺人を行わなければならないであろうし、犠牲者はしばしばアルジュナが愛情を抱く完全に無実な人々であるだろうからだ。評価者相関性の規律は、自分が好きなように結果を評価してよいという〃許可〃ではない。それは、選択に際してアルジュナの状況を特徴づける偶然の繋がりや環境に注意しなければならないという〃要請〃なのだ。ここでの重要な論点である責任は、行為者によって状況づけられた評価を要求する。

評価者相関性は、倫理の規律に課されるかもしれない「無人称性」の要請に違反するものではない点にも留意する必要がある。実際無人称性は〃無立場性（impositionality）〃と呼ばれうるものと混同されてはならない――無立場性は選択者の立場や状況が選択や結果に関連していることを無視しなければならないのだ。無立場性とは対照的に、立場相関的な無人称性は、緩やかな数学的用語で述べると以下のことを要請する。すなわち、長期変数の記号に採用されなければならないのは、異なる人々のそれぞれの「立場」であって、関与する個人の正確な〃アイデンティティ〃ではない(12)。

四　非完備性と最大化

次に二番目の論点に移ろう。帰結的評価において順序づけが完備でない可能性がある。時々前提とされることなのだが、帰結主義的アプローチは、あらゆる事態が他のすべての事態と比較可能である

――そして明確に順位づけられるべき――ことを要請しなければならないとされる。この要請は、当然のことと思われてきた一方で、満たされる可能性が低いと理解されてもきた。またそれは帰結主義的倫理の抱える諸問題の根源として理解されてきた。どのようにしてわれわれは常にあらゆる代替案を他のすべての代替案と比較することができるのだろうか。われわれは常に最善の代替案を見出すことができるのであろうか。

実のところ、最大化は、すべての代替案が比較可能であることを要請しないし、最善の代替案が特定されることとさえ要請しない。最大化が唯一要請するのは、（シェフラー（Scheffler, 1985, p. 252）が正しく注目したように）選ぶことのできる別の代替案と比べて、より悪い代替案を選ばないということだ。技術的な点に関して若干、混乱が見られるのは、「最大化」という共通の言葉が実に多様な方法で使われているからだ。その言葉は、われわれが〝最善の〟代替案を選択しなければならないと示唆する際に使われる。技術的には、これは〝最適化〟として（また経済学や決定理論でよく使われる概念として）より良く記述される。集合論や関係分析などの基礎的学問では、最大化は、それより他には良いものがないような代替案を選択することとして定義される。最大化と最適化が一致するのは順序が〝完備〟である時なのだが、順序は完備的であるかもしれないし、完備的でないかもしれない。[13] 実際、最適化が作用するためには、選択される最善の代替案が〝存在〟しなくてはならない（必ずしも〝一意的に〟最善の代替案ではないとしても、最善の代替案である必要がある）。最大化はそれを要請しない。

たとえば、仮に、たまたま完備的ではなく、〝A〟と〝B〟という二つの選択肢を互いに順序づけることができないものの、それらはいずれも、他の代替案すべてよりも良いという場合、最大化はこれら二つのうちの一つが選ばれるべきだということだけ要請するだろう（両方とも最大である）。数学的な学問では、純粋集合理論（たとえばニコラス・ブルバキの理論）と、公理経済分析（たとえばジェラール・ドブリューの分析）の両方において、このような方法で最大性が定義されるのである。[14]私は他で[15]最適化と最大化との区別とその広範囲にわたる含意を論じたことがある。

その区別は非常に実践的な重要性をもつ問題でありうる。ビュリダンのロバという古い物語を例に挙げてみよう。不運なロバは二つの干草の山を見たのだが、それらを互いに順序づけることができなかった。[16]ロバはのんびり最大化を行う者というよりはむしろ血気盛んに最適化を行う者として仮定されているので、ビュリダンのロバはどちらの干草の山も選ぶことができなかったし（というのもどちらも少なくとも他方と同じ程度に良いと示されていなかったので）、それゆえロバは餓えて死んだ。ロバが餓死したのは、ロバが二つの干草の山を順序づけることができなかった（「最善の」あるいは〝最適の〟選択はまったくなかった）からであるが、もちろんそれぞれは餓死より良い結果をもたらしたであろう。たとえロバが二つの干草の山を順序づけることができなかったとしても、ロバがどちらも選ばないというよりはむしろどちらかを選ぶことは、理に――帰結主義的な良い理に――適っていたであろう。帰結的評価が必要とするのは最大化であって最適化ではないのだ。

五　状態、行為、動機、過程

三番目の論点に移ろう。それは帰結主義的論理を用いる際、事態の描写に何が含まれるべきなのかということだ。事態を評価する際に、事態のいかなる部分をも先験的に排除する一般的な根拠は何もない。しかしながら（功利主義的倫理のような）いくつかの倫理学的理論の主張によれば、たとえば行為のような、非効用的な特徴はそれ自身がいかなる価値あるいは負価値をもつと見なされてはならない（むしろそれらが生み出す効用や負の効用のみが考慮されなければならない）。しかし、行為や動機などの特徴には、考慮されるべき十分な理由（とりわけ義務論者たちが、それらの特徴を彼ら自身の特別なやり方で注目するよう駆り立てられるのに十分な理由）があるため、功利主義的な排除は、結局、ある種類の理に適った要求を恣意的に排除することにつながる。この点について私は他で論じたことがあるが、ここではこれ以上追求しない。以前考察した事例によって注意すべきことは、一般的に人々を殺すこと、そして友人や親族を殺すことに対するアルジュナの反論が、彼の行為の選択のための明確な含意をもつということである。[17]

実際に行為の結果に対する責任という考え方は、ひとが深刻に取り上げる――そして深刻に取り上げる理由をもつ――いくつかの結果を無視することとはめったに両立するものではない。この論点はシェフラーが焦点を当てる緊張関係に密接に関連している。彼の議論では、「行為者中心（agent-centred）の制約を組み入れる観点に対して非常に多くの困難を生じさせる」ものは、「われわれが

〝最大化する〟合理性と呼んでもよいものである」(Scheffler, 1985, p. 252)。行為者中心の関心はもちろん制限あるいは「制約」の形で(それらがいくつかの義務論の論理で用いられるように)述べられる必要はない。しかし、行為者の行為を評価する際に、行為者に特有の(agent-specific)感受性を事態の不可欠な要素と見なすことによって、それを帰結的推論の最大化の枠組みの内部に組み入れることができる。責任の要求は確かに行為者に敏感な(agent-sensitive)評価を要求する。アルジュナは自分自身の殺人(さらに彼が戦争の遂行を許可したとしたら、彼の支持を得て起こった死)を、他の原因や他の行為者による死を扱うのと同じやり方で、取り扱うことができない。事態の不可欠な要素——特に行為——が、状況づけられた帰結的評価の定義域から恣意的に排除されない限り、〝最大化する〟合理性と(義務論にとってと同様に帰結的責任にとって重要な)行為者に敏感な推論との間に緊張関係はまったく必要ではない。

事態の特殊な構成要素を排除する要請は、時折、それらが事態の不可欠な要素では〝まったく〟ないという主張から生じる。たとえば主張されてきたのは、遂行された行為は状態の一部分ではないというものだ。何かを行うことは何かを生じさせることだという事実は、まったく基本的な点である。しかし、その事実は多くの反帰結主義者の議論で否定されてきた。しかも、その否定は、反帰結主義者の戦略の中で中枢的な重要性をもつことになったのだ。シェフラー[18]は、初期の本 *The Rejection of Consequentialism* の中で、この線に沿った推論を展開し、また、この論点をもたらしたトーマス・スキャンロンとの「個人的なコミュニケーション」を引用している。スキャンロンは以下のように引用されている。「他の死と比べて殺人に独特の道徳的悪さ(moral badness)が存在するのは、仮にあったとしても、ただあなたが〝行う〟ことに焦点を当てる行為者中心の道徳の中だけである。いったんわれわれが〝生じる〟ものの道徳的評価に移ると、殺人と同様に望ましくない他の死を差別的に扱うことは、妥当性の多くを失うことになる」(Scheffler, 1982, p. 109)。事態は確かに生じた事柄から構成されるが、仮にある行為xがひとiによって遂行されたならば、その時iがxを行ったということは確かに生じたのである。この出来事を事態の記述から「取り除く」ことは、奇妙な外科手術を必要とするだろうし、それは認識の欠乏と道徳の衰退や排除を招くであろう。

もしアルジュナが誰かを殺すならば、そのような殺人が生じたことを否定するのは変であろう。そして生じたものの道徳的な評価を行う際、アルジュナは、実際殺人は生じたのであり、彼自身がこの出来事で積極的な役割を担ったという事実を見逃すことはできない。それは物語の不可欠な要素であり、特にアルジュナが深刻に受け取らなければならない出来事である。事態の帰結的評価という原理は、われわれが考慮すべきは、〝生じ〟たことだけであって〝行わ〟れたことではないという理由で、行ったことを見逃す免罪符を与えはしない。

この論点をさらに考えることを中断する理由がある。というのもスキャンロンがこの議論を彼の後の著作物でより十分に展開してきたからである。中でも決定的な論点はスキャンロンの以下のような議論にある。すなわち、〝道徳的に望ましくない行為がもつ内在的負価値は不偏的である――換言すれば、負の価値をもつ行為とは、誰もが阻止する理由をもつ事柄に他ならない〟(Scanlon, 1999, p. 83)。その主張の後半部分（前半部分ではない）は、（私が探究してきた種類の）広義の帰結主義の中においても、否定される必要はない。そして実際に、たとえば誰もが殺人が生じるのを阻止する理由をもっと論じることができる。真の論点はそれではなくて、皆が〝同じ〟理由をもって〝同じ〟ように強制して——殺人者に対してそうでないひとと同様に——その殺人を回避させるかどうかという点だ。事態は同じ倫理を共有するすべてのひとによって、彼らの異なる役割にもかかわらず（いうなれば、誰かを殺した〝あるいは〟殺さなかった点で）、同じ評価を下されなければならないという考え方は、妥当でないと同様に恣意的である。

スキャンロンの指摘によれば、「仮にわれわれが、内在的負価値を殺人行為に割りふることによって、殺人を禁止するという義務論的な考え方を受容すべきならば、この負価値は不偏的なものではなく、行為者相関的な負価値と呼ばれているものとなるにちがいない」(Scanlon, 1999, p. 83)。この提案に基本的には賛成だが、私は彼の主張をさらに進めて以下のように論じたい。すなわち、この負価値が行為者相関的でなければならないのは、単に義務論的な〝禁止〟の場合だけではなく、行為と行為者への義務論的な関心に形を与える他の——極端ではない——場合にもそうなのだ。実際には、行為者相関的な判断の視野は「禁止」のみに限定される必要はない。そのような限定は、義務論的体系が行為者相関的な価値を組み入れる一つのやり方にすぎない。広義の帰結主義と同様に、広義の義務論においては、禁止の形態をとらない行為者相関的な変種があるかもしれない。たとえば、バーナード・ウィリアムズの今や有名な事例分析がある。その事例とは、ジムが功利主義者の論理に従って一人の囚人を殺すことは、もしそれが他の一九人の命を救うとしたら、正しいかどうかというものである。その中でのウィリアムズの主な関心は、功利主義が除外する重要な考慮を確定し説明することにある。彼の結論は、功利主義はこの場合不正な結末になるだけではなく、ウィリアムズが指摘するように、「仮に（私が思うように）功利主義がこの場合正しいとしても、それは功利主義者的問いかけによってのみ得られるものではない」[19]。義務論的な禁止は行為者相関的な判断の非常に特殊な場合である。

広義の帰結主義的体系の中で、行為者相関的評価の変種は、死がもたらされることを許容することと殺人の特別な悪とを区別するにはするが、ただ、殺人のもつ特別な負価値が殺人者にとって著しく否定的である場合に限り、行為者相関的な帰結主義的体系は殺人に全面的な禁止を課すというものである。この区別はこの分析で重要であり、それはスキャンロンのさらなる以下のような議論と幾分関連をもつ。すなわち、「行為者相関的な根拠」は「ある出来事として理解される行為の負価値から生じる」ことはありえない（*op. cit.*, p. 83）という議論である。それはわれわれの反論の主な論点を簡潔に提示する一つの主張である。選択者が関与した殺人という形をとる出来事に関して、選択者に特別な免除を与えて選択結果に対する責任を保留することができない理由を、私はすでに議論したことがある。しかし、われわれの差異の間で強調されるのは、スキャンロンが「義務論的な禁止」の原理を取るように思われることだ。

スキャンロンの正しい指摘によれば、「この［義務論的な禁止という（センによる補足）］原理を認める者はそれゆえ、多数の人々を守るために必須なことを行わない理由を説明するために、殺人のもつ「内在的負価値」を強調する必要はない」（Scanlon, 1999, p. 84）。これは実際そうであるが、それは全面的な禁止という極端な場合にだけ適応する（そして、これはウィリアムズによるジムのジレンマに関する豊富な分析を受け入れるものではないし、彼の均衡を保った全体的な結論も受け入れない）。これが十分適切であるのは、ひとが決して殺人を行ってはならない——何百万もの人々の大量虐殺を防ぐためであってさえ殺してはならない——場合である。他の——極端ではない——可能性を許容するためには、義務論的理論は制約ベースの義務論が許容するよりも広義の形態をとらなければならないだろう。そうだとしたら、殺人の特別な悪さ（「内在的負価値」として不快に描写されているもの）を介したアプローチは、明らかに無用な考えとはいえないのだ。

ここではこの対比へとさらに進むことはしない。[20] しかし私はまた指摘しなければならないのだが、事態には（一般的な行為と行為者自身の特殊な行為以外の）他の不可欠な要素がある。帰結的評価の到達範囲を超えた事態が存在すると主張される時には、しばしば省かれるのだが。この主張はしばしば、ある行為を始める時の個人の〝動機〟についてなされる。確かに、それに対して標準的な功利主義的倫理は直接の関心をまったくもたない。しかし、広義の帰結主義の体系の中で、動機は非常に重要でありうる。

実際動機は、生じているものの不可欠な要素として理解されうるし、多分事態が判断される時、十分考慮に入れられるだろう。たとえば、以下のように述べるひとのことを考えてみよう。すなわち「彼が謝ったという事実に私は満足すべきだとあなたは言う。彼が謝罪の言葉を使ったということには同意する。しかし実際に起こったことは、彼が本当にすまないと感じて心から謝ったということではない。彼が謝ったのは単に体罰を逃れるためで、私はこれが気に入らない」。（「実際に起こった」ことについて）なされるはずの区別は、行為に内在する動機にも配慮するものである。

事態のもつ情報は豊富である。事態の説明は、事態を評価する際に乏しくされるべきだと主張する特別な理由は何もない。また、帰結主義的推論の到達範囲に組み入れることができるのは選択の〝過程〟であって、単に狭義の最終結果なのではない。決定理論と合理的選択の文脈で私は以下のように論じたことがある。すなわち、「最終結果（culmination outcome）」（まさに最後に生じるもの）だけに注意を制限する代わりに、「包括的結果」（最終結果〝と並んで〟、企てられた行為、関与した過程、等々を含む）に特別な注意を払うことが重要である、と論じた。[21]この区別が一定の問題の中核を成しえるのは、経済学、政治学、社会学、そして合理的決定とゲームの一般理論においてである。偶然にもこの区別はまた、帰結的推論の到達範囲を見極める際に決定的である。たとえば仮にある大統領立候補者が、本当に重要なことは単にやがて来る選挙に勝つことではなくて、「公平に選挙に勝つこと」だと論じるならば、推奨される結果は〝包括的結果〟である。なぜならそれは（たとえどのように勝とうとも、選挙に勝つという最終結果だけではなく）過程を考慮に含むからである。[22]包括的結果を評価することは、事態の評価の不可欠な部分であり、それゆえ、帰結的評価の決定的な礎となる。

六　権利と義務

ここで探求されている種類の帰結主義的評価は、文献で見受けられる帰結主義に対する様々な標準的批判に十分に耐えうるものである。私は程なくこの防御的な問題に取り組むだろう。しかしその前に、私は輪郭の明瞭な帰結主義的アプローチのより積極的な面を、特にその拡張的な適用範囲を考察したい。私がこの適用範囲を明らかにする方法は、提案された帰結主義的枠組みが、一般的に（法的権利よりむしろ）道徳的権利の概念と、特に「人権」（現代世界において実践的な議論の中で頻繁に引き合いに出される概念）とにいかに適合しうるかを示すことである。

もちろん、どのような形の権利概念をも引き合いに出すことなく、ここで私が探求してきた広義の帰結主義的アプローチを使用することは可能だ。しかし、人権を含む権利をこの枠組みの中に置くことができることも確かだ（いわば、それは〝さらなる事実〟だ）。この問題を考える一つの方法は、権利の標準的な概念のもつ二つの側面を切り離すというものである。すなわち、(1)その方法は、権利保持者が一定のことをなすかまたはいくつかの条件を達成するためにもつ〝自由〟に照準を定め、そして(2)権利保持者によるこの自由の実現を助けるために、他の人々の側に相関した〝義務〟（それは非干渉という形態、〝もしくは〟、積極的援助の形態をとりうる）を要求する。たとえば、暴行されないという個人Aの権利は、(1)暴行されることを避けるというAの自由と、(2)Aを暴行しないという他のひとの義務、の両方に関連する（それはまた第三者がAを暴行するのを防ぐために他のひとがもつ一般的な義務を含むかもしれないが、いくつか問題を巻き込むので、それについては後に言及する）。もしたとえば、個人BがAに暴行を行うとしたら、包括的な結果は、これらの――まったく異なっているが相互に関連した――事由の〝それぞれ〟において、悪化させられたと判断される。これはAの権利の未充足であり、Bの義務の不履行であろう。権利と義務は、独立した出来事ではないが、不変的に結着されているわけでもない（たとえば、Aを暴行しようとするBの深刻な試みは失敗するかもしれない。しかし、Bが暴行しようとしたという悪は、包括的な結果を評価する際に考慮される一つの要素としてやはり存在するだろう）。実質的な自由を実現する（か、しない）ことと義務を適切に考慮に入れる（か、入れない）ことは〝どちらも〟、この広義の帰結主義的枠組みの中での倫理的説明において重要な役を演ずる。

このように、権利の充足とそれに相関する責務を帰結主義の枠組みの〝中に〟に組み入れることは、次のような方法とまったく異なる点を明らかにしたい。すなわち、一方では、功利主義に例示される〝権利から独立な帰結的評価〟と、他方では、制約基底的リバタリアニズム（自由至上主義）に例示される〝権利包摂的な非帰結的手続き〟と。[23] 功利主義者は自由の実現または権利や責務の履行を、価値のある対象にまったく含めないので、両者の間には根本的な隔たりがある。もちろん、権利や責務は功利主義者たちによって、効用を促進するためにできることに対する手段としては価値づけられている。しかし、それらの履行や侵害は功利主義者の説明においてはそれ自身で、ある状態をより良くあるいは悪くするものではない。

自由至上主義は、もちろん権利や責務に対して多くの直接的な注意を払う。しかし、他の人々が行うのを許されていることを制限する制約としてのみ注意を払う。誰もAを暴行すべきではない。そして、もしBがAへの暴行を実行すれば、その際Bは自分が従うべき一つの制約を侵害したことになる。しかし、純粋な自由至上主義者の理論においては、事態がその暴行の結果としてより悪くなるとは主張されない。暴行の悪はこのアプローチでは問題ではなく、ただその間違い（wrongness）が問題なのである。[24]

したがって功利主義者もリバタリアンも、暴行が起こることはそれ自体悪いことだと論じる――または（権利包含的な帰結主義者が行うように）主張する――ことはないだろう。事態を判断する際、功利主義は効用しか参照しないであろう。[25]リバタリアンは（少なくともこの課題では）事態を判断することにまったく関心をもたない。これら両方のアプローチとは対照的に、帰結的評価は、自由、権利、義務――そしてそれらの侵害――に留意して以下のことを論じるだろう。すなわち、まさに誰かの自由が侵害され、そして何らかの権利や責務が侵害されたからこそ、悪いことが起きたのだと論じるだろう。[26]

七　人権と不完全義務

次に特に人権に話題を移そう。これらの権利を個人がもつと想定されるのは、特定の国の市民権という徳ではなく、人間としての地位に根拠があるからだ。これらは法定化された権利であるかもしれないし、そうではないかもしれない。しかしそれらが評価される限りにおいて、その評価はある重要な意味を含むことができる。そこに意味されていることは、評価に関連する個人の自由と、――市民権や国籍、他の名称に関係なく――このひとがこれらの自由を達成するのを助けるという、他のひとの責任である。もし他のひとが助けることができるのであれば、それに伴う責任がある。たとえ犠牲にされるひとを助けるために誰が何をしなければならないのかが具体的に挙げられていなくとも、一般的に応答可能な帰結的評価を行う行為者は、（理に適って実行できる時には）自分の一般的な義務を考慮して他のひとを助ける必要がある。[27]

これらの義務のうちのいくつかは他の義務よりも十分に明確にされている。たとえば、国家は恣意的にひとを逮捕してはいけないという主張は（国家の法律が恣意的に逮捕するにせよしないにせよ、仮にそれが人権として理解されるならば）、たとえばひとが飢餓を逃れる際に助けを受ける権利をもつという要求よりも厳密に特徴づけられる（一般的に不正確ではあるがその要求によると、助ける立場にいるひとすべてが、この事柄が生じるのを防ぐためにできることを考慮しようと試みるべきである）。人権の要求がとりうる形態は、義務を担うひとが受けいれるよう求められる具体的な個別の責務を〝伴う〟か〝伴わない〟かのどちらかである。

実際、厳密に特定される義務を履行あるいは違反することでさえ、他のひとが一般的なやり方で助けるという不完全義務を伴いうる。深刻な義務にひどく違反することは、事態を悪化させることとして理解されうる。そのため完全に特定的な義務の違反（たとえば、個人Aが個人Bに暴行されること）に直接関与しない他のひとは、一般的な救済責務（この場合、BがAに暴行することを防ごうと試みること）をもつかもしれない。この責務は帰結的な関連を通して、やや不正確に特定されるかもしれない（それはわれわれに、誰が特に指導力を発揮しなければならないのかも、どれくらいこの一般的な責務を果たすべきなのかも、教えてはくれない）。しかし、この漠然と公式化された救済義務――イマニエル・カントは「不完全義務」と呼んだであろう(28)――は、それにもかかわらず、応答可能な人々によって真剣に考慮されうる（また影響を及ぼされうる）。実際、そのような一般的な義務を無視あるいは軽視することは、生じうる悪いこととして理解されるかもしれないし、事態を評価する際に考慮に入れられるかもしれない。たとえば、もしあるひとが大勢の前で激しく暴行され、彼女の助けを求める叫びが完全に無視されるならば、（その出来事について何がそれほど悪かったのかを討議する際に）次のような三つの悪いことが起きたのだと議論することは理に適う。すなわち、⑴犠牲者の自由が侵害され、暴行されない権利も侵害された、⑵暴行者は、他のひとがもつべきである侵入からの免除特権を侵害し（この場合、暴力的な侵入）、彼の他のひとを暴行しないという責務を犯した、そして⑶犠牲者を助けるために何もしなかったその他のひともまた、彼らの一般的な――そして不完全な――他のひとを助けるという義務（他のひとに助けを提供することを彼らに期待することができたはずの）を犯した。これらは相互に関連しあった失敗ではあるが、異なったものである。

人権を、完全義務と不完全義務の両方に結びつけることは、権利と義務の対応関係を否定するものではない。この点を理解することは重要である。実際、権利と義務の二項関係はきわめて重要であり、まさにこの二項関係こそが、人権と自由の一般的な評価を分離するのである（助けるという相関的義務が他のひとに発生しないとしたら、人間的自由の実現はより大きくなる）。残るは、法律上の権利と特定化された完全義務の場合のように、誰が何をしなければならないかを正確に特定することを要求しない〝不完全〟義務が、この二項関係によって、人権に適切に対応されるだろうかという問いである。

このような問いは実際、いくつかの懐疑論の源泉ともなっている。その懐疑論は、特定の完全義務を正確に特定しようとしない人権の主張を歓迎する。完全義務の特定化は権利の実現化につながるからだ。そのような完全義務がない場合、人権の要求はしばしば単に軽いおしゃべりとみなされる（それは多分素晴らしいが、それでもやはり軽いおしゃべりなのだ）。このような懐疑論のいくつかを動機づける一つの問いとは、以下のようなものだ。すなわち、誰が何をするのかを十分に特定することと権利が対応されないのであれば、どのようにしてわれわれは実際に権利が実現可能であるかを確信できるのか。実際、カントが「完全義務」と呼んだもの――その権利を実際に実現するために特定の行為者がもつ特殊な責務――とバランスづけられない限り、権利の中にいかなる意味をも理解しない人々も若干はいる。オノラ・オニールが彼女の本 *Towards Justice and Virtue*(29) において、この点について、以下のように効果的に議論した。

不幸にも権利についての多くの書物と説明は、国際憲章や宣言で顕著である他の社会的、経済的、文化的権利と同様に、財とサービスへの普遍的な権利や、特に「福祉の権利」を不注意に宣言する。しかしそれらは、何がそれぞれ想定する権利保持者を特殊な義務の担い手（達）に結びつけるのかを示さない。ゆえにそれらはこれらの想定された権利の内容をまったく曖昧なままにするのだ。この曖昧さが広大な政治的また理論的論争の背景や源泉になってきた。普遍的な経済的、社会的、文化的権利の擁護者の幾人かは先には論を進めず、それらは制度化され〝うる〟と強調するだけである。それは真実ではあるものの、見逃されているのは、それらは制度化され〝なければならない〟という点である。もしそれが制度化されなければ権利はまったく存在しないのである（O'Neil, 1996, pp. 131–32)。

オニールは権利の代わりに「徳」の建設的な役割を確定する。というのも、この観点からは、特定の完全義務を伴わない時、権利は意味をなさないからである。たとえば、食べ物への権利を想定したとしても、ある特定のひとあるいは行為者の個別の義務と結びつけられない限り、餓えているひとは現実的にはこの見込みにおいて食物への権利をまったくもたないことになる。他方で、餓えているひとに食物を与えることは有徳とみなされる。

この方向での推論はかなりの説得力をもち、オニールは徳の領域を探究し解明するために多くのことをなした。(30) しかしながらわれわれは次のように問うことができる。すなわち、なぜ、想定される権利が真の権利としての資格を得るためには、対になる完全義務が絶対に特定化される必要があるのか。確かに、完全義務は権利の実現に向けてかなり役立つだろう。しかしなぜ、実現するのが困難な権利には、〝実現化されていない〟権利があるといえないのか。いかなる意味においても、われわれは次のように述べても矛盾はしないはずだ。すなわち「これらの人々はこれらの権利すべてをもっていたが、ああ、それらは実現されなかったのだ」と。権利の〝充足〟についての悲観主義から権利自体の〝否定〟へとジャンプするには、何か別の議論が必要となるだろう。

この区別は部分的には言葉の問題であるように思われるかもしれない。また考えられそうなことであるが、オニールが権利の語を拒絶する核心には、共通のディスコースにおいて、「権利」という用語がどのように機能するのかという問題がある。おそらくオニールは言葉の語法、その規律を問題としているのではないか。しかし実際、「権利」という用語はオニールの要求より広い意味で使われている。「権利」という用語がしばしば非常に誤って使われるということが、まさに彼女の主張の核心なのだ。彼女は実際の言葉の使われ方を当てにしてはいない――むしろそれに〝反対〟しているのだ。権利という言葉は、私的な議論と同様に公的な議論でも、しばしば完全義務を明確に特定することなく使用されているからだ。オニールが述べる主張の根底には次のような前提がある。すなわち権利をこのようなやり方で用いること――彼女には誤ったやり方として理解されること――は内在的な問題を孕む。相関する義務によって権利をより厳密に特定することによってのみそれは改善されうる、という前提である。オニールの論点は、言葉の語法ではなく、言葉の語法の適切さにある。

しかしながら、対応する完全義務を伴わない権利の用法は適切さに欠けるという主張に、私は反論する。オニールが指摘する問題が生じるのは、彼女が暗黙のうちに、政治的また道徳的な言説の中での権利の語法を、法制度における権利との類似を通して考えようと試みるためだ。法制度における権利は、対応する責務の特定化を要求するのである。対照的に、規範的な議論では、権利はしばしば、権原、権力、免責など人々にとって保持することがよいものとして理解される。人権はすべてのひとによって――市民権にはかかわりなく――共有される権利であり、その便益は誰もがもつ〝べき〟ものであると理解される。その主張は救済することができるひとの誰に対しても――カントの「不完全に」という言葉で――一般的に呼び掛けられる。たとえ特定の個人あるいは主体は誰も、権利を充足する責を委任されてこなかったとしても、権利は依然としてとても有力でありうる。たとえすべてのひとが権利を完全に充足することは実現可能でないとしても（たとえば、もし栄養不良を完全に撲滅することがまだ不可能ならば）、これらの権利がある〝程度〟充足されたとしたら、そのことは、少なからず信頼をもたらすだろう。これらの要求を権利として認識することは、倫理的に重要な声明をなすことになるだけではなく、これらの問題に注意を喚起することにも役立ち、それらの要求をより確実に、より迅速に充足させることにつながるだろう。(31)

実際に、権利を土台とする思想の主要な擁護者は多く、このかたちで権利の概念を使おうと試みてきた。権利の観点から考えることのもっともらしさと利点を、かなり初期に、指摘したのは、同年輩であるトーマス・ペインとメアリー・ウォルストンクラフトであった（実際ペインの *Right of Man* とウォルストンクラフトの *The Vindication of the Rights of Women* は同じ年、一七九二年に出版された）[32]。彼らはある種の初歩的な間違いを犯していたと主張して、この説得力のある文献を退ける人々がいる。だが、その批判の背後には、彼らは彼らが語っていること以外の何かについて語ってい るという奇妙な前提があるように思われる。さもなければ、彼らは彼らが討論したいこと以外の何かについて語っている〝はずだ〟という前提があるように思われる。

実際、もし、正確に特定されていない人権が重要であるならば、法律によってそれを厳密に特定化された権利にしようとすること、あるいは、厳密な権利として「制度化」しようとすることは優れたことだという議論は、一般的には適切ではない。たとえば、伝統的な社会においてでさえ、家族決議に参加する（この社会ではこれらの決議は典型的にその夫自身によって採用される）妻の「人権」を強調することは重要であるかもしれない。またそれを求めて争うことさえ重要であるかもしれない。しかし、この人権を（もし夫が自分の妻に相談しないならば、夫は逮捕され監禁されるような）法的な権利にするのは実用的ではないということに、この人権の（そしてその広範囲に及ぶ倫理的また政治的含意）擁護者は同意するだろう。人権の重要性は、それが立法化や制度化に向けて準備された提案であるという点に尽くされるわけではない。人権には、後に起こる立法化に依拠すること——あるいは賢明に補強されることとさえ——〝なく〟、影響力と重要性をもつそれ自体の領域があるのだ。

説得力の問題は以下の方法では解決されない。すなわち、二つの異なる種類の権利概念の語法間での差異を消し去る方法や、一つの語法における説得力は他方における説得力を反映するに違いないと主張する方法だ。もし権利の充足が、実現できると良い――充足されればされるほど良い――ことであるならば、それは帰結的な展望の中で考えられるであろうが、完全な実行可能性条件は一貫性の条件とはなりえない。功利主義との類推が手助けになるかもしれない。功利主義的推論は、誰もがフランク・ラムゼー[33]が「至福」と呼んだものを楽しむ可能性やその素晴らしさを認めるだろう。これは考えられる代替案のうちの一つである――実際他のものよりは優れている。しかし万人の至福が実現されないそしてまた実現可能（実際はきわめて正反対である）でないならば、功利主義的推論は説得力を欠くとはもちろん主張されない。実際ラムゼーは「至福」が実現されるとは思っていないが、このことは至福の総〝不足〟を最小化するという彼の論の説得力を減じない。同様に、帰結的評価体系における権利包摂的目標（rights-inclusive objectives）は、充足できたとしたら素晴らしいものの、その可能性が保障されてはいない一定の権利を容認できるだろう。しかもわれわれは、その不足を最小化しようと試みることはできるのだ。

八　帰結的評価と相互依存

帰結的評価の肯定的な利点の一つは、その評価によって課される規律とそのもとで行為者が直面させられる決定問題にある。仮に権利が帰結的評価の体系に組み込まれるとすれば、権利の侵害という悪（badness）あるいは権利の充足という善（goodness）に対して直ちに疑問がわく。帰結的評価は良い選択あるいは良い行為に対して一定の含意をもつのである。帰結的評価の含意は、異なった権利がどのようにして互いに評価されるか、そして、首尾一貫した帰結的枠組みの中で、互いの間の優先順位がどのようにして体系的に評価されるかを示唆する。権利を付随制約として考えるひとは、そのように均衡を保つことに反対する傾向があり、別の——より決定的な——権利のより重大な侵害を避けるために、ある権利の——いかに軽微なものであろうとも——違反事項を書き込むことには断固反対するように思われる(34)。

実際、しばしば直面しなければならない問題なのだが、様々な権利をバランスづけること、あるいは他の善と権利をバランスづけることに、われわれは明示的にも暗示的にも関与することがある。たとえば、あなたが現場に現れることによって、殺人やレイプが起こるのを防ぐことができるならばどうであろうか。ただし、それを行うためにあなたは自動車を使う必要があるが、あなたはそれをもっていない。知り合いの誰かがちょうどそこに自動車をもっていて、あなたはその中へ入る手段を見つけることができたとしよう。しかし彼は、この目的であなたに自動車を使わせることをかなり嫌がるだろうと、あなたは推測する。殺人やレイプによって（もしあなたが現れることができないならば）引き起こされる生命や自由の侵害を防ぐために、彼の自動車に対する権利を侵害する十分な理由をあなたはもつだろうか。

なされるべきことについてかならずしもすべてのひとが同意しない可能性はあるが、レイプや殺人に脅かされている個人がもつより重要な権利のより重大な侵害を防ぐために、自動車所有者の些細な権利を侵害することが、理に適う場合があると考えることは不合理ではない[35]。しかしこれは、自動車所有者の権利を含めてあらゆる人の権利を侵害しないという、横からの制約（side-constraint）に直接違反するであろう。制約に基づく義務論の権利体系によれば、あなたは権利の様々な侵害がもつ相対的な重大さ、あるいはその他の結果によって影響されてはならない。その一方で、帰結的アプローチによれば、そのような権利の比較は行為の結果に対して責任をとることの本質的な内容となる。このアプローチでは、権利の様々な侵害がもつ相対的な重要性を考慮することを拒むのは、むしろ重大な責任放棄であるとみなされる。

評価査定で互いに競合する可能性のある多様な結果（福祉、自由、権利などを含む）について、その相対的重要性を吟味することは、多くの異なった文脈で必要となってくる。われわれの住む相互依存的な世界では、各人の自由の実現は、多様なかたちで相互に関連している。したがって、われわれはそれらを互いに離島のように扱うことはできない。帰結的評価の規律は、われわれに自分の選択に対して責任をとらせるように強制する。というのもわれわれの行為は、自分達と同様に他の人々の自由や生命にも影響を与えるからである。われわれの責任には、その実現にあたって互いに衝突するおそれのある、様々な権利や自由に関して、その相対的な重要性を問うことも含まれるだろう。

しかし、相互依存の状況はまた、帰結的推論に抵抗する重要な議論をも提供した。実際、義務論的推論の利点は、しばしば、ある種の相互依存性によって説明される。その際には——ここで議論してきたように——帰結的評価は単に間違った決定に至るであろうと説明される。私の初期の論文 "Rights and Agency" を論評しながら、フィリッパ・フット[36]は、権利の充足や侵害を帰結的構造の中に組み込むことは、「いくつかの問題を解決するのに役立つ」が、他の問題を手付かずにしておくことになると注記している。

この「目標権利（goal rights）」の体系が取り扱うことができないのは、われわれの多くが間違っていると考えたい他のいくつかの行為例である。たとえば、ある悪人が、われわれが一人を殺すか拷問しない限り、多くの犠牲者を殺すか拷問すると脅すとしよう。そしてわれわれには、彼は自分の言うとおりに行動すると確信する理由があるとしよう。この時、（この場合もある行為とその諸結果でつくられる事態で構成される）全体的な結果の観点から、われわれは殺人と拷問がより多いかより少ないかの間で選択を行う。ここで帰結主義者は、その一人を殺すあるいは拷問することは正当化されるというに違いない。われわれは道徳的にそれを行う義務があり、いかなる派生的結果も善悪の均衡を傾けることはないと想定される。実際、その選択が、他の行為者によって同種の行為がより多くなされることを防ぐ唯一の方法であるならば、完全に無実の個人に対してでさえ、それを行うのはまったく正しいことになるだろう（Foot, 1985, p. 226）。

この種の例はまた、ウィリアムズ、シェフラー、トーマス・ネーゲル、デレク・パーフィット[37]や他の者の間で考えられてきたが、それは帰結主義を同様に拒むことを提示するためのものであった。

帰結的評価のもっともらしさに反対するこの議論はうまくいくのだろうか。実際それは、帰結主義と〝無感応性（insensitivity）〟の要請を結合する〝混合体系〟に対しては十分働くであろう。その無感応性の要請とは特に、結果の評価は行為の性質や行為者の立場に鈍感であるべきだという完全に付加的な——そして（私の論では）不当な——要求である（このさらなる制限は、先程論じたように、功利主義的体系における「厚生主義」によって課される）。しかし、フットの議論は、先に述べた理由により、状況づけられた評価を伴う帰結的評価を批判するものを何も提供しない。ある無実の人を私が殺すという一つの選択肢をもって、私が自分にとっての選択を評価している時、私はそれを同じやり方で、私が関与することなくどこか他で起きるかもしれない別の殺人として考えることはできない。私が一人の人間を殺すことが多くの生命を、おそらく百万の生命さえ救うかもしれない（実際両方の面で議論がある）という非常に複雑な事例において、われわれが最終的に何を決断しようとも、二つの出来事、すなわち(1)私が誰かを殺すこと、と(2)私に関連しない死が生じることは、まったく断固として同じものではない。それらは記述的にまったく異なっていて、その差異は、私が私の選択の結果を評価する際に、規範的に重視されるべきだ。なぜわれわれは、それらが明らかに同じものでない時に、「同じもの」とみなされるべきだと仮定しなければならないのか。実際、まさに無実の人々を殺すことの悪こそが、単に大義のために闘う〝義務論的な義務〟を擁護するクリシュナに反論するアルジュナの〝帰結的な〟議論に説得力を加えたのだ。

九　結論

この論文の出発点は、選択とその結果に責任をとることがもつ重要性であった。これこそが、これまで概説してきた帰結的評価の規律を支える動機となっている。その観点から私が丹念に調べたのは帰結的評価の射程と到達範囲である。検討にあたってはそこに（功利主義者によって課される）厚生主義のような外在的な要求を混ぜ込まないように留意した。なぜならその要求は、効用以外の結果はすべて最終的には無視されるべきだと主張するからだ。その選択の責任は、行為や振る舞いの選択と同様に、評価的な展望をもつ選択にもあてはまる。私が分析しようと試みたのは、⑴帰結的評価の一般的な要求と、⑵功利主義とはまったく異なる特定の帰結的評価のクラスの特徴の両方である。

帰結的推論の制限であると〝断言された〟もののいくつかは、帰結的評価の規律自体ではなく付加的な仮定――まったく別個であり、決して必然的ではない――に過ぎない。それらの仮定は、しばしば帰結的アプローチと結合されるのだ。とりわけ、一般的な帰結的評価のアプローチとは無関係な、次の三つの補足的な仮定が挙げられる。すなわち⑴事態はすべて完備な順序をもつべきだと主張する（それによって〝最大化〟を〝最適化〟と混同する）こと、⑵事態の行為、動機、過程、そして他の特徴を、人為的に抽出された事態概念から除去する（それによって〝包括的な〟結果の幅の広さを無視して、〝最終〟結果の偏狭さを支持する）こと、そして⑶行為や行為の結果、生じる事態に関して行為者の立場性を無視すること（それによって〝状況づけられた評価〟を意図的に盲目的評価に取り替える）。実際には、帰結的評価をこれらの補足的な仮定に結合する必要、このような強制的な来客を理由として帰結的評価をけなす必要はまったくない。

広義の帰結的枠組みの中であれば、倫理的あるいは政治的権利が、法的権利の形式的手続きほど偏狭に特定化されずにすむことがわかるだろう。「完全義務」を特定化して（誰が何をするのかを正確に特定化して）権利に対応させることが必要だという主張がある。権利を理解するうえでそれが不可欠となる場合もあるが、あまりにも限定的である。それとは対照的に、より寛容な形態の義務（時々「不完全義務」と呼ばれる）が指摘するのは、他人が自分達の責任に真剣な注意を払って、被害や自由や権利の侵害を防ぐということである。それは広範囲な役割を担って、私達に「人権」や〝基本的な市民権〟のような概念を理解させることができる。それらは軽いおしゃべりとして退けられる必要はない。

権利と責務に関するコミュニケーションや討論に、深刻な問題や困難が発生するのは、われわれの価値や優先度が本質的に異なるからだ。われわれはこれらの真の問題に、偽の問題をつけ加える必要はない。偽の問題は、権利や責務を、帰結志向的な評価の中で適切に理解する方法を拒むことから生ずる。人権概念を支える政治的推論が要請するのは、誤解したままその概念を放棄することでもなく、善意に基づくものの混乱しがちな活動家に対する陽気な寛容でもない。それが要請するのは、これらの主張の概念的土台をより良く理解することである。帰結的評価は、人権概念に関して提供すべき重要なものをもつ。それは、他の多くの分野においても同様だろう。

※この論文はシカゴのノースウェスタン大学法科大学院でのローゼンタル講義で書かれたものである。この講義は一九九八年の九月に「正義の領域」という主題の下で行われた。有益なコメントをくれた、ロン・アレン、スヒア・アナント、エリザベス・アンダーソン、クリスチャン・バリー、アクウィイル・ビルグラミ、G・A・コーエン、スーザン・ハリー、イサック・レヴィ、マーサ・ヌスバウム、オノラ・オニール、フィリップ・ペティットやトーマス・スキャンロン、そしてノースウェスタン法科大学院のゼミナールの討議への参加者、な

らびにケンブリッジ大学、オクスフォード大学、コロンビア大学に感謝する。

（1）　Pettit, P., *Consequentialism*,（Aldershot: Dartmouth, 1993）を見よ。

（2）　実際、功利主義的推論は次の三つの明確な公理の混合物である。⑴帰結主義、⑵効用主義、そして⑶総和主義（sum ranking）（最後のものが意味する要請によれば、様々な人々の効用は事態を査定するために足し合わされなければならないのであって、たとえば不平等に注意を払ってはいけない）。功利主義の分解については、the Journal of Philosophy, LXXVI, 9（September 1979）: 463–89 での私の “Utilitalianism and Welfareism”, そして Sen and Bernard Williams, eds., *Utilitarianism and Beyond*（New York: Cambridge, 1982）――特にわれわれの “Introduction”, を見よ。

（3）　リバタリアンのアプローチの最も洗練された説明を見出すことができるのは、Robert Nozick, *Anarchy, State and Utopia*（New York: Basic, 1974）である。

（4）　このことは様々な側面についての多様な議論によって十分に例示されるのだが、それらの議論はウィリアムズの広義の義務論の分析において好意的に扱われている。たとえば、J. J. C Smart and Williams, *Utilitarianism: For and Against*（New York: Cambridge, 1973）の “Critique of Utilitarianism” を見よ。また Thomas Nagel, *Mortal Questions*（New York: Cambridge, 1979）; Derek Parfit, *Reasons and Persons*（New York: Oxford, 1984）; Thomas Scanlon, *What We Owe to Each Other*（Camridge: Harvard, 1999）や、他の文献を見よ。

（5）　私が他で論じたことなのだが、いくつかの種類の広義の義務論と広義の帰結主義の間の実質的な隔たりは、そんなに大きくはないかもしれない。*Philosophy and Public Affairs*, XII, 2（Spring 1983）: 113–132 の、私の “Evaluator Relativity and Consequential Evaluation” を見よ。それは部分的に、何が明示的にされているのか、また何が判断の中に幾分暗示的なやり方で検討されるのか、という問題である。

（6）　関連する問題に対しては、Peter Railton, “Alienation, Consequentialism, and the Demands of Morality", *Philosophy and Public Affairs*, XIII, 2 (Spring 1984) : 14–171 や、Samuel Scheffler, "Agent-Centred Restriction, Rationality, and the Virtues," *Mind*, XCIV, 375 (1985) : 409–19, 両論文が再掲された Scheffler, *Consequentialism and Its Critics* (New York: Oxford, 1988), pp. 93–133, 243–60 を見よ。

（7） Eliot, T. S., *Four Quarters* (London: Faber and Faber, 1994) を見よ。

（8） 私がここで「おそらく」というのは、他方ではまた、効用情報のみに注意を制限することによって、選択の〝全〟結果に対して責任をとるという精神に効用主義は反する、と論じることができるからである。しかしながら、私はこの根拠によって、真に帰結主義的理論の集合から、功利主義をまったく除外すると主張する意図はない。むしろ私の主張では、功利主義は実質的な帰結主義者の理論として深く損なわれているのであり、ここでその選択への責任をとるという基礎的な動機との緊張関係が生じるのだ。この解釈に関して、問題があるのは、その受け入れ難さというよりはむしろその不適切さにある。

（9） 「不変性の要求」の性質と使用については、私の *Collective Choice and Social Welfare* (San Francisco: Holden-Day, 1970; republished: Amsterdam: NorthHolland, 1979) の特に7・8章と、Kevin Roberts, "Possibility Theorems with Interpersonally Comparable Welfare Levels," *Review of Economic Studies*, XLVII, 2: 409–20 を見よ。

（10） Scheffler, "Agent-Centred Restriction, Rationality, and the Virtues" (1985), reprinted in *Consequentialism and Its Critics*.

（11） "Rights and Agency," *Philosophy and Public Affairs*, XI, 1 (Winter 1982) : 3–39, and "Well-being, Agency and Freedom: The Dewey Lectures 1984," *the Journal of Philosophy*, LXXXXII, 4 (April 1985) : 169–21.

（12） この点について、私の "Positional Objectivity," *Philosophy and Public Affairs*, XXII, 2 (Spring 1993) : 126–145 を見よ。

（13） 最適化と最大化の間の正確な関係や、それらをお互いに一致させる条件は、私の "Maximization

and the Act of Choice," *Econometrica*, LXV, 4 (July 1997) : 745–79 で確定されている。

(14) Bourbaki, *Élements de Mathématique* (Paris: Hermann, 1939) ――*Volume I, Theory of Sets* (Reading, MA: Addison-Wesley, 1968) ; Debreu, *Theory of Value* (New York: Wiley, 1959; republished, New Haven: Yale, 1971). Isaac Levi――*Hard Choices: Decision Making under Unresolved Conflict* (New York: Cambridge, 1986) ――は、選択の基礎に、完備ではない順位を置く様々な手段を探求してきたが、私はここで追究はしない。

(15) *Collective Choice and Social Welfare*, chapter 1 や "Maximization and the Act of Choice" など。

(16) ビュリダンのロバの物語には、少しつまらないヴァージョンがある。そこでは、ロバは二つの干草の山の間で"中立"であり、どちらを選ぶべきか決めることができなかった。しかし仮にロバが本当に中立であっても、どちらの干草の山も明らかに他方と同様に良い状態であったろうし、最適化するロバは袋小路に直面する必要すらなかった。

(17) "Utilitarianism and Welfarism," "Rights and Agency," "Well-being, Agency and Freedom: The Dewey Lectures 1984," そして *On Ethics and Economics* (Malden, MA: Blackwell, 1987).

(18) Scheffler, S., The Rejection of Consequentialism (New York: Oxford, 1982).

(19) "A Critique of Utilitarianism," p. 117. ウィリアムズの批判は主に功利主義に対してである。しかし、彼はこれと関連づけて一般的な帰結主義を拒絶するが、彼が好む代替案が義務論的な禁止の形態をとることを特徴づけることはしていない。

(20) また私の "Rights and Agency," "Evaluator Relativity and Consequential Evaluation," "Well-being, Agency and Freedom: The Dewey Lectures 1984," そして *On Ethics and Economics* を見よ。

(21) 「最終結果 (culmination outcome)」と「包括的結果」との区別の本質と重要性がより十分に分析されているのが、私の "Maximization and the Act of Choice" である。

(22) たとえ大統領候補が実際に――たとえ彼が何を言っても――選挙に公平な手段、あるいは不正な手段で勝つことを望む場合であったとしても、彼によって提出されるのは、「公正に勝つこと」がもつ卓越

について の議論なのだ。

(23) Nozick, R., *Anarchy, State and Utopia* (New York: Basic, 1974) を見よ。

(24) これに関して、Nozick (*op. cit*) の七章を見よ。

(25) それ自体悪いように見えない暴行が、功利主義者の注意を引くのは、暴行の結果として効用が全体的に減じられている場合に——そしてその程度に——限られる (実際にはもちろん全体的な効用の実態は、多くの状況において、正反対の方向に進みうる)。これに関して、私の "Rights and Agency" を見よ。

(26) 私の "Rights and Agency" を見よ。

(27) この要請とその広範囲に及ぶ実践的な含意が議論されている私の *Development as Freedom* (New York: Knopf; and New York: Oxford, 1999) を見よ。

(28) Kant, I., *Critique of Practical Reason*, L. W. Beck, trans. (New York: Bobbs-Merrill, 1956).

(29) O'Neill, O., *Towards Justice and Virtue* (New York: Cambridge, 1996).

(30) 実際、われわれの徳の役割についての理解は、*Towards Justice and Virtue* でその膨大な範囲が示された、オニールの構成的な分析によって、きわめて深まった。しかしそれは、彼女の初期の本——*Faces of Hunger: An Essay on Poverty, Justice and Development* (London: Allen and Unwin, 1986)——における広く影響力をもつ研究でも行われている。その本では、現代世界の飢餓を軽減する際の、共感倫理 (sympathetic ethics) と人道的政治の役割が研究されている。同様に留意するのが重要なことなのだが、オニールは「福祉の権利」に反対せず、それらが制度化されることを望む (さもなければ、「権利などは存在しない」)。

(31) これらの問題を私の *Freedom as Development* の一〇章で議論している。そこではまた、人権の概念に反対する特殊な議論のいくつかが批判的に検討されている (それは権利の「合法性」、「首尾一貫性」、「文化的土台」の各々に関連している)。

(32) Paine, T., *Rights of Man* (London: Symonds, 1792); and Wollstonecraft, M., *The Vindication of the Rights of Women* (London: Johnson, 1972).

(33) Ramsey, F., *Foundations of Mathematics and Other Logical Essays* (London: Kegan Paul, 1931).

(34) Nozick (*op. cit.*) は、権利間のそのようなトレードオフに反対する。なぜなら彼はそれを「権利の功利主義」として理解するからだ。権利の功利主義は実際矛盾しているであろうが、権利の帰結主義は矛盾しないで済むだろう。自由至上主義者の枠組みから、三つの相異なるが相互に関連する逸脱があることに注意せよ。すなわち(1)権利の侵害は結果の中に含まれる、(2)権利間には「トレードオフ」がありえる、そして(3)権利の履行の善さと他の善い結果の間には「トレードオフ」がありえる。

(35) 私はこの問題を "Rights and Agency" で論じた。

(36) Foot, P., "Utilitarianism and the Virtues," *Mind*, XCIV, 374 (1985): 196–209; reprinted in Scheffler, *Consequentialism and Its Critics*.

(37) Williams, "A Critique of Utilitarianism," in Smart and Williams; Negel, "The Limits of Objectivity," in S. McMurrin, ed., *Tanner Lectures on Human Values*, Volume I (New York: Cambridge, 1980); Scheffler, *The Rejection of Consequentialism*; Parfit, *op. cit.*

訳注

本文におけるエリオットの詩の訳出には、『四つの四重奏曲』(森山康夫 訳、一九八〇、大修館)を参考にした。

第四章　正義と公共的相互性

——公的扶助の根拠——

一　序

どこかに、こんな社会はないものか。

ひとは、それぞれ、いろいろな活動——市場での労働のみならず、ひとや自然、文化や芸術との多様なつながりの中でなされる行いや在りよう——をとおして、いろいろな種類の価値を生み出し、評価されている。

ひとは、誰しも、独立・責任・自尊などの観念とその社会的基盤を手放すことなく、「健康で文化的な生活を維持」するために必要な資源（所得・財・サービスなど）を十分に得ることができる。

これは、市場の他に、市場とはちがった論理と倫理を尊重している社会である。この社会の第一の特徴は、ものやひとに対する市場的な評価の仕組み（いわゆる「価格メカニズム」と呼ばれるもの）の他に、ローカルかつ公共的な評価の仕組みを備えている点にある。

価格メカニズムとは、人々の集合的な需給のつりあいをもとに、ものやひとを評価するユニバーサルな仕組みである。そこには特権的な力が存在しない代わりに、人々の集合的な勢力をコントロールする視点もない。それに対して、ローカルかつ公共的な評価の仕組みとは、地域や共同体、あるいは特定の目的を共有するＮＰＯ、ボランティアグループなど、ローカルな関係性に根ざした異なる複数の評価が、相互に整合化されている状態をさす。

そこでは、物理的には同じ様態の財やサービスが、それぞれのローカルな文脈で異なる意味や価値を獲得することがあるとともに、それらが当事者間で互いに納得のいく交換レートで取引されている。しかも、それぞれのローカルな活動は、互いの仕切りをまたぐ広範囲な資源移転（個人を単位とする個人間の拠出・給付および集団を単位とする集団間の拠出・給付）によって支えられている。その背後には、各々のローカルな関係性に根ざした当事者間の評価に対する人々の公共的な支持が存在する。

その社会の第二の特徴は、どの個人も、市場・ローカルな関係性・広範囲な資源移転という三つの場の少なくとも一つを通じて、その活動や存在を正しく評価され、必要な資源を十分に得ることができる一方で、どの個人も、市場あるいはローカルな関係性を通じて「可能ならば、働き」、広範囲な資源移転を通じて「余裕があれば、提供する」という倫理的義務を拒もうとはしない点にある。

このような社会を具体的に構想するにあたって、本章は、日本の生活保護制度と近年、実施されたその見直し論議（正式には社会保障審議会福祉部会「生活保護制度の在り方に関する専門委員会」の論議）を参照したい(1)。

市場では、個々人の貢献に対する市場的評価（本人の限界生産性×生産物の価格）に基づいて、資源が分配される。それに対して、「健康で文化的な生活の維持」を目的とする日本の生活保護制度は、「困窮しているなら、資源を受給せよ」と主張する点において、市場とは明白に異なる論理をもっている。だが、従来、制度を実際に運用する場面では、きわめて強力に、市場の論理が貫かれてきた。たとえば、生活保護法第四条「補足性の原理」の運用にあたっては、本人が保有する私的資産（労働能力・経済的資産・私的扶養関係）を、〈市場〉で完全に消費し尽すことが要求される。また、実際に支給される生活保護費の水準は、必需品としてあらかじめ特定化された財やサービスの総消費金額（生活扶助相当支出額）を、一般の人々（実際には低所得者）のそれと比べることによって決定される（「消費水準均衡方式」と呼ばれる方法）。市場的消費活動のポテンシャリティ（貨幣価値への換算可能性）が「福祉（well-being）」を測る唯一の指標とされてきたのである。(2)

今回の見直し論議は、「自立支援プログラム」の導入と高齢者と母子世帯に対する加算の見直しで締めくくられたものの、背後には、鋭く拮抗する二つのベクトルが残された。一つは、生活保護制度の論理を市場の論理に改変せよ、もしくは、それが市場と異なる論理を保持するならば、生活保護制度の規模を大幅に縮小せよ、というベクトルである。他の一つは、生活保護制度の運用——「困窮」や「福祉（well-being）」の評価——にあたって市場を越える視野をもて、それを通じて、生活保護制度がもつ固有の論理を徹底せよ、というベクトルである。ここに見られる対立は、社会の基本構造の方向づけをめぐるものにほかならない。(3) はたして、成熟した市場制度を誇る現代日本社会で、市場とはまったく異なる論理をもった制度を存続させていくことができるのだろうか。そうすべき理由があるとしたら、それは何だろうか。

このような関心から、本章では、「福祉（well-being）」の評価における市場的観点の妥当性を母子世帯に焦点をあてて吟味した。主要な結論は次の二点である。⑴市場での消費活動では捕捉できない福祉がある。福祉を捕捉するには、消費活動の背後で、個々人が何を（どんな行いや在りようの実現を）、なぜ価値あるものとして評価しているかを理解する必要があり、それを理解するには、アマルティア・センの潜在能力（capability）の視点が有効である。[4] ⑵個々人が価値あるものとして評価している事柄――仕事、職場や地域での人的ネットワーク、自分や子どもの人生設計など――を尊重しながら、その実現を支えるには、「理由」に配慮した公的扶助が有効である。ここで理由に配慮するとは、ある個人がある援助を必要とする理由を、本人が価値あるものとして評価しているものへとさかのぼって理解することを意味する。それは、公共的な説明と討議の営みにほかならない。

理由に配慮した公的扶助は、歴史的不正義による被害や自然的・社会的属性に伴う不利益が制度的（慣習や法制度）に拡大されることは不当だという理由から、特定の人々を経済的に補塡することを可能とするだろう。あるいはまた、人々が支持する「社会的価値」を根拠とし、特定の需要の充足を援助することをも可能とするだろう。[5] だが、後述するように、理由に配慮する公的扶助制度には本質的な制約がある。本章では、その問題を踏まえたうえで、困窮の事実のみを根拠とするより一般的な公的扶助システムをも提起する。かくして、複層的な公的扶助制度が構想される。

ただし、このような構想は、実行性と公正性をめぐって多くの批判を招くだろう。[6] 本章では、その中で、「就労インセンティブ問題」と呼ばれる批判に応えたい。はたして、自己利益への関心を誘引する装置[7]に頼ることなく、また、罰則付きの法的義務を課すこともなく、個々人が、「可能なら、働き、資源を提供」することを、倫理的義務として引き受けることを支える論理はないものか。ここで本章が手がかりとするものは「公共的相互性」の概念である。その核心は、共通のルールの受容を基底として、人々の間で成立する広やかな対応性(correspondence)——生存権と働き提供する義務との間の、また、目標と実現可能性との間の——にある(8)。

二 日本の公的扶助制度——原理と実践的問題——

日本は、憲法で、「健康で文化的な生活をおくる権利(the right to maintain the minimum standard of wholesome and cultured living)」(憲法第二五条:生存権)の保障を明記する世界でも有数の国である。その生存権を支える最も基底的な制度が生活保護制度である。生活保護法には、国家責任のもと誰であれ困窮した場合には、その困窮の程度に応じて、必要な保護を受けられること、その目的は個々人の最低限度の生活保障と自立の助長にあること、最低限度の生活とは「健康で文化的な生活水準」の維持を意味することが記されている(生活保護法第三条)。本節では、日本の生活保護制度の特徴を概観しよう。資源分配システムとして定式化する際の基本原理は次の三つである。

1. 無差別平等原理(生活保護法、第二条)
すべての個人は等しく、基本的な福祉を保障される。

2. 必要即応原理(生活保護法、第一、九条)

貢献・功績ではなく、必要に応じて資源が提供される。

3. 補足性原理（生活保護法、第四条）
本制度に先立って、市場その他の社会保障制度と私的能力が優先的に活用される。

留意すべき点がいくつかある。第一に、必要即応原理は、人々に共通する必要のみならず、年齢・性・妊娠の有無、障害などの属性がもたらす個別的な必要にも配慮することを要求する。現在、「加算制度」と呼ばれるもの――後述する高齢者・母子世帯などへの加算を含む――は、まさに、㈠趣味嗜好に基づく需要の個人差を無視する（平均化する）一方で、㈡「特殊事情」に基づく需要の個人差に配慮する目的で作られた(9)。

第二に、無差別平等原理と必要即応原理は、生活保護制度それ自身は、「困窮している」こと以外に支給要件を設けるものではないことを明示する。それに対して、補足性原理は、制度の外から支給要件を課すみちを開いた。先述したように、人々は既存の制度で資産や労働能力、私的扶養などの私的能力を活用し尽くすまでは、「困窮している」とはみなされなかった。しかも、日本は、市場以外の制度が十分ではないために、「活用し尽す」には市場で金銭換算し尽すほかはなかった。生活保護に入ることは、市場から完全に脱落することを意味し、生活保護から出ることは、市場に入ることを意味したのである。だが、私的能力を完全に失ったひとがどうして再び市場に入れよう。生活保護制度は、次第に、人々の日常から分断されていった。

第三に、具体的な給付水準に関しては、歴史的には一九八〇年代のはじめ頃まで、受給者と非受給者の消費格差をどう縮めるかが、その主要な問題関心とされてきた。制定当初、採用されていたマーケット・バスケット方式は、「健康で文化的な生活」の維持に「必要」な財・サービスの種類と量を直接、捕捉しようと試みたものの、実際には「栄養」の充足に偏重しがちであり、結果的に給付水準がきわめて低く押さえられてしまったという。代わりに採用された「格差縮小方式」は、受給者と非受給者の消費格差の縮小を直截に目的とするものだった。その目的が達成された時点で、現在の「消費水準均衡方式」に切り替えられたという。

その一方で、高すぎる給付水準は自立の意欲を削ぐおそれがあるという懸念も強かった。そもそも、「健康で文化的な生活水準」の維持と「自立」の助長という生活保護制度の二つの目標をどうバランスづけるのかが学界の論争点ともされていた。最も、そこで考えられていた「自立」とは、後述するような、人々の日常的活動や社会生活を広義に含む概念ではあったが。今回の見直し論議の中で、「自立支援プログラム」と老齢加算・母子加算の廃止が提起された背後にも、このような根本的な論争があったことは否めない[10]。だが、今回の提案では、「自立」概念が制度からの退出に矮小化されるきらいがあり、「自立支援」が現金給付の削減として、あるいは現金給付との引き換えに受給者が負うべき義務として解釈されるきらいがあった点で、これまでの論争とは性格を異にする。

次節では、見直し論議の直前にまとめられた「社会生活に関する生活保護受給者と低所得者の比較調査」をもとに、この提案の確からしさを吟味したい[11]。現在の生活保護の給付水準は「自立」の意欲を保つには高すぎる、というのは本当だろうか。

三　市場の内と外での福祉――潜在能力アプローチに基づく考察――

高齢者と母子世帯への加算を削減すべきだという提案理由は次のようにまとめられる。
一　生活保護受給母子世帯の平均消費水準は非受給低所得（平均所得は受給母子世帯とほぼ同水準）母子世帯よりも高い。したがって、生活保護受給母子世帯への（加算を含む）給付水準は、「健康で文化的な生活」を維持する水準を越えていると結論される。
二　生活保護受給母子世帯の自立を促進するためには、すなわち、生活保護制度を退出し、市場で稼得できるようにするには、給付水準を現在よりも下げる必要がある。

以下では、これを潜在能力アプローチの観点から検討しよう。潜在能力アプローチは、財でもなく、効用でもなく、「本人が価値をおく生を生きる」うえで不可欠な諸機能（行い・在りよう）の達成可能性に着目する。[12] はじめに観察されるのは、非受給低所得母子世帯の生活の厳しさである。たとえば、ディーセントな住環境（物音、日当たり、風通し・湿気、雨漏り・すきま風など）、中元・プレゼントのやりとり、自宅への招待などを充足している世帯の割合は、他世帯に比べて極端に少ない。特に、新聞・雑誌購入、献立の品数、住宅条件（専用トイレ・洗面所・浴場・寝室の有無）、洋服の購入、学校行事への参加については、生活保護母子世帯と比べても少ない。また、休日や夜間などの不規則労働や摩擦の多い職場環境を体験した割合が圧倒的に多い。さらに、「毎月赤字・ときどき赤字」という回答が全体の八割を占めており（子どもが有る低所得世帯は一般に高いが）、金融資産を保有する世帯、生命保険・傷害保険に加入している世帯の割合は低所得他世帯と比べても低い。自己の生活程度に関して下と答える世帯の割合、現在の生活に大変不満・不満・どちらかといえば不満と答える世帯の合計割合も、生活保護母子世帯より大きい。

他方で彼女たちは、子どもを通じた社会関係、友人や親族、近所などとの協力関係や未来志向的な活動が比較的豊かであることが観察される。たとえば、子どもの誕生会、読書（本・雑誌）、映画、カラオケ、手紙、ドライブ、インターネットの利用、携帯電話の所有などを充足している世帯の割合は高い。また、金額は少ないものの、ほぼ半数の世帯が少なくともときどきは貯蓄をしている（ときどきは貯蓄をする子ども有世帯一般の平均は六五・五％）。子どもの進路についても、大学・短大までの進学を希望している世帯の割合が高い。職場関係者とのつきあい、親身に相談に乗ってくれるひとをもつ世帯の割合も高い。

続いて、生活保護受給母子世帯に視点を移そう。生活保護受給母子世帯の居住条件・住環境もともに厳しい。十分なふとんの数、晴れ着・礼服の所有状況、中元・プレゼントのやりとり、インターネットの利用状況、子どもとの外出、子どもの誕生会、おせち・初詣・松飾りなどを充足している世帯の割合は、極端に低い。また、解雇された、あるいは雇用を拒否された体験をもつ世帯の割合は、断然、低所得母子世帯よりも大きい。その一方で、（平均世帯人員数が低所得者層母子世帯よりも多いことも一因であるが）、食料・住居、光熱・水道、家具・家庭用品、被服・履物に関する消費支出水準は低所得母子世帯を上回っている。教育費及び交通通信費に関しても、低所得母子世帯に比べると少ないものの、他の生活保護受給世帯に比べると飛び抜けて高い水準を達成している。

　また、生活保護受給世帯は一般に、短大・大学まで子どもの進路を考える割合が低い[13]。中でも、低所得層母子世帯と生活保護層母子世帯の差は歴然としている[14]。その一方で、生活保護受給世帯は一般に、「生活程度は下」と答えるひとの割合が低所得世帯に比べて大きいにもかかわらず、そのように回答する母子世帯の割合は、低所得者母子世帯よりも少ない。上述したように、現在の生活に不満である・大変不満である・どちらかといえば不満であると答える世帯の割合も、低所得者母子世帯より少ない。

　さらに、生活保護受給世帯は一般に、親族のつきあい、近隣とのつきあい、職場関係のつきあい、それ以外のひととのつきあいがあるひとの割合、また、相談にのってくれるひとがいる世帯の割合が低いが、とりわけ生活保護受給母子世帯と低所得母子世帯の格差が大きい[15]。

　以上より、結論として、次の諸点が指摘される。生活保護受給母子世帯の消費水準が低所得母子世帯の消費水準を上回るという事実は、彼女たちが「健康で文化的な生活」を享受していることを示すものでは決してない。なぜなら、第一に、参照点とされている低所得母子世帯の消費水準それ自身が、「健康で文化的な生活」を維持するうえで、十分とはいえないからである。第二に、アマルティア・センが主張するように、財やサービスの消費金額、あるいは、本人が主観的に捉えた生活程度や「満足感」は、いずれも「健康で文化的な生活」を捉える指標として、十分とはいえないからである。これらの点についてより詳しく検討しよう[16]。

　低所得母子世帯には、通常、必需品と考えられている財やサービスの市場的消費活動を量的に、あるいは質的に抑制しながら、むしろ、通常、選択項目と考えられている子どもを通じた社会活動、自分や子どもの将来への投資に、所得や資産・時間を振り向けようとする傾向がある。それに対して、生活保護受給母子世帯には、通常、必需品と考えられている財やサービスに関しては、低所得母子世帯よりも高い消費水準を実現する一方で、社会活動や将来設計に向かう支出（所得・資産時間）を抑える傾向がある。その主要な動機は、社会活動や将来設計に向かう支出は、一般に必需品と考えられていないからであり、必需品と考えられていないものへの支出は、社会的な抵抗感を強く伴うからである(17)（社会的な選択抑制、本書八〇頁参照のこと）。

いま、「健康で文化的な生活」を、「ディーセントな衣食の充足」と「社会活動・将来設計」という二つの項目で捉え、その達成可能性を、生活保護受給母子世帯と低所得母子世帯で比較するとしよう。アマルティア・センの概念を借りれば、二種類の機能（functionings）を二軸として描かれる両者の機会集合（潜在能力）を比較することになる（図1参照）。このとき、いずれの世帯の潜在能力も互いに他を包含することはないものの、いずれの世帯の潜在能力も、十分とはいえないことが理解されるだろう。低所得でありながらより多くの人的・物的資産を手元に残す低所得母子世帯は、「ディーセントな衣食の充足」機能の達成可能性はより低いものの、「社会活動・将来設計」の達成可能性はより高い。生活保護受給母子世帯はその逆であり、しかも、目に見えない社会的抑制のせいで、「社会活動・将来設計」の達成可能性は、本来よりも、大きく削がれている。

このような両者の対照は「自立」の観点からも興味深い。「自立」は、その社会的基盤として、安全でディーセントな生活、心身の健康の他に、安定した生活設計、生涯的なプランニング、リスクに

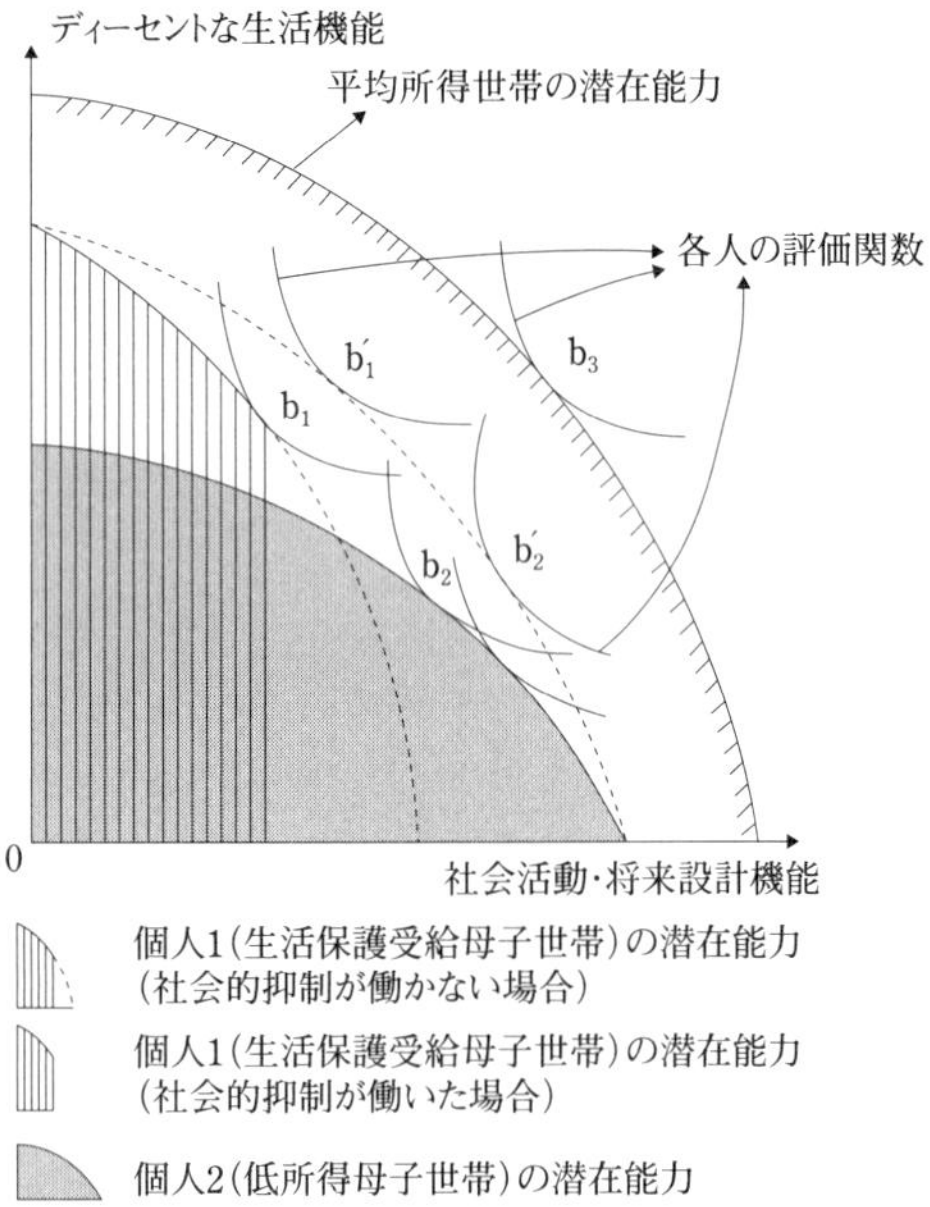

b_1：生活保護受給母子世帯の達成点
b'_1：複層的公的扶助システムで達成するであろう機能
b_2：低所得母子世帯の達成点
b'_2：複層的公的扶助システムで達成するであろう機能
b_3：平均所得世帯の達成点

図1　受給母子世帯と低所得母子世帯，潜在能力比較
(作成：後藤玲子　後藤，2006，p. 88 より)

備える活動や将来に対する投資活動、さらには様々な人間関係を通して展開する社会活動を必要とする。必需品の消費以外の活動を制約された生活保護受給母子世帯の現況は、たとえその自己評価(「生活程度」や「満足感」)がより高めであるとしても、社会活動や将来設計を行うための初期条件の不足——補足性の原理のもとで消費し尽すことを要求された資産・労働能力・私的扶養——を挽回するどころか、加速していく結果になりかねない。

それに対して、低所得でありながら生活保護を受給しない母子世帯は、物価や労働市場のわずかな変動に翻弄されながらも、また、厳しい就労条件や職場環境、時間のやりくりに苦悩しながらも、就労できる環境的・身体的・精神的条件を辛うじて保つことができた、と推測される。親族や職場の同僚、近隣の人々との人的ネットワークなど、手元に残された個人的資源を大事にしながら社会活動や将来設計にいそしむことが、決定的な困窮を回避させたケースもあるだろう。

ただし、彼女たちの中には、ひとたび生活保護を受給したら、人的ネットワークをすべて失い、社会活動や将来設計の機会を大きく制約されるのではないかという恐れがある点を見逃してはならない。その恐れは、生活保護に入る時期を遅らせ、のっぴきならぬ事態を招く危険があるからだ。彼女たちの意思を尊重しながら、そのような事態をあらかじめくい止める方法はないものか。

先に見た各世帯の活動の選択傾向は、もしそれが同一の潜在能力のもとでなされているとしたら、本人たちの選好の相違に帰することができるかもしれない。だがそもそも潜在能力が異なるとしたら、しかも、その形成プロセスが、既存の制度によって深く規定されているとしたら、われわれは、制度そのものの分析に向かう必要がある。なぜなら、彼女たちの選択はセンのいう立場（ポジション）相関的な評価（本書一〇三頁）と責任に基づくものであり、状況に応じて変化する可能性があるからである。

四　複層的公的扶助システムの構想

現代資本主義社会においては、紛れもなく、市場での消費活動が重要な意味をもっている。市場が成熟している限り、所得は多目的手段でありえるからだ。市場価格が所与であるとしたら、人々が実際に多く購入している財やサービスを貨幣的に換算し、あとは毎年の物価スライドを加味することで、「健康で文化的な生活」に値する給付水準（給付所得）を導出できるという、経済学者たちの主張にも一理ある。

だが、いかに成熟した市場でも、依然として市場では充足困難なもの、市場の外にあって市場的活動を格段に有利にする資源があることも確かだ。近親者による物的・心的支え、本人の学歴、病歴、職業や子どもを通じて得られる人的ネットワーク、本人のコミュニケーション能力、生活習慣、友人・恋人の存在など。それらはひとにとって僥倖であるとともに、ひと自身が自己の僥倖を生かしつつ生み出してきたものである。それらは外的なものでありながら、ひと自身の内的性質や自我と深く結びついたものである。しかも、それらは、それらがあることによってひとが市場で就労し続けることがまがりなりとも可能となる一方で、それらの欠如が市場での就労を著しく困難にしてしまうものである。

『正義論』（一九七一年）で「格差原理」を提唱したジョン・ロールズが、「最も不遇な人々」を近似的に表す指標として、最終的に所得を選んだ背景には、本人自身の価値に踏み込むことなく（所得に関する高低が、ひとの価値の高低を表すと解釈されることはない）、また、本人が有する価値（善の観念や目的）にも踏み込むことなく、本人がおかれている客観的な境遇（困窮）に接近できると考えたからだった。[18] だが、所得は、本人の善の観念や目的を覆い隠すのみならず、所得には表出しにくい困難やその原因をも覆い隠してしまうおそれがある。たとえば、歴史的不正義がもたらした爪あと――たとえば、原爆被害の後遺症――は、個人を即、失業に追い込むことはないとしても、ひとの身体や精神を慢性的に苦しめ、就労を決定的に不可能にしてしまうおそれがある。また、障害や特定疾患など自然的・社会的属性に伴う不利益は、学校教育や求職機会を実質的に制約する――高価な薬品を購入できないために、学校生活が制限されるなど――ことを通して、市場で稼得する可能性を閉じてしまうおそれがある。

消費や所得が写す像には、あきらかに限界があるだろう。その像から一歩踏み込んで、個々人が社会的活動や将来設計を控える前のステージで、あるいは、個々人の自立に向けた私的能力の活用が不可能になる前のステージで、人々の直面する困難を和らげることはできないものだろうか。

このような関心から、以下では、生活保護制度の改革案として、「複層的公的扶助システム」の構想を提起したい。

【複層的公的扶助システム】

【第一層：理由別公的扶助システムのファミリー】

理由別に、特定の困難あるいは追加的需要をもつ人々を公的に支援する仕組み。その基本的な分配原理は、必要配慮的原理である。支給にあたっては、必要性の事実に加えて、理由への該当性が要件とされる。

【第二層：一般的公的扶助システム】

困窮の事実のみを要件とする一般的な公的扶助の仕組み。ただし、個々人のもつ特別の必要も配慮される。

理由別公的扶助システムは、人々の行いや在りように対する多元的な評価システムに他ならない[19]。どのような困難あるいは需要を公的に支援するか、どのくらい支援するかは、市場での価格メカニズムを通じてではなく、また、人々の〝標準〟や常識に依存してでもなく、公共的討議を通じて評価される。評価を形成するプロセスは、社会的に取り組むべき――換言すれば、広範囲な人々から提供される資源をもとに支援すべき――「不当性」や「社会的価値」を発見して行くプロセスである[20]。実践的には、ローカルな文脈で形成されている既存の評価システムを再評価すること――たとえば、地域でのボランティア活動やNPO活動などへの資金援助を通じて――もここに含まれる。それに対して、一般的公的扶助システムは、困窮の事実のみを要件とする統一的なシステムであるが、一般的・個別的困窮を特定化するメニューの選定に際しては、人々の公共的討議が求められる。

様々な原因に由来する困難と闘い、所得不足に悩まされながらも、自立の社会的基盤を失うこと、自らの活動や存在を認められなくなることを恐れて、現存の生活保護制度に入ろうとしない人々が少なからず存在する日本においては、理由別公的扶助システムが有効に機能すると考えられる。それは、彼らの困難を放置しておくことの不当性、あるいは、彼らが受給することの正当性を広く明らかにしながら、彼らが決定的な困窮に至ることを早期にくいとめる役割をはたすだろう。また、理由別公的扶助システムには、給付の理由が公示され、しかも、しばしば外から観察可能な要因を要件とするため、虚偽の申告による非効率的な配分を避けられるという利点もある[21]。

それにもかかわらず、われわれは一般的な公的扶助システムをも必要とする。それは、理由別公的扶助には本質的な制約があると考えられるからだ。被害であれ、属性であれ、需要であれ、理由とされる支給要件は人々を線引きする（要件がときに「資格（deserving）」と呼ばれる所以である）。一つの要件は一つの非受給層を生み、その人々が困窮に陥ることを予防できない。おそらくどれほど多様な基準を立てようとも、どの資格要件をも満たさない困窮者が残される可能性を完全には排除できない。また、困窮に至る経路がきわめて個別的で、タイプ化することになじまないケースも存在するだろう。しかも、人々の公共的討議をもとに合意を形成し、制度が出揃うまでには時間的ずれが存在する、あるいは、複数の支給要件や給付金額を整合化する――重複を避ける、適正な重みづけをする――方法は自明ではないなどの実践上の困難もある。これらの点を考え合わせるとき、困窮という事実のみに依拠する無資格の給付制度を用意しておくことには理があるだろう。

とはいえ、困窮の事実以外の識別機能をもたない一般的公的扶助には周知の難点がある。それは、端的に、働いて提供できるはずのひとが働かない場合にも、結果的に困窮したとしたら、給付がなされる可能性を残しているからだ。そのような制度の存在は、個人の就労意欲を減少させるおそれがあるとただちに批判されるだろう。働けるのに働かなくとも援助されるとしたら、いったい誰が働く側に身を置こうとするだろうか、と。また、公正性に関する人々の直観に反するおそれもある。働けるのに働かない人に給付する制度は不当だ、そんな不当な制度に人々は参加しようとはしないだろう、と。これらの憶測は、人々をますます制度から引き離す。

一番の問題は、「働くことができる」という事実は、実際に働いて初めて観察される点にある。たとえ医師の診断で心身が健康だとされたとしても、それは「働くことができる」ことを完全には保証しない。「働くことができる」と立証することが不可能だとしたら、「働くことができるとしたら働いて提供する」ことを法的義務とするのは無意味だろう。では、「困窮しているなら受給せよ」という言明を、「あきらかに働けないとしたら」という条件で制約することは妥当だろうか。この場合、「あきらかに働けない」ことを本人の立証責任とするので、法的には機能する。しかも、あきらかに働けないことを立証できない限り給付がもらえないとしたら、少しでも働ける個人は、義務ではなく、利益の観点から働いて提供すると考えられるかもしれない。だが、その法は他面で、あきらかに働けないことを立証することができないものの、実際に働くことのできないひとを、困窮したまま放置するおそれをも含んでいる。それは制度にとって取り返しのつかない失敗である。

この難問に関する本章の考えは、以下の通りである。「働くことができるとしたら働き提供する」ことを、倫理的義務として個人に課す。ただし、理由が何であれ、困窮の事実が認められるとしたら、給付をする、これは、後述するように、日本国憲法の考えに他ならない。次節の課題は、この考えを支える論理、とりわけ、「働くことができるとしたら働き提供する」倫理的義務を支える論理を探ることにある。おそらく、それを支える一番の柱は、「働くことそれ自身の喜び」や「働くことができるとしたら働き提供する」ことの正しさを確信できることであるだろう。本章が提示する「公共的相互性」の観念は、これらとは違った観点でありながら、これらの確信を支えるものである。(22)

五　公共的相互性の概念

本章が提示する公共的相互性の概念は、自発的な相互行為を期待できる点において、私的契約や協力ゲームにおける相互便益の概念と似ている。ただし、それは参照点と比較して、どちらか一方の便益を下げるようなケースを含む点において、相互便益とは区別される。

それはまた、しばしば一方向的な価値の移転——かならずしも同時点で返礼されない、あるいは同種の返礼がなされないものの、広義には双方向的な移転と解釈されるものを含む——を表す点において、贈与の概念とも似ている。ただし、それはかならずしも特定の場所や名前に基づく直接的な関係性に依拠しない点において、贈与とは区別される。

さらにそれは、個人間の立場の対称性を含意する点において、アリストテレスの「応報」とも似ている。ただし、それは必ずしも、諸行為や諸便益の通約性や均等化、あるいは、貢献と報酬との間の「比例的な対応給付」（アリストテレス、一八六—七頁）を要求しない点において、それとは区別される。むしろ、そこでは、ルールを媒体とする対称性、社会全体において見られる対応性、偶然性と社会的行為との間の釣り合い、などが要求される[23]。

公共的相互性の概念の典型的な記述はロールズの次のような一文に見られる。

「彼らは協同の公正な条件となる原理と基準を提案しようとし、また、進んで守ろうとするだろう、他者もまた同様に行為するという保証がある限り」(Rawls, 1993, p. 49)。

この一文は、読者に奇妙な印象を与えるかもしれない。ロールズは、なぜ、「公正な条件となる原理と基準を提案しようとし、また、進んで守ろうとする」ことの（必要）条件として、「他者もまた同様に行為するという保証」を挙げたのだろうか。ロールズは、なぜ、「手続き上の公正性」――制定者が互いに対称的なポジションにあること――、あるいは、原理を制定し遵守するという行為それ自身の正しさだけでは、不十分であると考えたのだろうか。ロールズは、その理由として、「正義にコミットすることの緊張（strain of commitment）」を挙げる。[24] たとえ公正性が保たれ、行為の正しさが確信されているとしても、他者もまた同様に行為することを期待できないとしたら、自分はその行為をすることができるだろうか、あるいは、そうすることをひとに薦めることができるだろうか。ロールズのこの一文は、個々人が原理を制定し遵守するためには、「手続き上の公正性」に加えて、「手続き上の相互性」が必要であることを指摘する。[25]

本章では、一歩進んで、ルールそれ自身が表象する相互性を考えたい。すなわち、

【定義：相互性の表象】

あるルールを個々人がみな受容し尊重するとしたら、そのルールのもとで相互性が実現するとき、あるルールは相互性を表象するといわれる。[26] ただし、個々人があるルールを受容し尊重するためには次の条件が必要である。第一に、あるルールを人々がみな受容し尊重するとしたら、そのルールのもとで相互性が実現することを人々が期待できる。[27] 第二に、人々がそこで実現される相互性それ自身の価値を積極的に（マイナスでもゼロでもなく）評価している。

さて、手続き的な相互性とあわせることによって、ルールを基底とする相互性のフルヴァージョンが次のように定義される。

【定義：ルール基底的相互性】
あるルールは、手続き上の相互性のもとで制定され、それ自身が相互性を表象するとき、相互的であるといわれる。

「相互性の表象」の定義に関して、一点注記したい。ルールを受容し尊重する必要条件の中に、「ルールが正義に適っていると個々人が確信できること」という条件を入れていない。その理由は次の点にある。正義と相互性は、互いに独立した概念である。ロールズが指摘するように、ひとは、たとえ「正義に適っている」と判断しても、「手続き上の相互性」がないがためにルールを受容できないことがある。加えて、ひとは、たとえ正義に適っていると判断できない場合でも、あるいは、迷いなく不正義だと判断した場合でも、「相互性」に突き動かされて、あるルールを受容し尊重することがある。その場合でも、そのルールのもとで相互性が実現されるとしたら、そのルールは相互性を表象することになる。「相互性」に対する本章の問題関心は、このような「正義」と「相互性」概念とのずれと補完性にある。

この点を確認したうえで、公的扶助システムに話を戻したい。はたして、公的扶助システムを規定する法は、相互的な手続きのもとで、人々がみな受容し尊重するとしたら、そのもとで相互性が実現するようなルールであるといえるだろうか。

おそらく、その法が「困窮しているなら、受給せよ」という形で表現された場合には、答えは明らかにノーだろう。だが、先述したように、公的扶助システムの上位原理は、憲法であり、憲法には、別途、就労の義務と納税の義務が規定されている。その点を考慮して、その法を次のように表現した場合はどうだろうか。


「働いて提供することができるなら、そうしなさい、困窮しているなら、受給しなさい」。


この場合、結論はイエスとなる。以下にその理由を述べよう。

第一に、「働いて提供することができるなら、そうしなさい、困窮しているなら、受給しなさい」においては、前者の言明、「働いて提供することができるなら、そうしなさい」と後者の言明、「困窮しているなら、受給しなさい」が結びつけられることによって、互いに条件づけられていることを見るだろう。両者の結び付きは、第一に、目的と実現可能性との対応を表す。すなわち、「困窮しているなら、受給しなさい」は、「働いて提供することができるなら、そうしなさい」の目的を表し、「働いて提供することができるなら、そうしなさい」は、「困窮しているなら、受給しなさい」の実現可能性を保証する。

ただし、この結びつきは、一人ひとりの個人の中で顕われる必要はない。それは社会の中でゆるやかに実現されればよい。社会には、生涯、働き提供するだけの個人がいるかもしれない、その一方で生涯、困窮し、受給するだけの個人がいるかもしれない。このような場合、目的と実現可能性との対応をひとりの個人の中に見出すことは困難であるとしても、社会の中に見出すことはできるだろう。(28)

ところで、目的と実現可能性との対応が個人の中で顕われないということは、個人にとってこのルールは、本人の目的から切り離された義務として作用することを意味する。なぜなら、もしこのルールが人々によって受容されるなら、いま働き、提供できる個人は、将来、自分も困窮し、受給することがあるかもしれないという予想をもつか否かにかかわらず、いま働き、提供しなければならないことになるからだ。同様に、個人にとって、このルールは、権利としての意味をもつ。(29)なぜなら、もしこのルールが人々によって受容されるなら、いま困窮している個人は、自分も将来、働き、提供できるようになるか否かにかかわらず、いま受給できることになるからだ。

付言すれば、「働いて提供することができるなら、そうしなさい」という言明は、個人が「可能なら、働き、提供する権利」をもつこと、裏返せば社会には、様々な個人が働くことのできる実質的な機会――労働市場のみならず、コミュニティ・ワーク、ケア、職業訓練などとそれを支える所得補助など――を提供する義務があることを定める。同様に、「困窮しているなら、受給しなさい」という言明は、社会には、困窮している個人が、資源を実際に受給できるように、実質的な機会を提供する義務があることを定める。これらの社会の義務は、個人や地域・企業にも分有される。「可能なら、働き、提供する」という義務のほか、労働機会の創出、受容機会の創出、ルールの受容・改定に関する公共的討議への参加もまた、個々人が分有する倫理的義務とみなされるだろう。

以上、われわれは、第二に、上記のルールの中に、権利と倫理的義務との対応関係を見た。ただし、その対応関係は、一人の個人の中で顕われる必要はない。社会の中で、緩やかに顕われればよい。あらゆる個人は、可能なら働き提供する権利と倫理的義務をもつ。困窮しているときは、受給する権利をもつ。権利はそれぞれ、同様の他者の権利を尊重すること以外、いかなる条件も付帯されることがない。義務は権利の剥奪という罰則（就労義務を果たさないとしたら、生存権を剥奪されるといった）を付帯されることがない。

続いて、上記のルールから次の点が導出される。働き提供している個人と困窮し受給している個人の間には、明らかに行為における非対称性が存在する。だが、彼らがともに、手続き上の相互性のもとで、このルールを受容し尊重するとしたら、同一ルールに関与しているという対称性が彼らの間に成立するだろう。また、働き提供している個人と個人の間、困窮し受給している個人と個人の間には、（提供量や受給量の相違を超えて）行為の対称性に基づく期待の相互性が成立する。

要約しよう。公的扶助の法は、人々がみな受容するとしたら、次のような意味での相互性が実現するようなルールである。⑴社会全体の中で、目的と実現可能性との対応が実現する。⑵社会全体の中で、権利と倫理的義務との対応が実現する。⑶働き提供している個人と困窮し受給している個人の間に、同一ルールに関与しているという対称性が成立する。⑷働き提供している個人と個人の間、困窮し受給している個人と個人の間に、行為の対称性に基づく期待の相互性が成立する。

さらに、ロールズが「格差原理」に関して指摘したように、偶然性と社会的行為との間に正しい対応をみることができるかもしれない。たとえば、「働いて提供できること」と「働いて提供すること」との間に、また、「困窮していること」と「資源を受給すること」との間に。あるいは、リスクが発生する確率ではなく、リスクがあるという事実、すなわち、誰しも、困窮するというリスクを完全には逃れることができないという事実に着目するなら、働いて提供する個人と困窮して受給する個人との間に、対称性を見ることができるかもしれない。リスクに対するこのような関心は、不確実性下での合理的計算に対する関心とは明らかに異なるものである。ここでは、これを、「観点としてのリスク」と呼ぼう。

六　結びに代えて

われわれは、一般に、「すべきことはできることを意味する」と言える。換言すれば、「できないことは、すべきとはいえないことを意味する」と言える。働いて提供することができないとしたら、働いて提供する義務を負うことは不可能だからだ。それでは、一般に、「できることはすべきことを意味する」と言えるだろうか。おそらく、それが正当であるかを吟味することなしに、そう言うことは危険だろう。さらに、たとえそれが正当であると判断されたとしても、ロールズが言うように、その言明にコミットすることが人々に厳しい緊張を与える場合には、やはり、そう言うことをためらうかもしれない。

けれども、もし、われわれが、そこに、公共的相互性の観念を認めることができたとしたら、どうだろうか。「働いて提供することのできる個人は、働いて提供する倫理的義務をもつ」と言うことはできないだろうか。

もちろん、倫理的義務は法的拘束力をもたない。日本国憲法に記載された義務もまた、法的罰則をもって個人に就労を強制することはできない。だが、日本国憲法の記載は、個々人が、論理的にも現実的にも相互的である社会的文脈の中に、自分自身を見出すこと、その中で、自分が働くことの意味を位置づけることを可能とする。そのもとで構想される複層的公的扶助システムは、市場的な視野を越えて、社会の中で正しく評価されるべき多様な価値と存在に気づかせてくれる。

最後に、公共的相互性の概念について若干、補足しよう。相互性は、私的利益の観念とは異なるものの――先述したように、誰かの私的利益を下げることがあるものの――それ自身のもたらす便益――「相互性の便益」と呼ぶべきもの――がある。公共的相互性の概念もまた、その便益を内包する。また、公共的相互性の概念は、問題を政治的イシューとする場面で、あるいは、法・制度・政策を考察する場面で活躍するという意味で政治的概念であるが、同時に、道徳的概念でもある。ロールズがいうように、「協同の公正な諸条件（fair terms of cooperation）は、ルールや手続きによって要求される役割を各人がそれぞれ果たすという「相互性」（reciprocity）の観念を具体化する」（Rawls, 1993, p. 16)。まさに、個々人のコミットメントに深くかかわる概念である。

一般に、貢献なくして報酬を得られるのだとしたら、ひとは働く意欲を失う傾向があるというのは真実であるかもしれない。だが、得られる結果が、ただ自分の利益のみにかかわるとしたら、働く意欲を持続しつづけることは困難である、というのも真実であろう。日本の公的扶助改革で大事なことは、費用を節約することでもなく、受給者の数を減らすことでもなく、人々が様々な行いや在りようを通して価値を生み出すことのできる、豊かな評価システムを構築することではないだろうか。そして、倫理・経済・法が協同でとりくまなければならない一つの大切な仕事は、市場の論理や倫理に頼らないで、多様な価値を評価するための確かな論理と方法を創出することではないだろうか。

（1）二〇〇四年一二月中旬、一年半にわたる見直し作業が終了し、報告書がまとめられた。報告書は厚生労働省のウェブで見ることができる。
（2）小沼正、一九七四／一九八〇など参照のこと。
（3）このような対立は、報告書の中ではさほど明らかではないかもしれないが、議事録を丹念に読めば浮かび上がってくるだろう。筆者自身も、専門委員の一人として、このような構図の成立に責任をもつ。
（4）Sen, 1999b, pp. 10, 18. センの理論の全体像については鈴村・後藤（二〇〇二）などを参照のこと。なお、成熟した市場社会での潜在能力アプローチの有効性を考察した文献に、Gotoh, 2001 がある。本章は、その論文の続編にあたる。
（5）異なる種類の公正性に裏づけられた経済的給付の詳細については、後藤二〇〇四b、二〇〇五a参照のこと。
（6）現に、アメリカでは、一九九六年の「福祉改革」で、社会保障法に記載されていた権原（entitlement）の語（ですら）は外された。詳細については、後藤（一九九九、二〇〇八）参照のこと。
（7）経済学では、メカニズム・デザインと呼ばれる分野で、これに関する数多くの業績がある。
（8）この「対応性」という概念は、アマルティア・センの外的対応性の概念からヒントを得た。本書三頁、また後藤、二〇〇五c、六―七頁参照のこと。
（9）加算の根拠は生活保護法の次の記述に求められる。「必要な事情を考慮した最低限度の生活の需要を満たすに十分な」（第8条）「個人又は世帯の実際の必要の相違を考慮して」（第9条）
（10）論争の経緯に関しては、小野、二〇〇一に詳しい。生活保護法全般については、小山、一九五一など参照のこと。
（11）社会生活による調査検討会（二〇〇三）参照のこと。

(12) 注（4）参照のこと。この一文に関する詳細は、後藤、二〇〇三参照のこと。
(13) 平均で二三・三％、低所得世帯の平均は五八・六％。
(14) 前者の平均は五二・四％であるのに対し、後者の平均は二三・八％。
(15) 近所で親しい人が存在する割合は、低所得母子世帯六四・四％に対して、生活保護母子世帯は四四・五％である。
(16) 「満足」は参照点に依存するので、それをもとに現状を把握することは難しい。その参照点が、所得補助を受ける以前の消費水準に置かれている場合には、受給者は現在の状況に満足していると答える傾向がある。それに対して、参照点が思い描いている将来、あるいは過去に体験した彼女らの理想点である場合には、「満足していない」と答える傾向がある。
(17) マルクス経済学あるいは古典派経済学（アダム・スミス、デービット・リカードなど）は、生産活動の継続に必要であり、他の財とは代替の利かない財を「必需品（necessaries）」と定義した。アルフレッド・マーシャルは「所得に対する需要の弾力性」を用いて、ある社会の多くの人々にとって、所得に対する需要の弾力性のより低い財を必需品、より高い財を贅沢品と定義した。
(18) 後藤、二〇〇二、一三頁参照のこと。
(19) ここでいう理由別という語は、英語では'targeting'あるいは'targeted'と表記されるので、「目標別」あるいは「目標指向的な」とも訳される。
(20) センは個々人のもつ「必要」もまた公共的討議の中で発見されていくと主張する。Sen, 1999, pp. 16-7. 本書序章七節参照。
(21) 理由別公的扶助システムの利点についてはSen, 1995参照のこと。
(22) ここでは、社会学や人類学、経済学などで用いられている「相互性」概念と区別し、ここでの独自の意味をより明確にするために「公共的相互性」という語を用いたが、その意味は、後藤、二〇〇四ａ、ｂ、二〇〇五ｂと共通している。
(23) 「あしきことがらに対しては、やはりあしき仕方で…よきことがらに対しては、やはりよき仕方で応じようとする」（アリストテレス、一八六頁）参照。この点に関しては、『相互性』の著者であるローレンス・ベッカーの見解とも共通すると思われる。なぜなら、彼のいう「比例性」とは、その字義どおりの意味を越えているからである。Becker, 1986, pp. 113–114 を参照のこと。

（24）　Rawls, 1971b 参照のこと。

（25）　Rawls, 1993, p. 49. ここで、「他者もまた同様に」以下の条件節は、ルソーの次のような関心を裏付ける。「たしかに、理性だけから発する一種の普遍的正義というものがある。しかしこの正義は、我々の間に受け入れられるためには、相互的でなければならない」（ルソー（一七六二）『社会契約論』（邦訳一九五四、五七頁）参照のこと。

（26）　「あるルールを人々がみな」という条件は、十分条件ではあるものの、必要条件であるとはいえない。必要条件としては強すぎるかもしれない。

（27）　ここでは、「尊重すること」は要求されるものの、「従うこと」までは要求されない。

（28）　ここでいう社会とは一定のルールと経済システムを備えた、政治的母体をさす。それ自身の中に、異なるルールとシステムをもった多様な集団を含む。それは、公共的相互性の届く範囲に依存して、国家を越える可能性をも秘めている。Gotoh, 2004a, b 参照のこと。

（29）　さらに踏み込み、「受給し、無事でいる倫理的義務」があるということができるかもしれない。ただし、その場合もそれが決して法的義務ではない点を注記する必要があるだろう。

参考文献

Aristotle, *The Nicomachean Ethics*（高田三郎訳『ニコマコス倫理学』、岩波書店、一九七一年）。

Becker, L. C.（1986）*Reciprocity*, London, Routledge & Kegan Paul.

Gotoh, R.（2001）“The Capability Theory and Welfare Reform,” *Pacific Economic Review*, 6: 2, 211–222.

Gotoh, R.（2004a）“Well-Being Freedom and The Possibility of Public provision system in Global Context,” *Ethics and Economics*, vol. 2, 2004.

Gotoh, R. (2004b) "The Possibility of Public-Provision Unit in Global Context——Towards "Social Contract" based on Reciprocity——", mimeo.

Rawls, J. (1971) *A Theory of Justice*, Cambridge, Mass.: Harvard University Press.（矢島鈞次監訳、『正義論』、紀伊国屋書店、一九七九）。

Rawls, J. (1971 b) "Justice as Reciprocity," in Samuel Gorowitz ed., *John Stuart Mill: Utilitarianism, with Critical Essays*, reprinted in *Collected Papers* (1999c).

Rawls, J. (1993) *Political Liberalism*, New York: Columbia University Press.

Rousseau, J. J (1762) *The Social Contract*（桑原武夫・前川貞治郎訳、『社会契約論』、一九五四、岩波文庫）。

Sen, A. K. (1985) *Commodities and Capabilities*, Amsterdam: North-Holland（鈴村興太郎訳、『福祉の経済学——財と潜在能力』、岩波書店、一九八八）。

Sen, A. K. (1992) *Inequality Reexamined*, Oxford: Clarendon Press（池本幸生・野上裕生・佐藤仁訳『不平等の再検討：潜在能力と自由』岩波書店、一九九九）。

Sen, A. K. (1995) "The Political Economy of Targeting," in van de Walle, D. and K. Nead, eds., *Public Spending and the Poor: Theory and Evidence*, Baltimore: The Johns Hopkins University Press, pp. 5–15.

Sen, A. K. (1999 a) *Reason Before Identity, The Romanes Lecture for 1998*, Oxford, Oxford University Press.

Sen A. K. (1999b) *Development As Freedom*, New York: Alfred A. Knopf（石塚雅彦他訳『自由と経済開発』日本経済新聞社、二〇〇〇年）。

Sen, A. K. (2000a) "Consequential Evaluation and Practical Reason," *The Journal of Philosophy*, XCVII, 9, 477–503.

Sen, A. K. (2000b) "The Discipline of Cost-Benefit Analysis," *Journal of Legal Studies*, 29 (reprinted in *Rationality and Freedom*, 2002).

Sen, A. K. (2002) *Rationality and Freedom*, Cambridge: Harvard University Press.

小沼正（一九七四／一九八〇）『貧困　その測定と生活保護』、東京大学出版会。

小野哲郎（二〇〇一）「生活保護処遇論の到達点と社会福祉実践における位置——公的扶助ケースワーカーの理論的研究を中心として」、『生活保護五〇年の軌跡』刊行委員会編『生活保護五〇年の軌跡　ソーシャルケースワーカーと公的扶助の展望』。

小山進次郎（一九五一）『改訂増補　生活保護法の解釈と運用』、中央社会福祉協議会（一九七五、同復刻版、全国社会福祉協議会）。

厚生労働省（二〇〇四）社会保障審議会福祉部会「生活保護制度の在り方に関する専門委員会」報告書。

後藤玲子（一九九九）「アメリカの公的扶助制度」、塩野谷祐一編『先進諸国の社会保障5　アメリカの社会保障』、東京大学出版会、一五一—一六八頁。

後藤玲子（二〇〇二）『正義の経済哲学　ロールズとセン』、東洋経済新報社。

後藤玲子（二〇〇三）「アマルティア・セン　個人の主体性と社会性・公共性のバランス」、『人間会議』宣伝会議、三〇—三四頁。

後藤玲子（二〇〇四a）「規範理論の整合化と重層的福祉保障の構想」塩野谷祐一・鈴村興太郎・後藤玲子編著、『福祉の公共哲学』、東京大学出版会、二六三—二八〇頁。

後藤玲子（二〇〇四b）「リスクに抗する福祉とは」、橘木俊詔編著『リスク社会を生きる』、岩波書店、二七五—三〇六頁。

後藤玲子（二〇〇五a）「福祉の公正性について」、連合総研レポート、一九五号、四—六頁。

後藤玲子（二〇〇五b）「社会保障と福祉国家のゆくえ」川本隆史編、『応用倫理学講義4　経済』、岩波書店、九八—一二四頁。

後藤玲子（二〇〇五c）「公共政策の基礎理論——潜在能力アプローチの成果と展望」、『財政と公共政策』、二七巻第二号（通巻三八号）、財政学研究会、一—一三頁。

後藤玲子（二〇〇六）「正義と公共的相互性　公的扶助の根拠」、『思想』「特集　福祉社会の未来」第九八三号八二―九九頁。

後藤玲子「アメリカン・リベラリズム――福祉的自由への権利の不在」、下平好博・三重野卓編著『グローバル化のなかの福祉社会』講座・福祉社会、ミネルヴァ書房、近刊。

社会生活による調査検討会（二〇〇三）『社会生活に関する調査／社会保障生活調査結果報告書』。

鈴村興太郎・後藤玲子（二〇〇一／二〇〇二）『アマルティア・セン　経済学と倫理学』、実教出版。

副田義也（一九九五／一九九七）『生活保護制度の社会史』、東京大学出版会。

III　正義の位相

第五章　開かれた不偏性と閉ざされた不偏性*

社会的判断や社会的取り決めを評価する際の不偏性の役割は道徳哲学と政治哲学においてよく認識されている。本章でわたしは不偏性に求める二つのまったく異なるやり方の基本的な相違を論じたい。その手続きは不偏性の要請について異なる解釈を必要としており、それに相応してかなり異なった本質的な含意をもつことがあり得る。わたしはこの二つのアプローチをそれぞれ〈閉ざされた不偏性(closed impartiality)〉、〈開かれた不偏性（open impartiality)〉と呼びたい。この両者の相違は不偏性の評価の実践がひとつの固定集団（わたしは焦点集団（focal group）と呼びたい）に限定されているか（あるいはもっと正確にいえば、限定されるように企てられているか）どうかという点にある。

〈閉ざされた不偏性〉では、公正な判断をする手続きは焦点集団自体のメンバーだけに求められる。たとえば、「公正としての正義」というロールズの方法はある所与の政体の市民間での「原初契約(original contract)」という概念装置を用いる。[1] 外部のひとはこうした契約手続きに関与していないし、（直接的にもまた代表者を通してでも）原初契約の当事者でもない。焦点集団のメンバーには、焦点集団〈内部〉でみずからのアイデンティティそのものに無知になるための「無知のヴェール」が必要である。これは焦点集団内での個人的偏りを克服するのに有効な手続きであり得る。しかし無知のヴェールのもとにあってさえ、個人は自分が焦点集団に属している（そして焦点集団の外部のひとではない）こと、そして焦点集団の外部のひとの見方がまったく考慮されない」ことを知っている。こうした契約手続きは、構造化された政治分析の概念装置として、焦点集団の偏見を克服するには適していない。

これとは対照的に、〈開かれた不偏性〉の場合、不偏的な判断をする手続きはとりわけ焦点集団の外部の判断に求め得る（し、場合によっては求めなければならない）。たとえば、「不偏的な観察者(impartial spectator)」という概念装置をアダム・スミスが使用する際(2)、不偏性の要請は「任意の公正で不偏的な観察者」の利益から離れた判断を求めるが、その観察者は必ずしも焦点集団に属している必要はない（理想的なケースでは、属していない）。これら二つのアプローチはともに不偏性を要請するが、その手続きが異なり、それぞれの方法の適用範囲にもその結果にも実質的な影響を与える。

こうした対比は集団における選択にも個人における決定にもあてはまる。個人の文脈では、開かれた不偏性は個人がメンバーとなっている集団（国籍、階層、職業などに関連した多くの集団があり得る）内の他者との対比だけでなく、それぞれの集団外の他者との対比においても、個人の目標、利害、偏見といった偏りの影響を取り除くことが目指されている。開かれた不偏性とは、集団に属している他者であるか否かにかかわらず、他者の視点を適切に配慮するという要請である。

不偏的な観察者を喚起するスミスの戦略は、みずからが属する集団の偏りに圧倒されないものの見方に配慮する余地を残している。集団ベースの考え方に内在する不公正はこうした偏りをのりこえる試みによって突き止められることになる。暗示的であり必ずしも明白に認知されるわけではないとしても、個人の立場や集団への帰属は強い影響力をもつので、一般に不偏性を克服するには――いたるところから――異なった立場の観察者たちの見方を検討することが必要となる。[3] これとは対照的に、所与の社会や政体の内部で適用される「無知のヴェール」は――社会や政体の〈内部〉での――比較的限定された不偏性の手続きを規定する（この見方には個人を主として「国民」とか「人民」といった一つの限定された集団のメンバーとして扱うというさらなる前提が加えられている）。広く想定されている不偏性がいろいろなタイプの偏りの影響を除去するように要請するのに対し、閉ざされた不偏性のモデルはいずれも――ある特定集団内での個人間の相違という――一つの偏りの源となり得るものを扱う工夫をしているだけである。

一　主な課題

わたしは二つの不偏性のアプローチの差異とその含意のいくつかを検証したい。とくに、わたしは閉ざされた不偏性がいくつかのきわめて特有な限界をもっていることを主張したい。閉ざされた不偏性は次のような難点をもつ。

(1)　〈手続き的偏狭（procedural parochialism）〉：閉ざされた不偏性は焦点集団に属する諸個人の既得権益や個人的目的への偏向を排除するのに用いられるが、焦点集団自体が共通に有する偏見や偏りに対する不偏性という限界を扱うようにはなっていない。

手続き的偏狭は、事実、問題として見なされることもあれば見なされないこともある。社会的判断のアプローチのなかには集団固有の偏向を回避することに特別の関心をもたないものがある——むしろ、ときにはまったく逆のものもある——。たとえば、共同体主義のある見解はこうした優先性の「ローカル」性を褒めたたえさえすることもある。同じことが別の形のローカルな正義にあてはまることもある。極端なケースをとりあげると、アフガニスタンのタリバン支配者が、オサマ・ビン・ラディンは、すべてをシャリーア［イスラム聖法］に委ねるイスラム聖職者集団によってのみ裁かれるべきと主張したとき、（オサマ・ビン・ラディンに個人的好意や不偏的な扱いを提供することに反対する）ある種の不偏性の必要は——少なくとも原則としてではないが——否定されなかった。[4]むしろ、提唱されたことは不偏的な判断が特定の宗教的、倫理的慣例をすべて受け入れている人々の閉ざされた集団から生ずるべきであるということであった。したがって、このような場合、閉ざされた不偏性とその基礎にある集団帰属的な規範との間には緊張関係はない。

しかしながら、閉ざされた不偏性の手続きが何らかの普遍主義的な意図と結びつけられた場合には、手続き的偏狭は深刻な問題をもたらすことがある。ロールズの「公正としての正義」はまさにこのケースに該当する。ロールズのアプローチ全般における偏狭的でない意図にもかかわらず、「原初状態」において（個人的利害と目的に関して「無知のヴェール」のもとにある焦点集団のメンバーにのみ限定された不偏的な評価のプログラムによって）使われている閉ざされた不偏性は、ローカルな集団の偏見によって左右されることを防ぐための手続き的な手立てを何らとっていない。

(2) 〈包摂的矛盾〉(inclusionary incoherence)：任意の焦点集団によってなされる決定がその集団自体の規模や構成に影響を与え得る場合には、集団を「閉ざす」という実践において矛盾が生じ得る可能性がある。

たとえば、ある国（またはある政体）の人口の規模やその構成そのものが原初状態においてなされる決定（とくに基礎的な社会構造の選択）によって――直接または間接に――影響を受ける場合、焦点集団は集団自体がなした決定によって変化することになる。「格差原理」のような社会構造の取り決めは社会的――および生物的――な交流パターンに影響をおよぼさざるを得ないし、したがって別の人口規模と構成をつくりださざるを得ない。このことは所与の焦点集団の決定が正確に同じ焦点集団にもどることになるといった（連続性に関する適切な仮定による）「固定点」の存在の可能性を否定するものではない。しかしある焦点集団によってなされた決定がその焦点集団自体の構成に影響を与えるとしたら、矛盾をもたらす可能性があるという問題は一般には排除できない。

(3) 〈排他的無視（exclusionary neglect)〉：閉ざされた不偏性は焦点集団に属していないものの、その焦点集団の決定によって生活上の影響を被る人々の声を排除し得る。この問題は、ロールズの「万民の法」におけるような、閉ざされた不偏性の多段階的定式化によっては適切に解決されない。

もし（たとえば、原初状態で）焦点集団によってなされた決定がその焦点集団の外部の人々のだれにもなんの影響も与えないものであれば、こうした問題が生ずることはないだろう。しかし、人々が完全に隔離された集団の世界で暮らしているのでない限り、こうした想定はほとんどあり得ない。この論点は、「公正としての正義」が、国境をまたがる正義を論ずる際には、とくに問題となり得る。なぜなら、ある社会で選択された社会の基礎構造がその社会のメンバーの生活だけでなく（当該社会の原初状態において配慮されていなかった）それ以外の人々の生活にも影響を及ぼし得るからである。代表を送り出す権利がなければ非常に腹立たしいことだろう。

最初の二つの問題（すなわち、手続き的偏狭と包摂的矛盾）は、これまできちんと配慮されてこなかったし、適切に提起されることもなかった。これに対し第三の問題（排他的無視）はすでにあれこれと非常に注目されていた。[5] ジョン・ロールズ自身は「万民の法」という提案を通じて国境をまたがる正義の文脈でとくにこの論点を扱っている。[6] この提案はいろいろな政体（または「諸人民」）の代表者間に第二の原初状態が設けられることを求めるものである。この文脈で、われわれは「グローバル正義」の要請がなぜ「国際的正義」の要請と本質的に異なるのかを明確に理解する必要がある。[7] わたしは不偏的な観察者というスミスの概念装置がこうした困難な主題を扱う洞察力をもっていることを論じたい。

次節では、開かれた不偏性についてのスミスの議論を手短に検証する。第三節では、ロールズのスミス批判を考察したい。第四節では、スミスの推論とロールズの推論の相補性を検討し、道徳哲学と政治哲学における客観性に関するロールズの分析、及び「公正としての正義」が有する制約的構造を超えるような「思考の公共的枠組み（public framework of thought）」の特別の役割にせまる。第五―七節では、閉ざされた不偏性に関する三つの関連した問題を吟味する。

二　アダム・スミスと不偏的な観察者

「不偏的な観察者」というスミスの概念装置は「公正としての正義」に見られる閉ざされた不偏性とは本質的に異なる。その基本的考えは、人がみずからの行為を判断するとき、「不偏的な観察者であれば吟味したであろうとわれわれが想定するように吟味する」［初版］こと、あるいは同書の後の版で彫琢して、「どんな他の公正で不偏的な観察者であっても吟味したであろうとわれわれが想定するようにわれわれ自身の行為を吟味する」ことを要請して、スミスが『道徳感情論』のなかで簡潔に述べている。(8)

近代の道徳哲学、政治哲学における不偏性に関する主張はもちろんカントの影響を強く受けている。たとえスミスの説明があまり思い出されることがないとしても、カントのアプローチとスミスのアプローチの間には本質的な類似点がある。事実、スミスの「不偏的な観察者」分析は、不偏性を解釈しヨーロッパ啓蒙主義の世界を引きつけている公正の要請を定式化しようとする一般的な企てにおいて先駆的な考えであるといえる。スミスの考えはコンドルセ（先駆的な社会的選択理論の研究者の一人」[9]などの「啓蒙主義思想家」の間で影響力をもっていただけではない。イマヌエル・カントでさえ『道徳感情論』(一七五九年にはじめて出版)を知っていて、一七七一年にマルクス・ヘルツに宛てた手紙のなかでこれについて論評していた(それはカントが『人倫の形而上学の基礎づけ』(一七八五年)と『実践理性批判』(一七八八年)を著述する少し前のことである)[10]。

しかしながら、スミスの「不偏的な観察者」アプローチと、ロールズの「公正としての正義」によって応用されている契約論的アプローチの間には方法的相違がある。「他の公正で不偏的な観察者」には物事がどんな風に見えるかに留意することは、利害関係のない別の社会出身の人々によってなされると思われる判断をもたらすことに他ならない。この意味で、公正についてのスミスの概念の判断基礎は、閉ざされた不偏性を基礎とする政治優先的な正義論の判断基礎よりも普遍的である。ロールズシステムの制度構成的な特性は、また、不偏的評価の行使によって配慮可能であるはずの「外部者」の範囲を制約してしまっている。

スミスの知的な企ての主たる動機は、しばしば彼は不偏的な観察者を「胸中の人(the man within the breast)」と呼ぶものの、――遠くにいようと近くにいようと――物事が他者にどう見えるかという観点なしに推論することの妥当性を問うことにある。スミスはこの問題を次のように述べている。

ひとりでいるときにはわれわれはみずからに関係するどんなこともあまりに強く感じすぎる傾向がある……。友人との対話はわれわれの気分をよりよくしてくれるし、見知らぬ人との対話はもっとよくしてくれる。胸中のひとは、われわれの感情と行為に対する抽象的、理念的な観察者であるが、しばしば現実の観察者の存在によって覚醒されること、そして自分の義務を思い出させられることを要請する。われわれが自制の教訓を学ぶのにもっとも適しているのは、おおむね、われわれがほとんど同感と寛容を期待することのできないこうした現実の観察者からである（TMS, III. 3. 38, pp. 153–154）。

（社会契約論者とは異なり）「真の観察者」を伴う不偏性を喚起するこうしたやり方は、契約論的推論の閉ざされた定式における不偏性とは非常に異なった射程をもつ。

スミスは不偏的な観察者が――たとえ気づかないほどでも――ローカルな思考様式によって制約され得る推論を超えること、そして一つの手続きとして受け入れられた思考様式が遠く離れた「真の観察者」の見方からどのように見えるかを慎重に検討することを要請する。この点は、すぐに論じられるように、とくに「手続き的偏狭」に対する挑戦に直接関連する。それゆえスミスはこうした開かれた不偏性の手続きの正当化を詳細に述べている。

もしわれわれが、いわば、自分自身のもともとの立場からみずからを移し、自分自身の感情と動機を自身から距離をおいて眺める努力をするのでなければ、われわれは自分自身の感情と動機を決して調べることができないし、そのことにかかわるどんな判断も決して下すことができない。ただわれわれは、他人の目で自分自身の感情と動機を見る努力、あるいは他人がそれらを見ると思われるように見る努力をする以外に、こうしたことをすることができない（TMS, III. 1. 2, p. 110）。

こうして、スミスの推論は距離をおいて不偏的な観察者を使うことを容認するのみならず、要請もする。そこで用いられる不偏性の手続きは閉鎖的、制約的であるよりはむしろ、開放的で、広範性をもつ。

三　ロールズのスミス解釈

これまでの議論は不偏的な観察者という開かれた不偏性と社会契約という閉ざされた不偏性の間には、質的相違があり得るということを示している。しかし不偏的な観察者は社会契約のような閉ざされた不偏性のいくつかの所説に、直接にも間接にも依拠せずに道徳的、政治的評価への現実的なアプローチの基礎となり得るのだろうか？　いみじくもこの論点は、ロールズが不偏的な観察者という一般的な概念装置を論評した際に、『正義論』のなかでロールズ自身が提出したものである（TJ, pp. 183–192）。ロールズは不偏的な観察者という構想を「理想的な観察者」（ideal observer）アプローチの特殊な例と解釈している（TJ, p. 184）。このように解釈されることにより、ロールズがまさしく述べているように、この構想は、これをもとにいかなる特定の構想を描くかについて多少の自由を容認することになる。ロールズは、この解釈をもとに、「こうした定義と公正としての正義の間にはさほど対立がなかった」と論じている（TJ, p. 184）。確かに、「理想的に理に適った不偏的な観察者がある社会システムを承認するのは、それが契約の図式において採択されるであろう正義の諸原理を満たす場合及びその場合にかぎられる、というケースであれば、そうだろう」(TJ, pp. 184–185)。

これは確かに「理想的な観察者」の一つのあり得る解釈であるが、すでに見てきたように、明らかに「不偏的な観察者」というスミスの構想とは異なる。確かに、こうした契約があったとしたら、観察者は、期待されていることがらに配慮できるだろう。だが、スミスは不偏的な観察者に契約を超えることを要求する。すなわち、遠く離れた、また近くにいる「真の観察者」の視点から「他者の目」で見るように、ものごとを見ることを要請している。

もっとも、ロールズも続けて「不偏的な観察者の定義を契約の視点で補完することは可能であるが、これに推論の基礎を与える別の方法もある」とも述べている(TJ, p. 185)。しかしながら、そこからは、ロールズはスミスの著述よりむしろデービット・ヒュームの著述を考察することによって話を進めている。その結果、驚くことではないが、ロールズは、他人の経験に思いやりのある配慮をすることによって生ずる「満足」によって不偏的な観察者を基礎づけることになる。「不偏的な観察者の承認能力は彼が思いやりをもって応答した満足の差引勘定によって決定される」(TJ, p. 186)。このことは、続いてロールズに、不偏的な観察者はほんとうはみせかけの「古典的功利主義者」かもしれないという解釈をとらせることになる。いったんこうした非常に奇妙な判断がなされると、ロールズの応答はもちろん断定的なもの——そして予想どおり説得力のあるもの——となる。ロールズは、『正義論』第一章においてすでに、「古典的功利主義が個人間の区別を厳格にするのに失敗したことが重要である」(TJ, p. 187) のはなぜかを論じていた、ことをここで指摘している。

実は、古典的功利主義の歴史を論ずる際、ロールズは早期の提唱者のなかからヒュームとならんでスミスを挙げている（TJ, pp. 22–23, footnote 9）。これは、もちろん、誤った認識である。というのは、スミスは善と正の考えの基礎を快楽と苦痛に置く功利主義の提案をはっきりと拒否しており、複雑な道徳判断に必要な推論が、快楽と苦痛を計算することに簡単に換算できるとする見方をも一蹴していたからである。実際、もっと一般的にいえば、スミスはわれわれの多様な関心と優先事項をある一つのものに単純化できると期待することにさえ批判的であった。

エピキュロスは、いろいろな美徳すべてをこの一種の妥当なものにまとめあげることによって、本来すべての人に備わっているが、とくに哲学者がみずからの才能を見せびらかす大きな手段として、ことさら好んで育てようとする傾向、そしてすべての現象をできるだけ少ない原理から説明しようとする傾向を楽しんだ。そして、彼が自然的欲求と嫌悪のおもな対象すべてを身体の快楽と苦痛のせいにする際に、彼はこうした傾向をさらに楽しんだことはまちがいない（TMS, VII. ii. 2. 14, p. 299）。

したがって、ロールズのスミス解釈とロールズの「不偏的な観察者」の使い方はまったく間違っている。[11] 不偏的な観察者アプローチは、実際、――ロールズが考察したたった二つの選択肢である――ロールズの社会契約論をもベンサムの古典的功利主義をも基礎にする必要はない。むしろ、ロールズ自身が啓発的に議論しているいろいろな種類の道徳的、政治的関心は、まさしく、不偏的な観察者もまた、閉ざされた不偏性という余分な（そしてスミスの見方ではきわめて恣意的な）主張なしで取り組まなければならない関心である。不偏的な観察者アプローチにおいては、倫理的、政治的推論の規律の必要性も不偏性の要請もしっかりと残っており、欠けているのは不偏性の「閉鎖性」だけである(12)。不偏的な観察者は、社会契約論者にもみせかけの功利主義者にもなることなく、独自の働きをなし、啓発的であり得るのである。

四　開かれた不偏性とロールズの推論

開かれた不偏性にはずっと多くの可能性があるという議論は、ロールズの公正としての正義に対する特段の批判にはならないとしても、ロールズの道徳的、政治的議論の優れた枠組みを超えることを要請するものである。ただし、ここでは、開かれた不偏性の探求は、われわれがロールズの著述から学んできた推論の規律それ自体を利用し得ることを強調したい(13)。たとえば、不偏性の「開かれた」構想にとっては客観性の問題が重要となるが、道徳的、政治的主張における客観性の性質をめぐるロールズの議論はきわめて有効である。

スミスにおける不偏的な観察者の概念と契約論的推論との関係は、（だれでもできる）公正な〈仲裁〉モデルと（原初契約に関わった集団のメンバーに参加が限定されている）〈公正な交渉〉モデルとの関係に似ている。スミスの分析では、重要な判断は交渉している当事者の視野の外部から起こりうる。重要な判断は、スミスが述べているように、「どんな公正で不偏的な観察者」からも起こりうるのだ。

事実、ロールズ自身の推論と、開かれた不偏性に含まれている公正な仲裁の実践との間には、よく似ている部分がある。ロールズ正義論は「契約論的」に定式化されてはいるものの、社会契約はロールズが理論を展開する際に用いた唯一の概念装置ではない[14]。実際に、反照的な実践の多くは仮想的契約が想定される以前に生じている。「無知のヴェール」は不偏性のメタ倫理的要請として見なされ得る。それは、契約が最終的に成立するかどうかにかかわらず、どんな個人の道徳的、政治的熟慮をも制約することになる。さらにまた、不偏性のこうした実践形式は先述した意味で「閉ざされた」ままではあるけれど、ロールズの意図が（個人的利益と同様）過去の歴史に関連した恣意的影響の支配を排除することにあることは明らかである。「原初状態」を「代表制の概念装置」と見なすことによって、ロールズは、われわれの実際の思考に影響を与える様々なタイプの恣意性に関して、不偏的な観点に到達するためには、それらを倫理的規律に従わせるべきことを示そうとしている。

> わたしが「無知のヴェール」と呼んだ形式的特徴をもつ原初状態とは、こうした恣意的影響の支配を排除しようという視点である……。これらの偶然的な有利性と過去のでき事の影響は、現在から未来にかけて社会の基礎構造にかかわる諸制度を規制する正義の諸原理に関する取り決めに影響を与えるべきではない（TJ, p. 23)。

なるほど、「無知のヴェール」の規律を使用することが所与とされているとしたら、当事者（すなわち、このヴェールのもとにある諸個人〉は、契約の交渉をすることに関しては、すでに相互に同意していることになる。事実、この点に留意して、ロールズは、事前契約（precontract）に関する合意を所与とするならば、契約は本当に必要であるかどうかと問うのである。ロールズは、契約をしようという合意がすでにあったとしても、――たとえ仮定的形式であったとしても――契約するという行為それ自体が重要であるので、また――「投票の拘束」を伴った――契約するという行為を熟考することが事前契約の熟慮に影響を与えることもあるので、原初契約は重要な役割をもつ、と説明する。

交渉すべき相違点がない場合にそれでも合意が必要であるのはなぜか？　投票の拘束なしで全員が一致の合意に達することは、すべての人が同じ選択をする、または同じ意向を形成することと同じではないというのがその回答である。これは人々が取り組む共同事業であるという事実は、すべてのひとの熟考に同じように影響を与えるので、結果的に実現する合意は、さもなければすべてのひとが行っただろう選択とは異なったものになる[15]（Rawls, *Collected Paper*, 1999, p. 249）。

したがって、原初契約はロールズにとって依然として重要であるとしても、ロールズの推論の本質部分は事前契約の熟慮にあり、それは公正な仲裁をふくむスミスの手続きにそったものになっている。ただし、ここでもなお、ロールズの方法をスミスのアプローチと分けるものは、「無知のヴェール」を所与の焦点集団のメンバーに限定するという、参加の実践における「閉鎖的」な性質である。

客観性に関するロールズの所見はとくにスミスのアプローチに直接かかわる。開かれた不偏性に密接に関連している客観性の論点は、正義はなされるだけのものではなく、「なされると見なされる(seen to be done)」べきものでもあるというしばしば繰り返される要請と関連が深い[16]。この要請の根拠は、立法によって確立される判断の公正さへの不信は、法的に達成された決定の〈執行〉を困難にするから、という手段的議論にとどまらない。この要請は、もし不偏的な観察者が——いたるところで——最良の努力をしてもある判断を正しいと見なすことができないとしたら、その〈正しさ〉さえ疑わしいものかもしれない、というより基本的な意味をもつのである。

公共的理解(public comprehension)と観察可能性(observability)というこうした要請を追及するにあたり、われわれは倫理学、政治哲学における客観性についてのロールズの説明から、とくに「思考の公共的枠組み」の要請にたいするロールズの注目から、少なからぬ教示を得ることができる。「われわれはわれわれの社会とそのなかでのわれわれの場所を客観的にみる。われわれは他人と共通の立場を共有し、個人的偏りから判断を下すことをしない[17]」。正義の判断はまったく——他人にはまったく理解できない——私的なことがらではあり得ない。したがって、ロールズによって喚起された「思考の公共的枠組み」は、本来「契約」を要請するものではなく、決定的に重要な手番なのである。

この手番は、倫理諸原理の客観性の実際的な基準は基本的に思考の公共的枠組み(さらなるテストは存在しない)の範囲内で擁護できるものと一致するとして、ロールズの主張によって、とくに『政治的リベラリズム』のなかでさらに強化されている。

政治的確信が客観的であると述べることは、道理をわきまえたすべてのひとにそれが理にかなっていることを確信させるのに十分な、(その本質部分を充たした) 理にかなっていて相互に承認し合える政治構想によって特定化された理由があると述べることである (PL, p. 119)。

この論点はトーマス・スキャンロンの議論[18]と密接に結びついている。スキャンロンによれば、「正しさと間違いについて考えることは、もっとも基礎的レベルにおいて、もし適切に動機づけられるとしたら、理性的には拒否できないであろうことを根拠に、他者に対して正当化され得ることについて考えることである」という (Scanlon, 1998, p. 5)。

求められる一致は、もちろん、全体的なものである必要はない[19]。合意は限定的に分節化された部分順序を超える必要はない。そうであってもそれはしっかりした実用的な言明をすることができる。到達する合意は、ある提案が唯一正当であることを要請する必要はなく、それが正当であると信じられ、少なくとも不正ではないと宣言することを要請するだけだろう。実際、理にかなった実践の要請はどのような方法であれ、かなりの非完備性ないし未解決な対立と共存し得るものである[20]。とくに、多少の非完備の認識はすべてが失われることを示すものではない[21]。「思考の公共的枠組み」から生ずる合意は相応して容認し得る種類のものであり得る。

しかしながら、国境や政体を超えてロールズの「思考の公共的枠組み」を拡大しようとするとき、別の問題に関連して、ある深刻な困難が生ずるおそれがある。理解と思考は地理的国境を越えることは可能であるか？　ある人はわれわれが所与のコミュニティー、特定の国民国家、(共同体主義的分離主義のある見解の人気によってとくにあおられた感情といえる) 特定の文化の境界をまたがって相互に追い求めることはできないという信念をもつ傾向があるが、相互に作用するコミュニケーションや公共的取り組みがこうした境界内（または「一つの人民」として見なされ得る人々の領域内）でのみ追求されると思い込む特別の理由はない。スミスは不偏的な観察者が近くにいる人々と同様遠くにいる人々の理解を喚起し得る可能性を思い描いていた。

このことは確かに啓蒙主義の著述家たちの知的関心の中で重要なテーマであった。正義に関するわれわれの感覚の範囲の拡大に際して、コミュニケーションを増やすことの重要性について、ヒュームは次のように述べている(22)。

……いくつかの様々な社会が相互の利便と利益のためにある種の対話を維持していること、人々の見方と人々の相互的結びつきの力の増大に比例して、正義の境界がいまなお大きくなりつつあることをもう一度考えよ（Hume, 1777=1996, p. 25)。

国境をまたがったコミュニケーションと認識の可能性はスミスが生きた一八世紀の世界における状況と同様今日でも信じられないはずがない。事実、まさしく今日、世界が地球規模でテロを受容できないこと――とテロの根源――についての討論と論争に注意をむけるとき、われわれがみずからの政体の境界をまたがって相互に理解することはできないとは考えられない(23)。むしろ、こうした境界を超えた相互理解こそスミスのいう不偏的な観察者が求める、そしてまた、今日繰り返し主張される必要性のある、確かに「開かれた」見方である。この開かれた見方が、われわれが生きている相互に結びついた世界において道徳哲学と政治哲学における不偏性の要請に関するわれわれの理解に影響をもたらし得るのである。

五 手続き的偏狭さ

ロールズの定義によれば、無知のヴェールは、ローカル集団の利害に迎合しないための防壁を提供する手続きではないことは容易にわかる。その詳細な含意はあとで（第七節で）論ずるつもりである。しかし、ここにはローカルな偏見に敏感であることに反対する偏狭な障壁がないので、不偏性の閉ざされた枠組みの限界はさらに大きくすすみ得る。ロールズの実践は「みずからの人生を過ごす社会に生まれ落とされた」人々の間での制度的推論を含んでいる（PL, p. 29）。ここでの関心事は、ローカルな価値（local values）には、焦点集団が共有する先入観、偏りに転化するおそれが潜んではいないかを精査する説得力のある手続き的主張が欠けているということである。

ここではとくに、これを「不偏的な観察者」をふくむスミスの手続きと対比することが重要である。スミスは「道徳的是認と否認の感情に対する慣習と流行の影響について」と名づけられた章において次のように述べている。「異なった時代、異なった国々の異なった状況はその中で暮らす人々のふつうであることにたいし異なった特徴をあたえ……がちである。また非難されるべきか称賛されるべきかといったことのそれぞれの性質の特定の程度に関する感情は彼ら自身の国々や時代でふつうであることの程度に応じて変化する」（TMS, V. 2. 7, p. 204）[24]。確かに、ある社会で完全に自然でふつうであるとして受け入れられることが広範な基礎をもち、より限定の少ない精査に耐えられないということはよくおこり得る。(25) スミスはローカルな社会慣習の保持によって強い影響をうけた偏狭な思考の事例をいろいろ提示している。

……新生児の殺害は、ほとんどすべてのギリシャ都市国家や教養ある文明のすすんだアテネ人の間でさえ、実際に許容されていた慣習であった。そして、親の事情で子供を育てることが厄介になった場合にはいつでも子供を遺棄し、飢えさせ、野獣に曝すことで減らそうとすることが非難や咎め立てすべきこととは見なされていなかった……。こうした慣習が引き続きとぎれなくこの時代まで十分権威をもって実行されてきたので、世間のいい加減な原理がこうした野蛮な特権に寛容であっただけでなく公正で厳格であるべき哲学者の学説さえもすでに確立された慣習の影響を被って、恐ろしい悪習を非難する代わりにむしろ多くの他の出来事と同じように、公共の利益というもってまわった考察によって支持させられた。アリストテレスはそのことに関して、多くの場合、為政者が奨励すべきこととして論じている。プラトンも同じ見解であって、彼の全著作を活き活きさせているように見える人間愛にもかかわらず、何処にもこの習俗を是認されるべきではないとして記録しているところはない（TMS, V. 2. 15, p. 210)。

とりわけ「われわれ自身からある程度の距離」をおいたところから自身の感情を見なければならないというスミスの主張は、したがって、既得利益の影響だけではなく堅固たる伝統、慣習の影響をも精査するという目的に動機づけられている。スミスの嬰児殺しの例は今日でさえ悲しくもいくつかの社会で起こっているが、彼の他の事例の多くも現代社会に直接関連している。このことは、たとえば、「ある処罰が衡平に思えるか」を理解するために、「人類の残りの目」に訴えなければならないとするスミスの主張にあてはまる。[26]「距離」をおいた精査は、タリバンのアフガニスタンで不義をはたらいた女性が石打ちにされる、中国、韓国、インドの一部で女性の胎児が選択的に中絶させられる、[27]アメリカで（恩赦の有無にかかわらず）極刑が科せられる、といった異なる慣習を考えるうえで有用であるかもしれない。不偏的な評価は個人的な既得利益の影響を排除するだけでなく、ローカルに分離された「原初状態」における思考や結果に影響を与える、偏狭な道徳的、社会的感情を厳密に精査することをも要請する。

「思考の公共的枠組み」の意義と「われわれの社会とそのなかでのわれわれの位置を客観的にみること」の必要性を指摘するロールズの重要な分析（TJ, pp. 516–517）には、実際、スミスの推論と共通する多くのものがある。それにもかかわらず、企図された隔離のもとで作用する分離された「原初状態」の手続きは、そこでどんなルールが選択されるかに影響を与える可能性のある社会的慣習と偏狭な感情に対する適切で客観的な精査を保証する助けにはならない。ロールズが「われわれの道徳原理と確信は、一定の一般的観点を仮定することで達成され検証されうる程度に客観的である」と述べるとき、ロールズは開かれた精査のためにドアのカギを開けようと試みていながら、同じ文章のあとのほうで、「原初状態の構想によって述べられた制約によって前述の議論を査定することによって」という手続き的要請を付加することによって、部分的にそのドアを締めてしまうのである（TJ, p.

517)。

ロールズは「原初状態」の閉鎖的な性質を次のように述べている。

……わたしは基礎構造が閉ざされた社会のそれであると仮定する。すなわち、われわれは閉ざされた社会が自己完結的で他の社会とはなんら関係をもたないと仮定する……。社会が閉ざされているということは、それにより細部に気をとられることなく主要な課題に集中できるときのみ正当化される著しい抽象概念である (PL, p. 12)。

ロールズは続けてこのアプローチの一つの限界に言及している。「ある点で正義の政治的構想は諸人民の間の正当な関係、あるいは、のちに述べるような、万民の法を扱わなければならない。」その論点はロールズのもう一つの著作、『万民の法』によって述べられており、本章でのちほど（第七節で）検証したい。しかし「諸人民の間の正当な関係」と、どんな所与の社会や政体の価値や慣習も偏狭ではない手続きによる開かれた精査にかける必要があることとは、まったく異なる論点である。ロールズの「原初状態」プログラムの閉ざされた定式化は、ローカルな価値が開かれた精査にかけられる手続き的保証も欠いている点で、ひどい犠牲をもたらすことになるが、この損失は「細部にとらわれる」ことの損失より大きい。

「原初状態」におけるロールズの「無知のヴェール」は、人々にみずからの個人的な既得利益と目的を超えて物事を認識させるうえで非常に有効な概念装置である。けれども、それはローカルで多分に偏狭な価値に対する開かれた精査を保証することにはほとんど役立ちそうにない。ローカルな想定を――あるいは暗黙の偏狭さえ――超える可能性については次のようなスミスの懐疑論から学ぶべきものがある。「もしわれわれがいわば自身の自然状態から自身を動かし自身からある距離をおいたものとしてそれらを見る努力をしなければ」ローカルな偏狭を免れ得ないだろう。このスミスの手続きは、結果として、不偏性の実践が（ローカルに閉鎖的であるよりむしろ）開放的であるべきであるという主張を含んでいる。すなわち、「われわれは他人の目でそれを見るあるいは他人がそれを見るのと同じように見るように努力すること以外に方法はない」（TMS, III. 1. 2, p. 110）からである。ロールズの「無知のヴェール」は、焦点集団内で、多様な個人の既得利益や個人的偏りの影響を有効に取り除く一方で、（スミスのいう）「人類の残りの目」による精査を差し控えてしまっている。ローカルな焦点集団という制約の〈なか〉で「アイデンティティの抹殺」（identity blackout）を行うだけでは、この問題を適切に扱うことができないだろう。（ロールズの全世界的な意図にもかかわらず）「公正としての正義」における閉ざされた不偏性の手続き的概念装置が偏狭と映るのは、この意味においてである。

六　包括的矛盾と焦点集団の可塑性

契約の実践においてメンバー以外の人が享受できない資格を焦点集団のメンバーがもっているという事実は、一つの社会――あるいは一つの「人民」――に関心を向ける場合にも問題をもたらす。人口の規模と構成は（これらが特定の目的の「人口政策」であるかどうかにかかわらず）公共政策によって変わることもあるし、社会の「基礎構造」によってさえ変わり得る。（「格差原理」といったルールをふくめ）「社会の基礎構造」のような経済的、政治的、社会的制度のどんな再取り決めも、結婚、生殖、同棲、その他の再生産パラメーターの変化によって生ずる集団の規模と構成に影響を及ぼすだろう。[28]「基礎構造」の選択にかかわるであろう焦点集団自体もその選択によって影響を被るだろう。このことが閉ざされた不偏性に向けて当該集団を「閉鎖的」にする実践を不可能にするのである。[29]

こうした集団の可塑性（group plasticity）の問題を例示するため、それぞれ五〇〇万と六〇〇万の人口をもたらすと思われる二つの政治制度（imstitutional structure）A、Bがあるとしよう。われわれが問わなければならないことは、AとBのいずれかを選択することにより、住民集団の規模と構成に影響を与える社会的決定の〈原初状態〉に、いったい誰が含まれるか、である。われわれが原初状態に含まれる焦点集団として六〇〇万という大きいほうの集団を選んだとしよう。またそこで選択された制度構造が五〇〇万人という人口を実際にもたらす政策Aであったと想定しよう。このとき、この焦点集団は間違って指定されたことになる（われわれはさらに質問するかもしれない。実在しない――まったくもって絶対に実在〈しない〉――残りの一〇〇万人はどのようにして原初状態に参加したのか？）。他方、もし焦点集団が五〇〇万という小さいほうの人口の集団であり、原初状態で選択された制度構造が六〇〇万という人口を実際にもたらす政策Bであるとしたらどうであろうか？ここでもふたたび焦点集団は間違って指定されたことになるだろう。もちろんそのとき、残りの一〇〇万人は（確かに自分たちが生まれることになっていた〈かどうか〉だけでなく、生活に関する〈他の〉特徴についても）自分たちの生活に大きな影響を及ぼす制度構造の決定に関わる原初状態に参加していなかったのである。もし原初状態でなされた決定がその人口の規模と構成に影響を与え、またもしその規模と構成が原初状態の性質に影響を与えるとしたら、原初状態と結びついた焦点集団が矛盾なく特性づけられることを保証する方法はない。

前述の困難は一つの巨大な契約の実践において世界のすべての人々を包含するといういわばロールズの「公正としての正義」の「コスモポリタン」版または「グローバル」版をわれわれが考えるときにさえあてはまる。人口の可塑性の問題は社会の特定化に無関係であり、またわれわれがたとえ多くの諸人民のなかの一つの「人民」を考えるか人民のすべてをいっしょにまとめて考えるかにかかわらず当てはまるだろう。

しかしながら、ロールズのシステムが比較的大きな世界のなかのある特定の「人民」に適用される場合にさらなる問題がある。事実、誕生と死という基礎的社会構造への影響は、ある国から別の国へという人々の移動への基礎的社会構造への影響ともある種の平行関係がある。この一般的関心は、「原初契約」の歴史的影響力並びに概念上の重要性に懐疑をもつヒュームの根拠の一つ[30]と類似している。

地球の顔は、小さな王国が大きな帝国に拡大することで、大きな帝国が小さな王国に分解することで、移民が入植することで、部族が移動することで、……絶えず変化している。どこで相互の合意や自由意志の結合がそんなに多く語られているのか？（Hume, 1777=1996, p. 279）。

しかし今の文脈で、問題の論点は――主要ではないが――人口の規模と構成が連続的に変化しているというだけでなくこうした変化が契約論的推論（contractual reasoning）、正確にいえば原初状態自体において達成されるはずの基礎的社会構造と無関係ではないということである。

しかしながら、われわれは焦点集団が基礎的社会構造に依存することがほんとうにロールズのいう公正としての正義にとって問題かどうかをさらに検証しなければならない。焦点集団はほんとうに対応する原初状態を通じて基礎的社会構造を決定しなければならないのか？　もし原初状態の当事者が正確に焦点集団（すなわち、その政体または社会のメンバーのすべて――そしてメンバーだけ――）でなければならないとすると、その回答は、もちろん率直にいって、「その通り」である。しかし、ときどきロールズは「原初状態」を「単なる代表のための概念装置」として述べている(31)。したがって、われわれは社会または政体にいるすべての人が――多くもなく少なくもなく――原初契約の当事者であると仮定されるわけではないと論じたくなるかもしれない。その場合には、原初状態でなされた決定に対する焦点集団の影響を問題にする必要はないことになる。

わたしは次の二つの明瞭な根拠から、これが包摂的矛盾の問題に対する適切な反論になるとは思っていない。第一に、ロールズの「代表」という言葉は、政体に実際にいる人々と異なるまったく新しい人民の集まり（または実体のないもの）を、原初状態の当事者として想定するものではない。むしろそれは（「ヴェール」のうしろからだけ）自分自身を「代表している」と見なされる、「無知のヴェール」のもとにある人々と〈同じ〉である。このことをロールズは次のように説明している。

このことは当事者が無知のヴェールのうしろにいるということによって模式図的にあつかわれている。結局、原初状態とは単なる代表の概念装置である（Rawls, *Collected Paper*, 1999, p. 401）[32]。

実際（すでに述べたことであるが）、「人々が取り組む共同事業[33]」である契約がなぜ必要であるか、を正当化する際に、ロールズは（「無知のヴェール」のもとにあるにもかかわらず）原初契約に関係している人々の具体的な参加を示唆している。

第二に、たとえ代表者が別の人々（または仮想された実体のないもの）であったとしても彼らは（たとえば、焦点集団のどんなメンバーであったとしても無知のヴェールを通して）人民の焦点集団を代表しなければならないだろう。それゆえ、焦点集団の変動性は代表者が原初状態で代表する人民の変動性に反映されることになる[34]。

(1)〈もし〉人口の規模が社会の基礎構造の編成方法となんら異なっていなければ（完全な規模の不変性）、また(2)〈もし〉諸個人のそれぞれの集団がみずからの優先性と価値に関して他のそれぞれの集団に正確に類似していれば（完全な価値の不変性）、このことはたいした問題ではないだろう。だが、正義のどんな実質的理論の構造においても、さらなる制約なくしては、いずれを仮定することも容易ではない[35]。そして、集団が可塑性をもつ限り、諸個人の〈所与の〉焦点集団において閉ざされた不偏性は問題をひきおこすだろう。

それでは、不偏的な観察者というスミスのアプローチは、集団の可塑性から生ずる不適合によって同様の問題に直面しないのだろうか、しないとしたらなぜだろうか。スミスのアプローチは、同様の問題をおこすことはない。ただし、その理由は不偏的な観察者がある所与の焦点集団の出身ではないからでは決してない。スミスのいう「抽象的で理想的な観察者」は一人の「観察者」であって、集団ベースの契約の実践に対する「参加者」ではないのだ。契約する集団は存在しないし、評価者（または裁定者）が影響を被る集団と一致しなければならないという主張さえ存在しない。はたして、不偏的な観察者は、変動しやすい人口の規模といった問題（非常に複雑な倫理問題）にいかに対処するのかという非常に困難な問題は残っているもの[36]の、契約の実践に伴う「包摂的な閉鎖（inclusionary closure）」がもたらす矛盾と不一致の問題が、不偏的な観察者のケースでただちに発生するわけではない。

七　排他的無視と全地球的な正義

さて次にわたしは排他的無視の問題を考えることにする。ある社会Sの基礎構造（とそれから結果として生ずること）についてなされる決定は他の社会、たとえばTの人々の生活に影響を及ぼし得るので、Tにいる人々に何の役割も与えられなければ、Sの住民だけがかかわる閉ざされた不偏性の実践には明らかな非対称があることになる。ここに存する欠陥を調べることは困難ではない。実際、こうした正義の非対称な定式化によってつくりだされる問題は正しく理にかなった配慮を受けてきた[37]。

ロールズ自身は、いろいろな「人民」の代表を関係させる別の「原初状態」に求めることでこうした非対称の問題を扱っていた。[38] 多少単純化しすぎる――ここでの文脈では中心的ではないのだが――が、二つの「原初状態」はそれぞれ〈国内〉(一つの国民国家のなかでの個人間)の原初状態と〈国家間〉(異なった国民国家の代表者間)の原初状態であると見なすことができる。それぞれの実践は閉ざされた不偏性の実践であるが、二つの原初状態は一緒になって全世界の住民を包摂している。[39]

すべての人を対称的に扱う開かれた不偏性をグローバルに実践するという考えは、今日世界が組織化されているやり方に照らして、「非現実的」のように見えるかもしれない。確かにここには制度上の問題がある。それにもかかわらずわれわれは(なかでも)スミスがしてきたように、国境をまたがった「思考の公共的枠組み」によってつくりだされる洞察と教訓を求めることができる。この問題に関して、ここでは、地球規模の討論がもつ倫理的な妥当性と実践的な重要性は、巨大な制度的合意のために組織化された惑星のような形式に、条件づけられるわけではないと主張するにとどめよう。[40]

そもそも、政治的に分割された現存する世界でさえ、国境をまたがって存するいろいろな人々が国家間(または「諸人民間の」)関係を通じて行動することのみに限定される必要はない。世界は確かに区分されている。だが、それは様々に区分されているのであり、地球上の全住民をべつべつの「国家」や「人民」に分割することが区分の唯一のやり方ではない。[41](「万民の法」で暗黙に想定されたように)その国家分割法が別の分類のやり方にまさるどんなすぐれた優先権をもつことはない。[42]

国家を超えた個人間の関係は多くの異なったやり方で国家間の相互作用を超えてすすむ。「諸国家」や「諸人民」の「原初状態」は、人間の行為の国境をまたがった効果を取り扱うにはとくに制約的だろう。もし超国家企業の活動の効果が評価され精査されることがあれば、それらの企業はあるがままに、つまり、居住地登録、課税地などの類の事柄について、ビジネス上の都合からビジネス上の決定をするような、国境なしで活動する企業として理解される必要がある。このモデルは他の「人民」にインパクトを与える「人民」というモデルにあてはめることはほとんどできない。

同様に、国境をまたがった義務と関心事に関連して人間を結びつけているきずなは、必ずしもそれぞれの国民国家集合体を〈通じて〉作用する必要はない。例示すると、たとえばスーダンにおける女性の不利な立場の特定な状況を改めさせるために、何らかの活動をしたいと願うアメリカのあるフェミニスト活動家は、ある種の親しみを抱いているのかもしれないが、それは必ずしもスーダン国家の苦境に対するアメリカ合衆国国家の同情によって喚起される必要のないものである。同僚の女性ないしフェミニズムへの関心に突き動かされる（女性または男性の）個人としてのそのひとのアイデンティティは、そのひとの市民性より重要である場合もあって、フェミニストとしての見方は人民としてのアイデンティティに「後続する」ことなく「開かれた不偏性」の実践にうまく導入されることもある。「開かれた不偏性」はまた、階層、言語、識字、職業などのアイデンティティに依拠するかもしれない。それは、国民国家ベースの政治を優先する見方ではない、それとは競合する見方をも提供し得るのである。

たぶん、われわれのもっとも基礎的な、人間であるというアイデンティティもまた、十分に捕捉できるとしたら、それに応じてわれわれの視点を拡大する効果をもつだろう。われわれがみずからの人間性と結びつけ得る規範は、特定の「人民」や「国民国家」といった比較的小さい集団のメンバー資格とは折り合いをつけられないかもしれない。実際、「人間性」または「人道主義」によって導かれる規範的要請は――われわれの特定の国民性、セクト主義、（伝統的または近代的）民族関係にかかわらず――人間であるという広いカテゴリーのメンバー資格に依拠している[43]。

グローバルな通商、文化、政治、慈善、（近年、シアトル、ワシントン、メルボルン、プラハ、ケベック、ジュネーブといった町の通りに見られたような）さらには、グローバルな抵抗運動でさえ、その行動は相関性をもち――彼ら固有の基準と多様な類別化をもとに、独自の包括と優先性の視点をもって――人間どうしの直接の関係を導き出している。これらの倫理は、もちろん、いろいろな方法で、ときには他の集団との関係性に訴えながら、支持され、精査され、批判され得るが、集団間の関係は国家間の関係に（または「万民の法」によって）制約される――あるいは導かれる――必要はない。これらの集団は、ビジネスマンか労働者か、女性か男性か、自由主義者か保守主義者か社会主義者か、貧乏人か金持ちか、あるいはまた別の商業集団（たとえば医者とか弁護士とか）のメンバーか、という特定化の仕方とは異なったアイデンティティをもつ多くの多様な集団をふくむこともある[44]。多くのいろいろなタイプの集団が求められるかもしれない。国家間の正義は――「万民の法」という見事に調和した形においてさえ――グローバルな正義に適したものとはいえない。

この論点は人権についての現代の議論にも関係する。人権の概念はわれわれが共有する人間性のうえに構築するものである。こうした人権はある国の市民権から、あるいは、ある国民国家のメンバーであることから導きだされるものではなく、それぞれが人間であるという主張ないし資格であることを前提としている。したがって、人権は（アメリカやフランスの市民といった）特定の人民に保証された憲法上の権利とはまったく異なる。たとえば、拷問されない、テロの攻撃に曝されないという個人の人権は、そのひとが市民権をもつ（特定の）国とは無関係に、またその国――または任意の他の国――の政府が提供し、支援したいことにかかわらず、主張され得るものである。

「排他的無視」の制約を克服するには、――スミスの不偏的な観察者の概念と密接に関連する類の――普遍主義的なアプローチのなかに埋めこまれている開かれた不偏性の考え方を使うとよい。こうした不偏性の広範な枠組みこそが、基本的な市民的自由及び政治的自由の安全保障の重要性などに関する基本的人権の考察は、なぜ市民権や国籍を条件とする必要がないのか、なぜ国家的に導出された社会契約から制度的に無関係であり得るのかを明確にするのである。基本的人権の考察は、世界政府を仮定する必要もないし、仮説的な地球規模の社会契約に訴える必要もない。こうした人権の承認と結びついた「不完全義務」は助ける立場にあるひとなら誰にでもかかってくるものと見なされる。[45]

開かれた不偏性の開放的な機能は、いろいろなタイプの偏見や先入観のない見方を容認し、異なる立場にある不偏的な観察者たちの洞察からわれわれが利益を得ることを助長する。こうした洞察を精査するならば、そこに何らかの説得力ある共通の解釈が見出されるだろう。ただし、特定の立場に派生する差異のすべてが、類似的に処理されることを仮定する必要はない。前に（第四節で）論じたように、未解決の対立を反映する非完備な順序のもとでも、理性的・整合的な決定は可能だからである。実際、（社会的部分順序といった）ゆるやかな形式の結果を容認する「社会的選択理論」の最近の文献が明らかにしているように、[46]評価のプロセスに順序づけされない多くの対立や処理されない多くの対立が残されているとしても、社会的判断が役立たない、あるいはひどく問題があるということにはならない。

権利と義務（そして正しいことと不正なこと）に関する主要な論点を共有し、有用な理解を得るうえでは、完備的な順序に対する合意を得ること、あるいは、正義と不正義との完全な切り分けが普遍的に受容されることにこだわる必要はない。たとえば、飢饉、大量殺戮、テロ、奴隷、不可触性、無学、風土病などの撲滅のために闘う一般的方法は、相続権、所得税計画、最低賃金率、任期制限、著作権法などの適切な定式化に関する合意と同様である必要はない。（多様な多様性をもった）世界の人々の――すこしは一致し、すこしは異なる――別個な見方という基本的関係性こそが、開かれた不偏性がもたらす理解である。このような認識にはとくに敗北主義的なものは何もない。

八　結語に代えて

この章の関心は道徳哲学、政治哲学において不偏性の要請に接近する二つのやり方を対照させることにあった。とくに、閉鎖集団に適用される契約という概念装置に代表される閉ざされた不偏性の手続きは、不偏性にまったく不公平なアプローチである。それは、結果として、多くの異なる問題を抱えることになる。「排他的無視」はその一つである。この欠点に関してはすでに多少注目されているが、ここではそれを、（たとえば、国内及び国家間の）「万民の法」における二段階契約論の手続き、あるいはまた、一つの巨大な地球規模の契約という大きな提案とも根本的に異なる、「不偏的な観察者」というスミスの概念装置を通じて検討した。

契約論アプローチに隠されている閉ざされた不偏性は、それ以外にも「手続き的偏狭」と「包括的矛盾」などの深刻な問題を抱える。こうした問題は、これまであまり検討されてこなかったが、より大きな——そしてより明確な——認識を要する問題である。本章は主要にこれらの問題、とりわけ手続き的偏狭の検討にむけられた。これらと取り組むうえで、開かれた不偏性という方法は、偏狭な定式をもつ閉ざされた不偏性には共有されていない、いくつかのメリットをもつ。不偏的な観察者は——スミスが知っている世界以上に、今日、より声を大にして——語る何かをもっている。

＊　この論文は二〇〇一年一月一五—一六日に催されたStanford University, Ethics Programで発表されたわたしのWessons Lectures（“Democracy and Social Justice”）に依っている。わたしはAkeel BilgramiとThomas Scanlonとの討論、そしてまたKenneth Arrow, G. A. Cohen, John Deigh, Nick Denyer, Barbara Fried, Isaac Levi, Mozaffar Qizilbash, Emma Rothschild, Debra Satz, Patrick Suppes, Kotaro Suzumura, Bernard Williamsのコメントからおおいに恩恵を得た。

（1）　John Rawls,『正義論』（*A Theory of Justice*, Cambridge: Harvard, 1971——以後、TJと略記する）;『政治的リベラリズム』（*Political Liberalism*, New York: Columbia, 1993——以後、PLと略記する）を見よ。

（2）　Adam Smith,『道徳感情論』（*The Theory of Moral Sentiments*, 1759; revised edition, 1790; republished, New York: Oxford, 1976——以降、TMSと略記する）を見よ。

（3）　TMS、第三巻を見よ。のちに論じられるように、スミスの手続きは、ときには公正としての正義の「コスモポリタン」版または「グローバル」版と呼ばれる、世界の人々すべてを包含した一つの巨大な契約主義的実践を求める（ロールズの計画を「矯正するもの」としてしばしば示唆された）手続きとも、実質的に異なる。ロールズの計画については、Thomas W. Pogge, *Realizing Rawls*（Ithaca: Cornell, 1989）を見よ。

（4）ここでの参照はタリバン支配者が——彼らの実践に対してではなく——神聖なものとして訴えている正義の原理に対してのみである。

（5）たとえば、次の文献を見よ：Charles R. Beitz,『国際秩序と正義』（*Political Theory and International Relations*, Princeton: University Press, 1979）; Thomas Pogge 注（3）参照；Brain Barry, *Theories of Justice, Volume I*（Berkeley: California University Press, 1989）.

（6）Rawls,『万民の法』（*The Law of Peoples*, Cambridge: Harvard, 1999）を見よ。

（7）わたしは Inga Kaul, Isabelle Grunberg and Mark. A. Stern 編集、『地球公共財：グローバル時代の新しい課題』（*Global Public Goods: International Cooperation in the 21st Century*, New York: Oxford, 1999）, pp. 116–125 に所収の「グローバルな正義：国際的な公正を超えて」（"Global Justice: Beyond International Equity"）、および Pablo De Greiff and Ciaran Cronin, eds. *Global Justice and Transnational Politics*, pp. 37–51 に所収の "Justice across Borders" においてこの問題を明らかにすることを試みた。これはもともと一九九八年九月にシカゴの De Paul University 一〇〇年祭の講演会で発表されたものである。

（8）TMS, III. 1. 2 を見よ。拡大版はその第六版に見られる。強調点の核心については、Andrew S. Skinner and Thomas Wilson, eds., *Essays on Adam Smith*（New York: Oxford, 1975）, pp. 88–90 に所収の D. D. Raphael, "The Impartial Spectator" の討議を見よ。啓蒙主義的な見方、とくに、スミスとコンドルセの研究におけるこの問題の核心については、Emma Rothschild, *Economics Sentiments: Smith, Condorcet and the Enlightenment*（Cambridge: Harvard, 2001）を見よ。

（9）社会的選択理論におけるコンドルセの役割の重要性については、Kenneth Arrow, *Individual Values and Social Choice*（New York: Wiley, 1951; extended edition, 1963）を見よ。わたしは、*American Economic Review*, 89（June 1999）, pp. 349–378 に所収のわたしのノーベル賞受賞講演、"The Possibility of Social Choice" において、（Arrow によって始められた）現代の社会的選択理論に関するコンドルセの貢献と彼の影響を論じている。

(10)　Adam Smith, TMS (republished edition, 1976), p. 31 に所載の Raphael and Macfie, "Introduction" を見よ。カントが誇り高いスコットランド人を「イングランド人スミス」と呼ぶことを選択したことはたいしたことではないと思う。

(11)　観念の歴史全般にわたるロールズの支配力および他人の見方を提示する際の彼の奇妙な寛容さを所与とすると、彼がスミスの著述、とくに TMS に注意をほとんど払っていないということは特別のことではない。ロールズの広大な著述、『道徳哲学史』(*Lectures on the History of Moral Philosophy*, Barnars Herman, ed., Cambridge: Harvard, 2000)、では、スミスについて五つの事項が言及されているが、これらはたまたま、(1)スミスがプロテスタントであること、(2)ヒュームの友人であること、(3)ことばの面白い使い手であること、(4)成功した経済学者であること、(5)ヒュームが死んだ同じ年(一七七六年)に出版された『諸国民の富』(*Wealth of Nations*)の著者であること、といったことに限定されている。一般的にいって、(カントの時代もふくめて)スミスの時代の経済学と哲学思想に非常に影響力のあるグラスゴー大学の道徳哲学の教授(アダム・スミス)が同時代の道徳哲学者からいかにほとんど注目されていなかったかをみることは興味深い。

(12)　わたしはよそ――*Journal of Philosophy*, 97 (9) (September 2000), pp. 477–502 に所載された "Consequential Evaluation and Practical Reason"(本書第三章)――で、主として「完全義務」の枠組みまたは契約論的構成に限定されたものとしてのカント的見方をする代わりに、スミスの不偏的な観察者とある程度の類似性をもつより広範な推論をふくむ「不完全義務」というカントの考え方(現代の道徳哲学、政治哲学において比較的無視されている)により多くの注意を払うケースがあるということを論じておいた。

(13)　道徳哲学、政治哲学(と厚生経済学も)のわたし自身の理解はロールズから学んだものによって強く影響されてきたから、わたしはロールズとの深遠な個人的討論を記録するこうした機会もぜひもたなければならない。そのことについては、わたしの著書、『集合的選択と社会的厚生』(*Collective Choice and Social Welfare*, San Francisco: Holden-Day, 1970; republished, Amsterdam: North-Holland,

1979)；『不平等の経済学』(*On Economic Inequality*, New York: Oxford, 1973; expanded edition, 1997)；『経済学の再生』(*On Ethics and Economics*, New York: Blackwell, 1987)；『不平等の再検討』(*Inequality Re-examined*, Cambridge: Harvard, 1992) において，謝意を述べている。

(14) 事実これはロールズの推論活動のすばらしい広がりを再検討するとくによい機会である。というのは，幸運にも，この三年間の間に，彼の早期の著作が集成され拡大されたために，ロールズの貢献を存分に享受する機会をもつことができたからである。ロールズの著作を見よ：*Collected Papers*, Samuel Freeman, ed. (Cambridge: Harvard, 1999)；*The Law of Peoples* (1999)；*Lectures on the History of World Philosophy* (2000)；*A Theory of Justice* (Cambridge: Harvard, revised edition, 2000)；*Justice as Fairness: A Restatement*, Erin Kelly, ed. (Cambridge: Harvard, 2001)。

(15) これは Rawls, *Collected Papers*, pp. 232–253 の p. 249 に所収の "Reply to Alexander and Musgrave" にある。また，*Philosophy and Public Affairs*, 20 (1991), pp. 189–222 に所載の Tony Laden, "Games, Fairness and Rawls's *A Theory of Justice*" も見よ。

(16) これは，Stanford University, Wessons Lectures (January 2001) において，わたしが探求した "Democracy and Social Justice" の主要テーマの1つである。

(17) TJ, pp. 516–517 を見よ。より詳しくは TJ, pp. 513–520 と PL, pp. 110–116 を見よ。

(18) Scanlon, *What We Owe to Each Other* (Cambridge: Harvard, 1998) を見よ。また Amartya Sen and Bernard Williams eds., *Utilitarianism and Beyond* (New York: Cambridge, 1982), pp. 103–128 に所収の Scanlon, "Contractualism and Utilitarianism" も見よ。

(19) ロールズが述べているように，「道理をわきまえた人々の間でさえ政治的判断の合意に関して多くの障害がある点を考慮するなら，われわれはいつでも，あるいはしばしば，合意に達すると期待することはできないだろう」(PL, p. 118)。

(20) わたしは *Collective Choice and Social Welfare; On Economic Inequality; Econometrica*, 61 (1993), pp. 495–521 に所載の "Internal Consistency of Choice"; *Econometrica*, 65 (1997), pp. 745–775 に所

載の "Maximization and the Act of Choice"; *Journal of Philosophy*, 97（2000）, pp. 477–502 に所載の "Consequential Evaluation and Practical Reason"（本書第三章）において非完備性と部分順序の重要性について論じた。非完備性への別の重要なアプローチについては、Isaac Levi, *Hard Choice*（New York: Cambridge, 1986）および *The Covenant of Reason: Rationality and the Commitment of Thought*（New York: Cambridge, 1997）を見よ。

（21）事実、非完備性がまさしく仮定ではなく（したがって、さらなる議論と精査にもとづいて解決し得る）、（拒否できない原理との一致に基づいては選択肢が順序づけまたは類別できないという見方を述べることで）「断定的」であると主張される場合でさえ、この認識もまた確かな主張であり得る（し、議論を覆す表現ではない）。これらの問題はさらに、わたしの著作、Northwestern University Law School で催された The Second Rosenthal Lecture（1998）で発表した "Justice and Assertive Incompleteness" および Isaac Levi 記念論文集（2002）のための草稿 "Incompleteness and Reasoned Choice" で検討されている。

（22）Hume, *An Enquiry Concerning the Principle of Morals*（1777, republished, La Salle, IL: Open Court, 1996）［を見よ］。

（23）別のところ —— *The New Public*（June 10, 2002）, pp. 28–33 に所載された "Civilized Imprisonment" —— で、わたしは（「西欧の文明」と「西欧の科学」の出現をふくむ）文明の歴史における異文化間の相互作用の役割を論じることを試みた。

（24）スミスは次のように述べている。「人類の道徳感情に及ぼす……慣習と流行の効果」はしばしば異なった優先性を要請する環境の変動しやすさを反映しているので、われわれは一般に「人の道徳感情が非常に全体としてゆがんでいると苦情をいう」ことはできない（TMS, p. 209）。しかしスミスはまたときにはローカルな価値がより開かれた精査をおおいに必要とするとも指摘していた。

（25）相対的な照合や精査の決定的な役割は偏狭でないアプローチの倫理的な包括を補う。これについては、Martha Nussbaum with Respondents, *For Love of Country*（Boston: Beacon, 1996）を見よ。

(26) R. L. Meek, D. D. Raphael and P. G. Stein, eds. (New York: Oxford, 1978; reprinted Indianapolis: Liberty, 1982), p. 104に所載のSmith, *Lectures on Jurisprudence*を見よ。

(27) *The New Republic* (September 17, 2001), pp. 35–40; longer version, *Frontline* (November 2001), pp. 4–14に所載のわたしの著作"The Many Faces of Gender Inequality"を見よ。

(28) これについては、Derek Parfit, *Reason and Persons* (New York: Oxford, 1984) を見よ。

(29) この問題は、St. Louis の School of Law of Washington University における、"Norms and the Law"に関する会合 (March 2001) で発表されたわたしの著述"Normative Evaluation and Legal Analogues"で論じておいた。

(30) Hume, *Selected Essays*, Stephen Copley and Andrew Edger, eds., New York: Oxford, 1996, pp. 274–291に所収の"On the Original Contract"を見よ。

(31) Rawls, *Collected Papers*, p. 401に所収の"Justice as Fairness: Political Not Metaphysical"［を見よ］。

(32) たとえば、ロールズは他でも (PL, p. 23) 次のように述べている。「公正としての正義は社会契約の原則を書き換えたものである。……社会的協同の用語は、そこにかかわっている人々、すなわち、みずからが生活している社会の中に生まれた自由で平等な市民によって合意されたものと見做されるべきものである」。

(33) Rawls, *Collected Papers*, p. 249に所収の"Reply to Alexander and Musgrave"を見よ。

(34) 応答可能な方向を先取りすると、わたしはこのことが〈固定集団〉と見なされる）将来世代のメンバーを代表することの困難さと似た問題ではまったくないことを強調したい。なるほどそこにも確かに（たとえば、将来世代はまだここにいないのだから将来世代の推論についてどれだけのことが仮定され得るか、といった）問題はあるが、それでもそれは別の問題である。(i)代表されるべき（固定集団として見なされる）将来世代の合意について仮定され得る問題と、(ii)実在する人々の集団が社会の基礎構造の選択に応じて変化せざるを得ない場合に、その選択に際して代表される固定集団をもつことの不可能性、との間には区別がある。

(35)　この問題を提示しようとした際に受けた次のような誤解をここで避けておきたい。それは、まず、「無知のヴェール」のもとでは、あらゆる個人は厳密に他のどのひととも同じであるから、住民構成の変化はロールズの原初状態に何の影響も与えないと論ずる。留意すべき論点は、たとえ「無知のヴェール」によって（あたかも所与の集団で熟慮した実践において各人を同じにするように）〈所与の集団の内部で異なる個人〉が互いの利害と価値を知らなくなるとしても、〈個人のいろいろな集団〉が正確に同じ形の利害関係、同じ種類の価値をもつようになるとは類似的にいえないのである。さらに一般的にいって、閉ざされた不偏性の実践を焦点集団の規模と構成から完全に独立にすることで、こうした実践の実質の範囲をきわめて貧しいものにするということである。

(36)　もしこうした判断が〈完備〉順序の形をとらなければならないということが必要であったとすると、こうした複雑さはもっと大きくなっていただろう。しかしすでに論じたように、こうしたことは有用な思考の公共的枠組みにとっても「最大」に基礎をおく公共選択をすることにとっても必要がないのである（これについては、*Econometrica*, 65, 1997, pp. 745–775 に所載の、わたしの著作 "Maximization and the Act of Choice" を見よ）。

(37)　たとえば、Beitz; Pogge; Pogge, ed., *Global Justice* (Malden, MA: Blackwell, 2001) を見よ。

(38)　Stephen Shute and Susan Hurley, eds., *On Human Rights* (New York: Basic, 1993), pp. 41–82 に所収の Rawls, "The Law of Peoples" および Rawls, *The Law of Peoples* ［を見よ］。

(39)　このことはもちろん、いろいろな政治組織体は資産と機会がいろいろに賦与されているから、影響をうけた人々のいろいろな集団の間の非対称性を除去するものではない。（ロールズのいう原初状態のコスモポリタン版におけるような）不偏性のある統合的実践によって、それを覆い隠すことに対抗するのと同じように、優先順位づけされた一連の不偏性によって世界の住民を包含することの間には明瞭な対照がある、ということになる。

(40)　これについては、わたしの著述 "Consequential Reasoning and Practical Reason"（本書第三章）

を見よ。

（41）地球住民をある特定の分割をすることとの優先性が、それぞれいろいろに〈異なる〉独特の分類に対し最高位を与えて、まったく共通点のない政治的議論において提案された、ということは興味深い。いわゆる「文明の衝突」のもとをなす分類は、競合する分割法の一例である（これについては Samuel P. Huntington, *The Crash of Civilization and Remaking of the World Order* (New York: Simon and Schuster, 1996) を見よ）。それは、国民国家ないし政治ベースのカテゴリーが文化ないし文明のカテゴリーと一致しないからである。こうした競合する主張の共存はそれ自体、こうした推定上基本的などんな分割法も、他者と競合する関係を容易にまぎらし得るものがないのはなぜか、を示している。

（42）別のアイデンティティやアイデンティティを基底としない関心事を超えて、いわゆる「文化的」ないし「人種的」アイデンティティに特権を与えることによって押しつけられる専制と関連する問題がある。これについては、K. Anthony Appiah and Amy Gutman, *Color Consciousness: The Political Morality of Race* (Princeton: University Press, 1996); Susan Moller Okin, with Respondents, *Is Multiculturalism Bad for Women?* (Princeton: University Press, 1999) を見よ。わたしもこの問題を、自身の著作 *Reason before Identity* (New York: Oxford, 1998) および Annual British Academy Lecture 2000 で発表し、*The New Republic* (December 18, 2000), pp. 23–30 でその短縮版を出版した "Other People" で論じている。

（43）ここでの議論に中心的ではないが、アイデンティティを基礎とする規範的議論の形と範囲を調べる際に重要となってくる問題がある。相互依存性ないし相互関係に頼るアイデンティティを基礎とする場合には、彼らが——広くも狭くも——ある直接関連する分類の「仲間のメンバー」であることに基づいて厳密に、他人に対して負っていることが重要になってくる。この方向での推論は、主体にも客体にも「共有するメンバー資格」をまったく利用しない議論とは区別されるものの、どんな人間の行動をも導くことが期待され得る（たとえば人間性といった）倫理規範を喚起する。主唱者のアイデンティティは、他人によるそのアイデンティティを共有することに特別の重要性が付与されない場合でさえ、重要であり得る。わたしは“Other People”（注42参照）においてこの区別を検討してきたし、Boston University の Pardee Center における“The Future of Identity”に関するわたしの講演（2001–2002）において、さらに論じておいた。

（44）　同様に、（OXFAM, Amnesty International, Médecins sans Frontières, Human Rights Watch, など、といった）地球規模の非政府組織のための献身的な活動は、明らかに、国境をまたがった提携に焦点をあてている。

（45）　こうした見方を擁護する主張は、わたしの著述“Consequential Reasoning and Practical Reason”（本書第三章）に示されている。

（46）　Kenneth Arrow, Amartya Sen and Kotaro Suzumura, eds., *Social Choice Re-examined*（Amsterdam: Elsevier, 1997）を見よ。

第六章　ローカル正義・グローバル正義・世代間正義

一　はじめに

無条件の歓待は、正義そのものの思想と分離することができないものなのですが、こうした無条件の歓待を実行することはじつは不可能です。規則や規制のうちに、このことを定めておくこともできません。この歓待を直接的に政策として表現しようとすると、逆効果が生じかねないのです。それでもこうしたリスクを十分に警戒しながら、留保なき歓待の概念に準拠することはできますし、準拠することを放棄してはならないのです……与えられた状況のもとで、歓待の倫理がその原理においで踏みにじられず、できるだけ尊重されるように「法制的に」最善の処理をみつけること、「司法的に」最善の条件をみつけることが政治の課題なのです。そのためには、法律、習慣、幻想など、すべての「文化」を変える必要があります（Derrida, 2001, pp. 316–317, 引用ページは日本語訳から）。

いかなる経緯のもとであろうと、いま、ここに来訪する個人を歓待する。新しく生まれてくる子どもたち――障害をもとうと、特定の疾患をもとうと、祝福されない誕生であろうと――を、また、新しく国境を越えてくる人びと――一時的であれ、定住であれ――を、無条件に歓待する。ジャック・デリダが静かに、けれども熱く希求する、このきわめてシンプルな理想を実現するためにはどうしたらいいのだろうか。

本章の前半の目的は、ロールズ正義論の再読――とりわけ、諸社会に適用される人民の法、ある社会に適用される正義原理、ある集合体に適用される内的規準の関係――を通じて、ローカル正義とグローバル正義に関するロールズの構想を抽出し、それをセンの批判的論考とつきあわせることによって、グローバル正義に関する新たな構想を得ることにある。

本章の後半の目的は、ここで得られた視点を世代間正義の問題に応用することにある。「貯蓄原理」と呼ばれているロールズの議論は、資源の世代間分配を論ずる新古典派経済学者たちの関心を惹いた。彼らは、経済成長を前提としたとき、現在世代こそが「最も不遇な世代」であるはずなのに、なぜ現在世代は貯蓄をすべきだといえるのか、という問いを立てた。その問いは、現在世代の生産した資源をどのくらい将来世代の生産あるいは消費に回すことが正義に適っているかというより一般的な問いへと発展した。本章の関心は、新古典派経済学によるロールズ「貯蓄原理」の定式化、そこで前提とされている世代間正義の解釈が、ロールズ自身の規範的な企図を歪めるおそれのある点に注目し、ロールズの世代間正義の構想を彼の正義論のより全体的な枠組に立ち返って再考することにある。

二　基本的視座——ロールズ対セン——

はじめに次の点を確認したい。ロールズのいう「社会」は、その概念的意味においても、実体的意味においても、「国家（state）」とは一致しない。それは、公共的ルールに対する合意及び責任の基盤を提供する概念として、ロールズ正義論においては重要な位置を占めている(1)。その基本的特徴は次の三点にある。

(1)　非自発性と多様性を特徴とする公正な協同システム

ロールズは、「組織（association）」あるいは「共同体（community）」とは明確に異なる概念として「社会」を定義した。「社会」は、自発的な参入・退出を特徴とする「組織」とは異なり、「生れ落とされる（born into）」ことにより参入し、「死」をもって退出する非自発性（偶然性）を特徴とする。また、共有された自我の想定が可能であるような共同体とは異なり、人々の選好・価値・資質における多様性（異質性）を特徴とする。人為的なルールを拠り所とする、「公正な協同システムとしての社会の観念（the idea of society as a fair system of cooperation）」が要請される第一の理由は、この非自発性（偶然性）と多様性（異質性）にある。少なくとも理論的には、どの組織・共同体にも属さない（せない）個人をも包含するのが「社会」である。

(2)　政治的観念の共有

「社会」はまた、一定の政治的諸観念（たとえば「自由と権利」あるいは「穏当な階層性」など）

の共有を特徴とする。ロールズによれば、「民主的社会内でカント理論を正当化することは、常識の中に埋め込まれているより深い合意の基盤を発見し、定式化することである。すなわち、歴史的伝統のうちに発見される諸信念を新しい形で表現すること、それらをある広い範囲の人々の熟考された諸信念と結合させることにより、共有された理解のための開始地点を創造し形作ることである」[2]。ここでいうカント理論とは、公共的ルールの性質とそれらを合意形成する人々の認識的条件とを結びつける政治的構成主義をさす[3]。端的にいえば、一定の性質をもつ公共的ルールに対する合意の基礎は、人々の認識を規定する政治的諸観念の共有に求められる。それは、歴史的伝統のうちに探られるとしても、その事実的な共有までを要件とするものではない。信念や思考様式などにおいて共有可能であることが期待されればよい。

(3)　正義に適った制度の継承性

「社会」はさらに、正義に適った法・制度が継承されていく場でもある。「もし、われわれがリーズナブルで正義に適った政治的・社会的制度の枠内で育ったとしたら、成人したあかつきには、これらの諸制度を認容するだろう。こうして、これらの制度は時間を超えて持続可能となるだろう」(Rawls, 1999a, p. 7)。もちろん、将来世代は、先行世代が定めた権利や義務を踏襲するだけでなく、それらを自分たちの文脈で吟味し、解釈し直し、必要に応じて、適宜、改定すると考えられている[4]。

これらの特徴をもったロールズの社会概念は、一方で、責任の観念を支える。ロールズが「社会は閉じられている」と記述するとき、それは、ひとの出入りがないことを意味するのではなく、その構成員が「相互性」の観念に支えられながら、社会内の、また当該社会への資源再分配に責任をもち続けることを意味する。すなわち、新たに参入した人々が順次、社会内の公的扶助制度に組み込まれていく一方で、退出した人々が、もとの社会への資源移転に一定の責任をもちつづけることを含意する。この点で、「社会」は、限定された目的意識のもと、人々が自発的に参入・退出する「組織」から区別されるのである。

ロールズの社会概念は、他方で、合意の観念を支える。社会の正義原理の制定ステージでは、社会内グループの内的規準と葛藤する正義原理が制定されるケースは論理的に排除されている。それは、正義原理の制定者たちが、正義原理の評価判断に先立って、グループの内的規準に対する正義原理の優先性を受容することが暗黙の前提とされるからである。

この前提は、同じくロールズの主張する「万民の法」の制定ステージと対比される。諸社会間の共通原理である「万民の法」の制定ステージにある制定者たちは、自分の出身母体である「社会」に対する責任と「万民の法」に対する責任との間の緊張関係に直面することになる。「万民の法」の制定にあたって彼らは、自分が属する社会の正義の基本原理に由来する偏りを完全に回避できるわけではない。原初状態にかけられる「無知のヴェール」は、制定者自身が属する社会の利益への偏向を控えさせるものの、異なる正義原理や政治的観念に対する規範的判断間の葛藤を無効にするわけではない。

社会内合意に関するこの前提はセンの「開かれた不偏性」の射程とも対照される。センは「開かれた不偏性」、すなわち、「(集団の内外の) 他者の視点を適切に配慮する」(本書、一七〇頁) 不偏性を論ずる際には、非完備的ながらも整合的な社会的判断が形成される可能性を放棄していない。その一方で、意思決定に参加する個人の選好判断に対して、上位原理による制約が課されることを想定してもいない。個人は実に様々な性質をもったグループに同時に属することができる。多くのグループは自由に出入り可能であるものの、個人は、自分の入ったグループに一定の責任をもつと期待される。それは、グループが本人のアイデンティティと深く結びついてくるからである。異なる複数のグループは異なるアイデンティティを、ひとりの個人の中に醸成する。個人はまた、グループ間の財政的な移転に対して、あるいは、グループの境界を越えて人権を守ることに対して、他のグループに対しても責任をもつ。個人は、さらに、それぞれの文化的自由を保証するために、グループ間の財政的・政治的調整を行う責任ももつ(5)。

ただし、ロールズは次のような一貫した視座をもち、その視座はセンにも共有されている。

第一に、次の二つの意味での開放性である。まず、決定は、来るべき批判に対してつねに開かれていなければならないという開放性、換言すれば、新たに訪ずれる者はそれぞれ、すでになされた決定を自分自身で吟味し、改定することを通じて決定に参加していくという、時間的流れにおける開放性である。続いて、ある主体の実践的理性における開放性である。すなわち、意思決定プロセスに参加する主体は、適切な認識的・情報的条件のもとで、現に資源分配システムに参加している人々のことだけではなく、参加するかもしれない人々のこと、あるいは、直接参加してはいないものの影響を受ける可能性のある人々のことをも考慮しながら判断を形成するという、認識上での開放性である(6)。センは、それを「開かれた不偏性」の概念で表現した。それに対して、ロールズは、原初状態の装置によって、すなわち、(1)社会的協同のための条件づくりというルールの目的、ルールが備えるべき形式的条件（一般性・普遍性・公示性・順序性・最終性）、また、(2)何が正義に適う原理であるかを判断する最小限の合理性（the Rational）と正義の感覚（sense of justice）によって表現した。センはこのようなロールズの構想を「不偏性のメタ倫理的要請」と呼び、注目している（本書一八二頁）。

第二に、何かを正義だ、と特定化する正当化根拠に関して。たとえばセンは、正義は、個々人に見られるべきだという意味で、観察可能性と近接した概念ではあるものの、それは完全に構成的構築物ではないので、ほとんどの人があることを「正しい」と判断したからといって、ただちに、その判断を「正しい」ということはできない、と主張する。むしろ、正義は、ロールズのいう「思考の公共的枠組み[7]」によって特定化されるという。それは、「理性的な主体間における判断上の合意に関する説明」を提供するとともに、人々が互いに公共的理性を行使する状況においては、「他者もまたそのように考えるだろう」と期待することを保証するような、共有された考え方の枠組みを指す。

第三に、正義原理の非決定性に関する認識について。ロールズは完全な手続き的正義と純粋に手続き的な正義を区別する。前者は、人々の認識を離れた客観的な〈正しさ〉の存在を予め想定することによって、すべての選択肢を完全に順序づけ、その実現を要請する。それに対して、後者は、手続きや帰結に関する規範的観点によって、社会的判断の情報的基礎となる選好判断のクラスを一定範囲内に制約しつつ、（形成された社会的判断が）選択肢に関する部分的な評価順序を与えること、それのみを要請する。次の引用が示すようにロールズによれば正義原理は完備的順序をもたらすわけではない。

> 候補となるいくつかの憲法の中で、あるいは経済的・社会的なアレンジの中ではたしてどれが選ば

れるか、はいつも明白というわけではない。実はこのことは、正義もまた、同様に非決定的だということを意味するのである。許容される範囲内にある諸制度は、同じくらい正しいし、同じくらい選択可能であるといえる。それらの諸制度はみな、正義の理論が課すあらゆる制約と両立可能なのである（Rawls, 1971a, p. 201）。

ロールズの提唱するルールの決定に関する段階的な枠組み、すなわち、最高次ルールとしての正義原理、上位ルールとしての憲法、そして立法プロセスは、現実の時間的進行順序を示すものではなく、上位ルールは、選ばれ得る下位ルールの選択肢集合を一定範囲に制限するという、諸ルール間の優先関係を示すものである。

他方、センもまた、「熟慮された決定に対する体系的な指針は、未解決な葛藤を反映する非完備的な順序によって得られる」（Sen, 2002, p. 468）と主張する。センによれば、合理性とは思考の規律、すなわち理性の体系的使用にほかならない。それは、個人の目標、価値、戦略、動機を反映しながら、それらの改定を試みるものである。このような広義の合理性概念に照らすなら、本人の利益を制約する異なる複数の外的観点をひとが受容することは、不合理でも何でもない。そして、結果的に、いくつかの社会状態のペアに関していずれがよいとか悪いとか、無差別であるといった評価を控えること、それによって、すべての社会状態に関する完備的な判断の形成をあきらめることは、合理性の欠陥でも何でもないのである。

以上、両者に共通する視点を確認したうえで、つづいてロールズ正義論の位相を確認しよう。

三　社会の正義原理とローカル正義

個人は私的な選好とも、公共的な判断とも異なる性質の選好をもつ場合がある。たとえばひとは、公共的見地からは表明を差し控えるような選好——厚かましいと感じるような主張——を、自己の属するグループの（集合的な）利益を目的として、あえて表明する場合がある。あるいは、リスクの発生確率と損失を予測した期待効用の計算式に基づけば明らかに高すぎる保険料であったとしても、同一制度に属する他者（たとえば高齢者層）の利益を考慮して、保険料を払い続けることがある。さらにまた、就労などの社会的な不利益を覚悟した上で、子どもに特定の文化や言語を優先的に教育する道を選ぶことがある。ロールズはそのような選好を「集団的選好」と呼び、公共的判断（理性）とは区別した(8)。

先に見たように、社会とは、異なる目的をもった組織や集団が絶え間なく結合・解散する場であるとともに、特定の自我を共有した歴史的・文化的共同体を包含する上位の集合体である。それは、個人を直接の構成要素とし、一定の政治的観念の共有を理論前提とすることが可能であるような、一つの実体的・観念的な集合体でもある。社会の正義原理は、諸個人が、いかなるライフプランをもとうとも、いかなる個別的集合体に属し、いかなる目的や善の観念を共有しようとも、あるいは、いかなる特性や自我（私人として、組織人として、また共同体の一員として）をもとうとも、それらの相違からは独立に、〈社会〉の構成員として普遍的に享受すべき権利・義務体系を定めるものであった。

それに対して、ローカル正義は、社会構成員たちがすでに異なる善の観念や目的を共有する集合体に属していることを前提として、個々の集合体と社会、集合体同士の関係性、さらには個人と集合体との関係性が正義に適ったものであるかどうかを問題とする。ロールズの『正義論』は、社会の正義原理を主題とするが、陰画的には、それはローカル正義の議論として解読される。以下ではその議論を紹介しよう。

いま社会にある様々な種類の集合体を想定する。各々は、異なる目的や課題、特性や様式を共有するとともに、それらと整合的な内的規準にしたがって統治されている。「正義の二原理」は、これらの集合体に次のような要請を課す。

はじめに、集合体間の関係について、各集合体の自律性と平等性を守るために、各集合体が共有する目的や善の観念、内的規準の自律的決定に対する寛容性 (liberal tolerance) が要請される。また、個人と集団との関係について、各集団・組織からの参入・退出の自由、あるいは、目的や内的規準の改定・変更の自由が保証されるべきことを要請する。参入・退出がそもそも困難である場合には（たとえば特定の民族や文化の共同体など）、目的や内的規準の改訂が比較的容易でなければならないことになる。さらに、ある集合体がその構成メンバーの人格的な独立性を蹂躙しようとしたときには、それを阻止すること、そのために、各集合体の垣根を越えたより普遍的な視点から、各集合体の自律的決定を適理的に制約することができなければならない。これらは、個々の集合体の内的規準の射程を超えた社会の正義原理として定立されることになる。

つづいて、各集合体の内的規準に対する社会の正義原理の優位性が要請される。各集合体は、内的規準の制定にあたって、集合体間の関係性のあり方と組織を構成する各個人の基本的人権に関する社会の基本原理を尊重しなければならない。たとえば、ある社会でロールズの「正義の二原理」が制定されているとしよう。その第一原理である「平等な基本的諸自由の保証」は、すべての個人が、国家からはもちろんのこと、いかなる他者からも、集団からも基本的諸自由を脅かされないことを要請する。この原理が、各集合体の内的規準に優先するとしたら、各集合体は、その共有された目的や特性の如何にかかわらず、構成メンバーの基本的諸自由を脅かすような内的規準を立てることはできないことになる。

集合体の内的規準に対する社会の正義原理の優先性は次のようにも説明される。あらゆる集合体の代表者は社会の正義原理の制定ステージに平等に参加する自由をもつ。彼らは、はじめに、内的規準に対する社会の正義原理の優先性を受容する。つづいて、自己や自己の属する集団の個別的目的・特性から独立に、また、自己や自己が代表する集団の目的や特性、内的規準から独立に、人々に共通に備わる道徳的人格という特性のみに注目し、その維持・発展のみを目的として、自己の判断を形成するように要請される。この要請は、彼らによって制定される社会の正義原理が、ある個人や集団・組織の現在あるいは将来の利益と矛盾する可能性を否定しない。その可能性を知りつつも、各集合体の代表者たちが、ある原理を社会の正義原理として承認するとしたら、まさにそのことが、社会の正義原理に、各集合体の内的規準の適用を制約する権能を与える根拠とされるのである。

ただし、その一方で、各集合体の内的規準の自律性は次のように担保される。通常社会の正義原理はあらゆる社会状態を順序づける権能はもたない。それは、集合体間の関係、あるいは集合体に所属する個人の基本的人権にかかわる問題など、最小限の政治的観点から社会状態を部分的に順序づけるものでしかない。したがって、これらの問題に関して同一である限り、他の主題や領域、各集合体に固有の問題に関して異なる選択肢があるとしても、社会の正義原理はそれらの比較評価に関しては沈黙をたもつ。はたしてどの状態がどの状態よりも善いか悪いか、同じくらい善いか悪いかといったいっさいの評価を差し控える。

たとえば、格差原理は、「社会」に対して——「社会」に直属する構成員を母体として——、誰であろうとも「社会」の中で最も不遇な境遇にある人々の境遇を最大限に改善することを要請する。そのために必要な資源の供給義務は、「社会」のすべての構成員に課される。ただし、それはグループ内の資源分配方法を直接規定するものではない。各グループは、グループ内で最も不遇な個人の期待を最大化するような分配方法を強要されることはない。各グループの掲げる目的と適合的な分配原理——貢献比例的分配、年功序列型分配など——を採用することが可能である。それは個人内分配に関しても同様である。各個人は、それぞれの時点で、格差原理の適用を受ける（それぞれの時点で最も不遇な個人と認定されるとしたら、所与の条件下でその期待が最大となるような資源移転を受ける）。ただし、自己の〈ライフ・ステージ〉において、あるいは個人の内的複数の自我において、最も不遇な時点の、あるいは、最も不遇な種類の自我の期待を最大にするような個人内分配を強要されることはないのである。

以上が、ロールズ正義論におけるローカル正義の骨格である。次には、グローバル正義の問題に視点を移そう。両者の共通点は次の点にある。ローカル正義でも、グローバル正義でも、制定者たちは、自己の私的な特徴や選好に関する情報はもたないこと、それらの情報に基づいて個別利益の増進を図ることができないことが仮定されている。さらに、いずれにおいても制定者たちの判断は、等しい重みでカウントされるとともに、歴史的に存在するより高次な共通原理によって手続き（制定者の認識条件及び意見の集約方法）が適正に制約されると考えられる。そしていずれの場合においても、各集合体の内的規準に関する自律性が尊重されることになる。

相違点は次の点にある。ローカル正義の場合は、各集合体を母体とする制定者たちは自己の集合体のみならず、どの集合体の内的規準に関する情報をももたないと想定されている。換言すれば、集合体の内的規準の観点とは独立に、社会の基本原理として相応しい正義原理はどれかを評価し判断するように求められている。それに対して、グローバル正義の場合には、各社会は自己及び他の社会の基本原理（正義原理）に関する情報をもつことが想定されている。それらは万民の法を判断する際の重要な情報的基礎の一つとしてカウントされる。次節ではこの点を詳しく検討しよう。

四　グローバル正義

ロールズが、諸国家（nations）ではなく諸社会（societies）でもなく）、諸人民（peoples）という語を用いる理由は、たとえば万民の法に忠実であるといった道徳的動機を、行為者としての諸人民にもたせるためだった（Rawls, 1999a, p. 17）。その一方でロールズは、世界を構成するすべての個人を一人残らず算入する包括的な社会、すなわち〈コスモポリタン社会〉を退け、各個人が固有の正義原理をもった個別社会に属している〈万民の社会〉を舞台として議論を展開する。〈万民の社会〉の理念的構想は、〈万民の社会〉を構成する各社会が秩序ある社会であること、すなわち、自らの政治的なあり方を管理する能力と適切な政治的・社会的制度を維持する能力をもつことである。ある社会は次のような三つの条件を満たす限り、秩序ある社会と呼ばれる。すなわち、①平和を好み、膨張主義的でない社会であること。②社会の法体系が社会を構成する人民からみて正当と判断しうる一定の必要条件を満たしていること。③基本的人権を尊重すること。

リベラルではないものの秩序ある社会の例としては、協議階層制を備えた秩序ある階層社会が挙げられる。秩序ある階層社会では、個々人は市民権をもった市民としてではなく、共同体や目的集団、協同体など特定の集団に所属する構成員とみなされる。個々人がもつあらゆる権利は、各々の集団の構成員であるという〈資格〉から発生し、通常は、権能付与的な権利、すなわち、個々人が所属する集団において自己の役割を履行することのできる権利を意味する。具体的には、良心の自由と結社の自由についての権利、生存と安全の権利、私的財産権、法による支配などの根本原理を保障する。政治的権利に関しては、すべての個人が原子的単位として、政治討議に平等に参加する基本的権利をもつという民主主義的・個人主義的な理念ではなく、特定の身分、職業団体、同盟団体の構成員として、それらの成員の合理的利害を代表して協議過程に参加するとされる。かならずしもすべての個人が一人一票の権利をもって参加するわけではない(9)。

さて、このような協議階層的な社会も含めてすべての秩序ある社会が受容可能な万民の法はいかにして制定されるのだろうか。

万民の法の制定手続きに関して、ロールズは、社会の正義原理の制定手続きと同様に、原初状態の装置を用いた。そこでは次の三つの条件が満たされることが想定されている。第一に、各社会の代表者である制定者たちは、互いに公正で適理的な関係におかれる。第二に、制定者たちは、合理的な判断能力をもつ。第三に、制定者たちは、適切な理由に基づいて利用可能な諸原理の中から選択する能力をもつ。

社会の正義原理を制定する原初状態では、代表者たちは、各集合体の有する個別的特徴（善の観念や宗教的・道徳的信条、組織や集団の内的原理を含む）に関する一切の情報をもたないと想定された。万人の法を決定する原初状態においても、代表者たちは、互いの社会の個別的利益や特徴（たとえば、領土の大きさや人口、自然資源の規模や経済発展のレベル、経済的資源や技術の状況、人民の資質や傾向）に関する情報には依拠しないことが期待されている。ただし、それは社会の正義原理を制定する原初状態の装置とは次の点で異なっている。

万民の法を制定する制定者たちは、互いの社会がすでに一定の正義原理によってその基礎構造を規定されていることを知っている、そして、互いの社会の正義原理に関する情報を積極的に参照しながら、〈万民の法〉の制定にのぞむと考えられている。すべての個人を一人残らず算入する包括的な原初状態から出発するのではなく、一定の社会の正義原理から出発し、しかるのちに万民の法の形成に向けて移行していく、まさにその移行プロセスで、彼らは各社会の人民や政府がとってきた歴史的行動に関する情報をも獲得するのである。それらの情報は、問題の所在や解決の可能性を示し、採用すべき手続きに関する方針を与えるものとして参照される。はたして、このような仮定をおいた理由は何であろうか。

ひとたび万民の法が制定されたとしたら、それは各社会が遵守すべき高次原理として、社会の正義原理はもちろんのこと憲法や立法の制定・改訂ステージ、導出されうる社会判断のクラスを制約するのみならず、様々な制度や実践を通じて、諸個人の善の観念や目的の達成に必要な社会的・経済的基盤、あるいは善の観念や目的に大きな影響を与えるにちがいない。たとえば、リベラルな正義の政治的構想を正義の基本原理とする社会においては、社会構成員は等しく市民とみなされ、市民たちが適切な正義の感覚を獲得し維持することを導く憲法レジームと政治・社会制度が重要な意味を帯びてくる。市民は秩序あるリベラルな社会に参加することを通じて、リベラルな正義の観念が内包する理念を理解し、それを具体的・個別的な条件のもとで再解釈することを学んでいくであろう。そのプロセスでは、公正の感覚と寛容さ、他者との協調性などの市民的徳が涵養されていくと期待される。

ひとたび制定された社会の正義原理がこのように広く深く社会に浸透していくとしたら、それと大きく抵触するような万民の法は、社会の統合性（integrity）を脅かすものとして退けられることになる。制定者たちは、万民の法の評価にあたって、自己の社会の個別的特徴や利害から独立であろうと努める一方で、自己の社会の基礎構造を規定する正義の基本原理に対する配慮を失うわけにはいかないのである。

このことは、万民の社会の安定性（stability）の問題とも関連する。ロールズによれば、万民の社会が正しい方法で安定するということは、勢力均衡によって安定すること（stability as a balance of forces）ではなく、正義に関して安定することを意味する。社会的諸条件はつねに変化し続けるとしても、秩序ある社会の法や制度や慣行は常に、正義原理が課す諸条件を満たすこと、それゆえに政治的・社会的自由、文化のゆとりや表現、経済的福祉などの基本財の分配に関して安定していることが期待される。万民の法が遵守されるのは、単に幸運な勢力均衡のゆえではなくて、秩序ある社会の人民が彼らにとって正しく有効なものとして共通の法を受容し、それを遵守しようという気持ちを抱くからでなくてはならない。

このような正義原理と万民の法との緊張関係を見据えたうえで、ロールズは、日常的思考を実践的な政治的可能性の限界まで拡大し（すなわち、ユートピアを描き）、そのうえで、政治的・社会的諸条件と調和的な（すなわち、現実的な）政治哲学を構想することを呼びかける。彼はこの構想を「現実的ユートピア（a realistic utopia)」と呼んだ。少し長いが左記にその内容を引用しよう。

現実的ユートピアの観念は、理に適った正しい万民の社会で理に適った正しい立憲的民主主義が成立可能であることを指し示す。それは、どこかでいつの日か成立しうることを示すだけで、かならず成立するという必然性や予測を述べるものではないけれど、われわれがこの社会世界と折り合いをつけることを助けてくれる。実現性の問題が重要でないわけではない。だが、実現性とは、単に論理的な問題ではなく、社会世界で進行中の流れや傾向性と深く結びついた問題である。善い理由をもって信ずる限り、われわれは他の人々と共に、いつか、どこかで達成することを、そのような達成のために何かできることを確かに希望しうるだろう。そのことは、失敗するか否かにかかわらず、あきらめや冷笑に陥る危険を打ち消すに十分である。社会世界が現実的理想を実現する可能性を示すことによって、政治哲学は政治的に努力すべき長期的な目標を提供し、われわれが今日できることに対して意味を与えるだろう。実現性に関するわれわれの答えは、世界に対するわれわれ自身の態度に影響を与える。それは、現実の政策に到達する以前に、われわれの参加を制限したり、励ましたりすることによって、実は、政策の決定を大きく作用するのである（Rawls, 1999a, pp. 127–8)。

彼によれば、政治的可能性の限界は、現実そのものによって与えられるものではない。われわれは、多かれ少なかれ、政治的・社会的諸制度その他を変えることができるのであり、それに伴って政治的可能性の限界は変化しうるのである。われわれが描く社会世界は、たとえ、いますぐにではないとしても、将来の、より善い環境のもとで、存在するかもしれない社会である。万民の法が有する射程の広がりと厚みとの間に予想されるトレード・オフの問題は、政治的可能性の限界に関するわれわれ自身の認識との関係で、また、われわれ自身の認識的な展開と現実とのダイナミックな関係性のもとで考察されなければならないというのがロールズのメッセージである。

五　ロールズ－センのグローバル正義構想

以上のロールズの構想をセンの批判的論考と合わせると何がいえるだろうか。センのロールズに対する批判は、ロールズの正義の構想は、閉じられた社会を前提とする契約のもとに成り立っていること、もっといえば、正義原理の制定も正義原理の適用もあらかじめ登録された特定の人々から構成される集合で、考えられているというものだった。だが、これまで述べてきたとおり、ロールズ正義論において、ある社会の正義原理の制定主体は、物理的には特定のメンバーに限定されざるをえないものの、論理的には時間的にも空間的にも開かれたものである。たとえば、テレビ電話で、あるいはタイムマシンに乗って、その社会の正義原理の影響を被るおそれのある異空間・異時点のグループの代表者が参加すること、あるいは、まったく利害関係のない第三者が参加することは排除されない。肝要なことは、センの構想と同様に、彼らが実践理性上の一定の条件を満たすことである。制定主体は、自己の個別的利益や特性に関する情報をさえぎる無知のヴェールにしたがう一方で、社会の一般的事実に関する情報をもち、その社会にある（人々に共有されていると想定しうる）政治的構想を理解する必要がある。

正義原理の適用範囲、その実行主体についてはどうだろうか。たとえばロールズ自身の提起する「正義の二原理」はその適用範囲・実行主体を時間的・空間的にオープンとすることができるだろうか。まず、平等な基本的諸自由の保証は、すべての個人（グループ）が、国家からはもちろんのこと、いかなる他者からも基本的諸自由を脅かされないことを要請する。それは、個人（グループ）間関係性のみを規定する原理であるから、適用範囲をあらかじめ特定化することなく、個人あるいは集団のあらゆる関係性に対して適用されうる。それに対して、個人（グループ）が実際に享受しうる自由の価値（worth）に関する分配の問題は、財を提供する主体と提供される主体を含む集合体を所与として定義される傾向がある。たとえば、ロールズ格差原理は、特定のメンバーを構成員とする〈社会〉

を一つの単位とし、その中で最も不遇な人々に注視する。この場合には、〈社会〉は、境遇を少なくとも序数的に個人間比較可能な人々の範囲に限定されることになる。

だが、同じくロールズによって提案された「適理的でリベラルな政治的正義の諸構想の族（a family of reasonable liberal political conceptions of justice）」の場合はどうだろうか。それは次の三つの原理によって共通に特徴づけられる。

① すべての個人に対して平等に（憲法的レジームでなじみの深い）基本的権利と自由、機会が保証される。

② これらの権利、自由、機会は特別の優先性を与えられる。とりわけ、一般的善と卓越的価値の主張に対する優先性が明記される。

③ すべての市民に対して自由を有効に用いるために必要な社会的・経済的な基本財を保障する。

格差原理に代わる分配的正義の規定は③である。いまこれを、総受給量が総提供量を上回らないといったゆるやかな実効性条件のもとで定義するとしたら、それは、すべてのメンバーの境遇を完全には比較することなく、特定の属性をもつ個人あるいは集団の基本的潜在能力の不足を補填するような分配ルールとして定式化することができる。

センのいう「開かれた不偏性」とは、ローカルな情報を考慮する一方で、ローカルな思い込みから逃れることを助ける認識的条件であった。それは、それぞれの文脈でなされたポジション依存的評価のもつ特殊な意味を理解することを助けるとともに、ポジション依存的な評価のより普遍的で人間的な意味を理性的に認識することを助ける条件である。センによれば、この「開かれた不偏性」を獲得するきっかけは、個々人が位相の異なる多様なサブグループ、たとえば自然的属性に基づくグループ、社会的属性に基づくグループ、あるいはまた、統計的な属性に基づくグループに実際に属しているという事実にある。個々人は、自分が属しているそれぞれのグループのポジション依存的評価を、同じく自分が属している他のグループの視点から吟味する機会、自分が属する複数のグループの異なるポジション依存的評価を、相互につきあわせる機会をもつ。そして、自分の多層的なアイデンティティを内的に統合しながら、また、ポジション依存的な評価に由来する多様な利益や政治的観念を内省しながら、すべての社会状態に関する完備的な判断においては相互矛盾をまぬがれえない複数のグループの評価判断を、少なくとも部分的に整合化する「開かれた不偏性」を形成する可能性をもつ。もっとも、個人にとって複数のアイデンティティをもつこと、それらを整合化することは決して容易な作業ではない。センは別の箇所で、「アイデンティティの実現可能性」に注目する。

自分の属している異なるグループそれぞれに対して自分がどんな態度をとるか、それらの間に自分がどんな優位性をつけるか、それを決める自由は、間違いなくきわめて重要な自由である。……選択の余地があるということは、選択が妨げられないことを意味しない。むしろ、選択は、実現できそうだという見通しの範囲の内でなされる。アイデンティティの実現可能性は、個人の特性や置かれた環境が何に対して開かれているかに依存する。……アパルトヘイト政権下の南アフリカでは、白い肌をもたない人は人種的特性と無関係に人間として扱われることを要求できなかった。……アイデンティティを主張する自由は、ときに他者の眼によってきびしく制限される。自分が自分をどう見るかとはまったく無関係のやり方で（Sen, 2006）。

とはいえ、センのこの構想は、ロールズの「制定者（party）」という概念に、多様な集合体をそれぞれ代表する人という意味を超えて、多様な集合体を複数、同時に代表する人という意味、換言すれば、それぞれの制定者が代表する集合体は複数であり、他の制定者が代表する集合体と部分的にオーバーラップしている可能性があるというアイディアを付加する。また、原理の適用範囲、実行主体を、実際に制定の場に代表者を送ることのできた集合体を超えるものとして、ただし、個々人の属する複数の集合体の内的規準のいずれをも制約する原理として再解釈することを可能とする。物理的には、原理の制定者を通じて代表者を送ることのできる集合体と原理の実行主体を通じて内的規準を制約される集合体とは、かならずしも一致する必要はない。肝要なことは、前者は、後者の存在的条件と原理のもたらす帰結的影響に配慮できることであり、後者は、前者の決定理由と内容を尊重し、受容できることである。

これをもって、センの構想は、ロールズの重複的合意（overlapping concensus）の概念を具体化する、と結論づけることは早急すぎるだろうか。ロールズは、原理の制定にあたって、社会の一般的事実に関する知識をもつ反面、集合体の個別的利益と特性に関する情報をもたないこと、そのうえで、ある社会の正義原理の制定に関しては、集合体の内的規準に関する知識をもたないことを、諸社会の原理（万民の法）に関しては、個別的正義原理に関する知識をもつことを想定した。それに対して、センの構想は、原理によって影響を被る可能性のあるすべての集合体に関して、各々の集合体がもつ

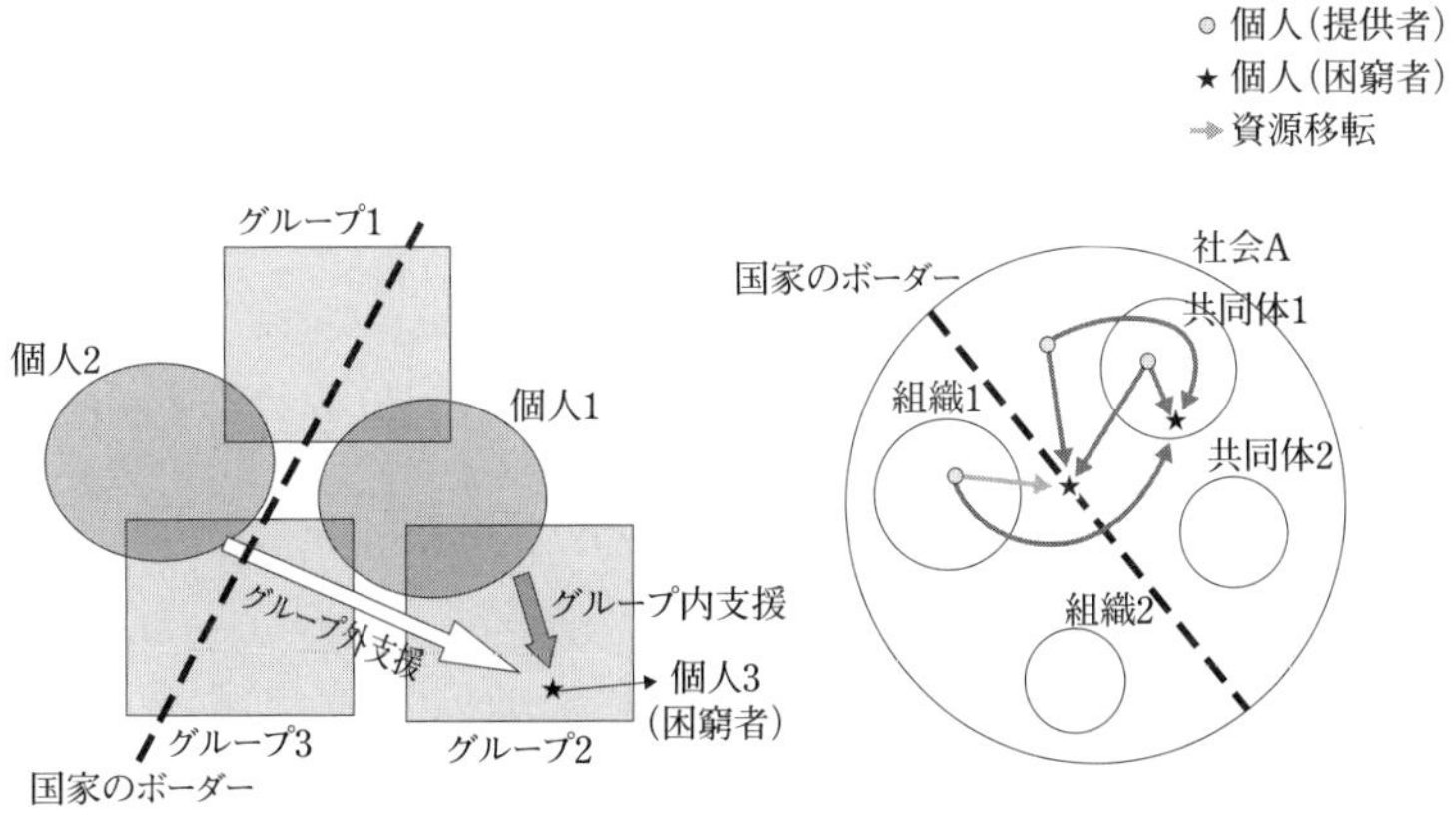

〈センのグローバル正義構想〉　〈ロールズのグローバル正義構想〉

注：実際にはグループ外支援は個人間支援・グループ間支援のいずれの形態もとりうる。たとえば、グループ1と3に属する個人2から、グループ2に属する個人3への支援は、グループ1と3からグループ2への支援としても実行される。また、複数のグループを包含する上位グループを構成し、より公共的な支援制度をつくることも可能である。

図2　「ロールズとセンのグローバル正義構想の対比」（後藤玲子作成）

一定の個別的利益や特性、内的規準を情報としながら、各々のポジションに依存した評価を形成したうえで、それらを不偏的に秤量しながら、整合化していくこと、その際に、異なる複数の集合体に、実際に、あるいは、イマジネーションにおいて、少しずつ重複しながら属している個々人が、多層的な自己のアイデンティティーを並べ替え、理解を深めていくそのプロセスを鍵とする点に特徴があった。ここにおける両者の相違は明確である（図2参照のこと）。

ただし、ロールズの議論において、「社会」を、はたしてどの範囲で定義するかが理論的にはオープンであったように、センの構想においても、アイデンティティの重なりを核とする合意の見通しが、どのような目的と適用範囲をもったルールの制定・実行に適合的であるかは、理論的にオープンである。したがって、ロールズとセンの構想を対照させながら、再構成していく途は、理論的にも実践的にも開かれている、といってよいだろう。

たとえば、「余裕があるなら提供し、困窮しているなら受給せよ」という抽象度の高い、一般的原理を制定するにあたっては、資源の給付額の総量が提供額の総量を大きく上回らないことを制約条件として（それをロールズのいう「社会の一般的事実」に関する情報として得ながら）、資源給付の目標（たとえば、あらゆる個人の基本的潜在能力の保障といった）やその正当性を説明する正義概念（あるいは複数の正義概念のウェイトづけ）が共有可能なる範囲を「社会」として想定すること、そのうえで、「社会」間の再分配に関するグローバル正義の原理を構想することが望ましい。それに対して、現にいま困窮している人々にどんな資源をどのくらい給付するかを指定する具体的な分配ルールを定める際には、異なる理由やプロセスで困窮している人々の個別的特性や利益を広く情報とし、ポジション依存的な評価を形成しつつ、それらを不偏的見地から整合化する試みが有効となる。複数の集合体にまたがって形成される人々のアイデンティティ、国境を越えて活躍するNGO、NPO、ボランティア・グループ専門家グループなどは、その有効性の範囲を大きく広げるにちがいない。

後者は、たとえば精神的疾患を抱える人が障害者手当の受給を通して障害をもちながら生きるというアイデンティティを形成していくことを、前者は既存のどのグループにも帰属しないひとであってもひととして援助されることを可能とするだろう。

六　「世代」概念と世代間正義の射程

格差原理は世代間の正義の問題に適用されるものではない。貯蓄の問題は他の別の方法で扱われるべきである (Rawls, 1999b, p. 254)。

本章の後半の目的は世代間正義の基本原理を構想することにある。ただし、ここでいう「世代間正義」とは、人類の総効用の最大化、あるいは、世代間の総資源量もしくは総厚生量の衡平性を自明の目的とするものではない。ここでの関心は、第一に、一定の正義原理のもとで社会的協同のシステムを実行することが可能であるような一つの「社会」内の諸世代 (以下では、これらを「社会世代」と総称する) 間の関係性を調整するとともに、同一社会世代内のどの年代に属するメンバーをも「社会」の構成員として等しく尊重することにある。第二に、同一の正義原理のもとで社会的協同のシステムを実行することが困難であるような異なる「社会世代」間の関係性を調整するとともに、いずれの「社会世代」に属するメンバーをも個人として等しく尊重することにおかれる。

留意すべきは、前者の「社会世代」内の世代間正義に関しては、ロールズ正義論 (Rawls, 1971a) のフレームワークで論ずることができるのに対し、後者の「社会世代」間の正義に関しては、その射程がロールズ正義論のフレームワークを超える点である。本研究の課題は、空間的視座から正義論の拡張を試みたロールズの「グローバル正義」の議論――すなわち、「社会」間の正義の議論――を参照しつつ、時間的視座に立つ「社会世代」間正義の理論を解明することにある。はじめに、本章で用いる世代概念を明らかにしよう。

ひとの生は連続的であるとしたら、何を根拠として「世代」を区切ることが適切なのだろうか。たとえば、遺産動機の経済分析などでなされているように、子どもとその親を二世代として、重複的二世代連鎖モデルを想定するなら、同質の連続的時間で繋がれた拡張的家族ユニットが描かれる。同様に、年金の分析や特殊出生率の比較などでなされているように、一定の理論的観点から人々を時間横断的に捕捉する（たとえば人口学的なコーホート、あるいは同時期に就労期（または退職期）にあることに着目する）場合、同質の連続的時間で繋がれた拡張的社会ユニットが描かれる。このような世代概念は、同一分析モデルのもとで、世代を時間的変数とする比較静学的な分析を可能とする。

それに対して、特定の事態やイベント、社会・文化・経済・政治環境的な要因によって特徴づけられる人々を「世代」としてカテゴライズするなら、各世代は、各々を特徴づける要因が妥当する範囲の広がりに応じて、空間的には家族や共同体、社会、国家等のボーダーを超えた連続性を獲得しうる一方で、時間的には相互に断絶されることになる。たとえば、戦争体験世代、ベビーブーマー世代という呼称が使われるとき、あるいはジェネレーション・ギャップが取り沙汰されるときは、人々の選好やそれを支える環境的諸条件のシフトが問題とされ、各「世代」ごとに分析モデルの枠組みそれ自体を改変することが要請される。

前者は質的な連続性をもつ「世代連鎖」の観念を、後者は質的な断続性をもつ「世代区分」の観念をもたらしてきた。従来の世代間衡平性の議論は多く、これらのいずれか、あるいは両方に依拠しながら進められてきた。それに対して、ロールズに代表される正義論の文脈では、世代はどのような観念として捉えられるだろうか。

七　政治的観念としての世代

先述したようにロールズによれば、社会の基本原理としての正義原理（あるいは、それに続く憲法、立法、政策）の主題は、一定の共有された利益・目的と内的規準をもつ社会内の諸集合体（「家族」、「企業」、「共同体」など）に関して、相互の関係性を調整し、各集合体内のメンバーを（どの集合体にも属さない個人を含めて）守ることにある。各グループはそれぞれ内的規準を自律的に定める自由、および正義原理の制定・改定に参加する実質的自由をもつとともに、定められた正義原理による規制を等しく受けることになる。

このフレームワークのもとでは、「世代」もまた、一定の正義原理の適用が妥当である限り、社会内集合体を特徴づける一カテゴリーと見なされる。すなわち、各世代は、内的規準を自律的に定める自由をもつとともに、正義原理の制定・改定に参加する自由をもち、どの世代に属する個人もまた一定の正義原理のもとで「社会」構成員として等しく尊重されることになる。たとえば、ある社会でロールズのいう「正義の二原理」が正義原理として採用されたとしよう。このとき、社会内の拡張的家族ユニットあるいは共同体ユニットは、それぞれ固有の分配原理や貯蓄原理を内的規準として採用する自由をもつ一方で、「正義の二原理」が要請する①すべての個人に対する平等な基本的諸自由の保証、②公正な機会均等、③最も不遇な個人の期待の最大化という三つの基準を受容することになる。そして、ユニット内のある世代のある個人が、「最も不遇な個人」と同定されたとしたら、所与の環境制約下で彼の期待を最大化するような資源移転が、家族や共同体、組織の枠を超えて、「社会」内の全構成員を母体として実行されることになる(10)。

先述したように、ロールズ自身は、このように一定の正義原理の適用が妥当であるような「社会」には空間的なボーダーがあると考えていた。ロールズの「社会」概念は「国家」と同じではないものの、断絶された一つの政治単位をさす。そして、相互に断絶された「社会」間の関係性を構築することが、まさにグローバル正義の課題とされた。それに対して、ここでの関心は、時間的なボーダーに向けられる。はたして一定の正義原理の適用が妥当である「社会」には、時間的なボーダーがあるのだろうか。もし、あるとしたら、時間的なボーダーによって相互に断絶されたユニット（先に「社会世代」と呼んだ）間の正義——世代間正義の問題——はいかに問われるべきだろうか。以下では、時間的ボーダーの存在をひとまず仮定した上で、同一の正義原理の適用が困難となる「社会世代」間の調整ルールの内容とその制定・改定手続きについて検討したい。

議論に先立って考察すべき点が三つある。第一は、先述した社会学的な「世代区分」の観念もまた、特定の事象や環境的要因をもとに、世代を時間的断絶性によって捉える概念ではあるものの、ここでいう「一定の正義原理の適用が妥当ではない」ことを基準として抽出される「社会世代」の観念とはかならずしも一致しない点である。ここでいう「社会世代」の観念は、人々の選好や環境的諸条件の変容ではなく、社会制度のあり方を構想する政治的観念の変化を基底とする概念だからである。

第二は、社会の基礎構造を規定するルールの位相に対応する世代概念のずれである。ロールズの区分に従えば、社会の基礎構造を規定する諸ルールの中で、正義原理はその内包（意味）が最も抽象的であるがゆえに、その外延（適用範囲）は最も広いという性質をもつ。それに対して、憲法は、一定の文化的・歴史的諸条件のもとで正義原理を具体化するルールとされ、立法は、想定される一定の環境的諸要因のもとで正義原理を尊重しつつ、憲法を具体化するルールとされる。政策は、それぞれの政治的イシューに応じて憲法や立法を具体化する役目をもつ。このような区分をもとに世代概念を捉え直すとき、一定の正義原理が妥当性をもつ世代概念（社会世代）と一定の憲法（あるいは立法、政策）が妥当性をもつ世代概念との間にはずれが生ずる可能性がある。ロールズ正義論の課題は社会の基礎構造を規定する正義原理にあり、本章の焦点もまたそれに絞られるものの、憲法その他のルールとの関連に関しても簡単に言及したい。

第三は、時間的ボーダーが内包する断絶の意味である。実は、空間的ボーダーにおいても問題となる点であるが、「ボーダー」とははたして、何を遮断し、何を残すものであるかが問われなくてはならないだろう。たとえば、空間的ボーダーによって「社会」は相互に断絶されるとしても、上述したように、「万民の法」によって「社会」間の調整ルールの制定・改定がなされる限りは、「社会」間の了解を可能とする何かが存在すると考えるべきかもしれない。時間的ボーダーの場合は、しばしばより明示的に、歴史・伝統・記憶による世代間の（ときに批判的であれ）継承が観察されうる。正義原理の内容は「社会世代」間で変化を余儀なくされるとしても、変化のプロセスを記述する歴史あるいは記憶が残されるとしたら、そのことは世代間調整ルールの制定・改定作業を支える可能性があるからだ。

以上の点を注記したうえで、以下では、次の三つの課題に取り組みたい。第一は、時間的・空間的なボーダーをもたない、ある社会の社会内世代間の問題を論ずる枠組みと、空間的ボーダーをもつ、複数の社会間の調整ルールを捉える枠組みを参照しつつ、世代間正義を論ずるための理論枠組みを構築すること、第二は、一定の正義原理の適用が困難である「社会世代」間の調整ルールの具体的内容とその制定・改定手続きについて考察すること。第三は、世代間正義に特有の問題は何かを明らかにしながら、異なる世代間に成立しうる「相互性（reciprocity）」の観念を経済哲学的な観点から解明することである。

八　基本モデルとその拡張

ロールズ正義原理の基本モデルは次のようにスケッチされる。一つの社会には、毎秒、毎分新しいメンバーが生れ落ちる一方で、死によって社会を離れる人々がいる。社会に生れ落ちた瞬間から個々人は既存の諸ルールのもとで様々な権利と義務を賦与され、社会システムの運行に寄与するとともに、一定の年齢に到達すると、（賦与された権利と義務の一部として）社会の基礎構造を規定する正義原理の制定・改定ステージに参加する。ルール制定・改定ステージへの参加者たちは、あらゆる社会制度を幾世代にもわたって規定するに相応しい社会的協同の根本条件は何かという問いを立てる。また、社会的ポジションや階層、性別その他の属性の相違を越えて、自分たちにも彼らにも等しく受容され、

適用されるルールを構想する。各人が属する世代の相違も乗り越えられるべき属性の一つとして考えられる。(11)

この基本モデルを、社会間の問題を扱えるように拡張する試みとしては、以下の三つが提出されている。これらはいずれも共時的な枠組みを基本とするものである。

【三つのグローバル正義の構想】

(1)共時的に存在するすべての個人を要素とする単一集合体（コスモポリタン）を想定する。このとき、グローバル正義の課題は、単一集合体を規定する単一の正義原理を制定することに置かれる。たとえば、「世界市民」税をとって、所与の条件のもとで、最も不遇な国家の便益が最大になるように各国間の資源移転を実施する、あるいは、国境を越えて、最も不遇な人々の便益が最大になるように、「世界市民」の間で資源移転を実施するという、格差原理の適用が考えられる。

(2)一定の正義原理のもとで諸制度が体系づけられている「社会」を基礎単位とする。このとき、グローバル正義の課題は、諸社会の間の関係性を規定するとともに、各集団のボーダーを越えて、すべての個人の基本的福祉を保障する高次ルール、すなわち「万民の法（law of peoples）」を構想する。諸社会間の資源配分・移転方法は、各社会の正義原理それ自身の改定可能性を含めたうえで、最終的には、それらと齟齬をきたさないものに限定される。

(3)特定の目的・利益を追求し、それを支える内的規準をもつ複数の集団を想定する。それらはいずれもアソシエーションと同様に参入・退出自由であり、各集団に属するメンバーは互いに重複し合っている。このとき、グローバル正義の課題は、集団間の調整（各集団のもつ内的準則の整合性）を図るとともに、各集団のボーダーを越えて、すべての個人の基本的福祉を保障することに置かれる。集団間の調整の基本原理としては、第一に、各集団の自律性を尊重した上で、第二に、資源を提供する余裕のある集団から資源が不足している集団に資源移転を要請することが考えられる。

⑴は、ロールズの格差原理をグローバル正義の文脈でそのまま適用しようという構想であり、ポッゲらに代表される（Pogge, 2000）。⑵は、ロールズ自身の構想である（Rawls, 1971a, 1999）。⑶は、ロールズの『万民の法』に対する批判にもとづく、センの「開かれた不偏性」の構想である（本章五節）。これらの構想を手がかりとしながら、世代間正義に特有の問題を考察するためには、基本モデルを継時的なものへと拡張する必要がある。その方法として、次の三つを考えよう。

【三つの世代間正義構想】

⑴時間を経て存在しうるすべての個人を要素とする単一集合を想定する。このとき、世代間正義の課題は、単一集合体を規定する単一の正義原理を定めることである。たとえば、分配的正義に関しては、すべての個人に「時間市民税」を課して、最も不遇な世代（人々）の便益を最大にするように、異なる世代間（個人間）で資源移転する、という格差原理の適用が考えられる。

⑵各社会毎に一定の正義原理が妥当性をもつ期間をもって「社会世代」を区分する。このとき、ある社会の世代間正義の課題は、各社会世代の正義原理の自律性を尊重しながら、異なる社会世代間の

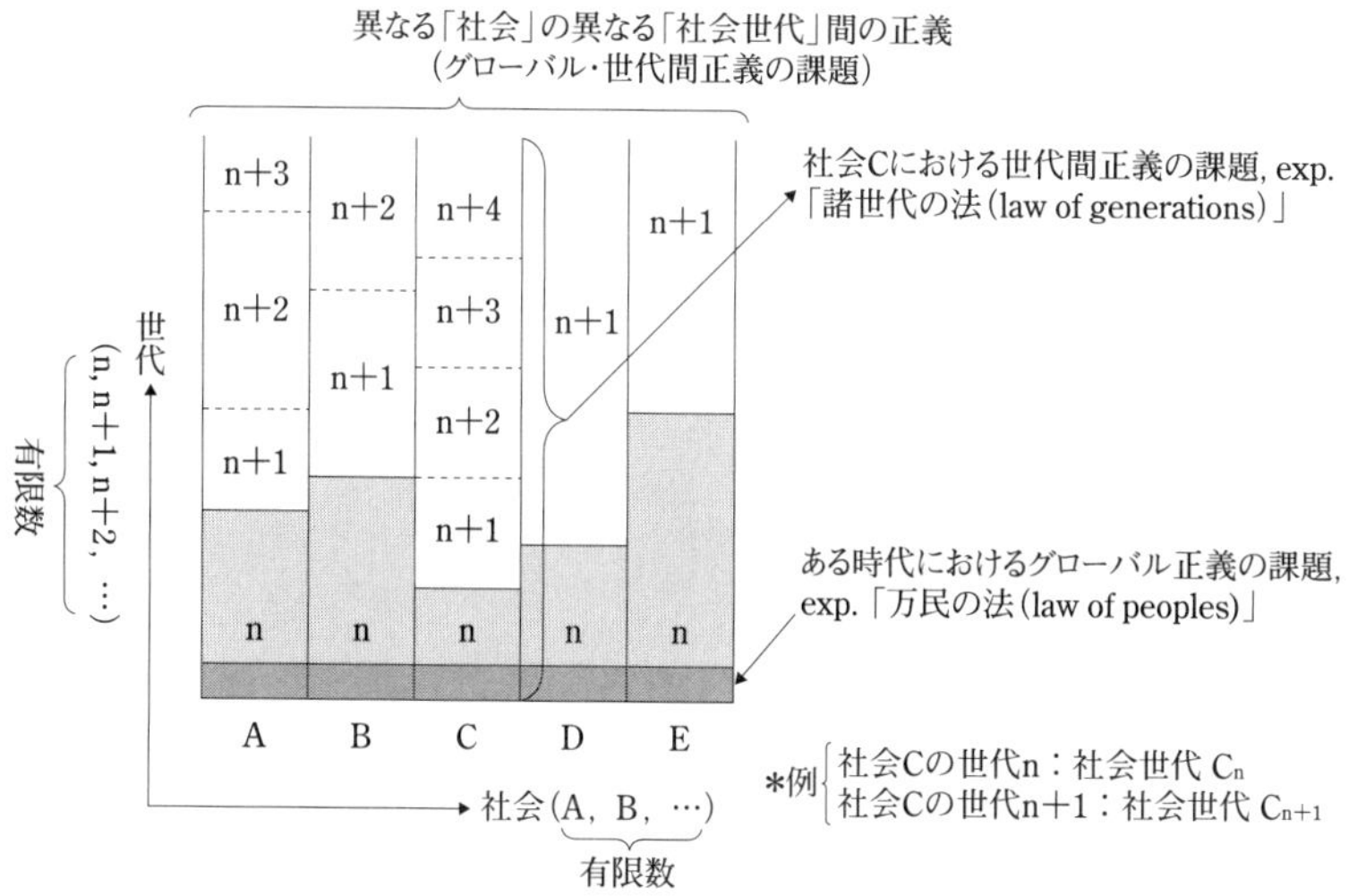

図3 『社会世代』概念に基づくグローバル・世代間主義の構図(後藤玲子作成)

整合性を調整するとともに、社会世代のボーダーを越えて、すべての個人の基本的人権を保障する高次のルール(a law of generations)を制定することにある。

またグローバルな文脈での世代間主義の課題は、時代(外生的与件)横断的に構想される各々のグローバル正義のルールを異なる時代(ある社会の社会世代が変化している可能性のある)間でどう整合化していくか、となる(図3参照)。

(3)個々の政治的イシューごとに、一定の政策が妥当性をもつ期間を一つの単位とし、それをいま「グループ世代」と呼ぼう。この場合、少しずつ期間のずれた複数のグループ世代に重複的に属する年代が存在することになる。このとき、世代間正義の課題は、重複的期間において有効性をもつ諸政策間の整合性を調整しながら、すべての個人の基本的人権を保障する高次のルールを定めることに置かれる。

論理的には、前述の共時的な三つのグローバル正義の構想に、継時的な三つの世代間正義の構想を組み合わせることが可能であるが、以下では、(2)のロールズ自身の枠組みをもとに世代間調整ルールの内容と制定・改定プロセスを考察したい。

九　ロールズ的世代間正義の原理

共時的なケースに関して、ロールズは、リベラルな社会とディーセントな階層社会のいずれにもあてはまる「社会」間のルールとして、次の八つの項目からなる「万民の法」を考えた。①各社会の自由と独立の尊重、②条約や取決めの遵守、③各社会の間の平等、調整ルール制定に関する平等、④非干渉、⑤自己防衛以外の戦争扇動行為の禁止、⑥人権の尊重、⑦戦争行為に関する拘束遵守、⑧品位ある政治的、社会的レジームを妨げるような不遇な条件下で暮らす他の社会を扶助する責務をもつこと(12)。①は、社会内の基本原理としてロールズが構想した正義の第一原理に相当するものである。基本的福祉の保障に関連する事項は⑥と⑧であるが、これらは格差原理よりも弱い要請となっている。

はじめに、これらの原理を継時的なケースに即して検討しよう。①、⑥は各社会を各社会世代に置き換えたとしても、そのまま妥当するだろう。すなわち、「すべての社会世代の自由と独立を尊重する」、「すべての社会世代に属する個人の人権を尊重する」という原理が世代間調整ルールとして考えられる。③についても「各社会世代の間の平等」は問題なくいえるだろう。「調整ルール制定に関する平等」については、独自の事情をもつので次節で検討したい。問題は、⑧の「他の社会を扶助する責務」に対応する「他の社会世代を扶助する責務」である。はたして、これは、ロールズ正義論と整合的なモデル、すなわち、一定の正義原理が妥当性をもつ期間を世代の基礎単位（社会世代）とし、異なる社会世代間の正義原理間の整合性を調整しながら、どの社会世代に属する個人の基本的人権をも保障する高次のルールを定めるというフレームワークのもとでは、どのように定式化されるだろうか。はじめに次のような基準が想定される。

第一基準　それぞれの時代（外生的与件）ごとに、共時的な社会間で、「品位ある政治的・社会的レジームをもつことを阻む不遇な条件」にある社会の改善に向けて資源再配分を行うこと。ただし、資源再配分の方法は、それぞれの時代に共存する諸社会世代の自律的な決定に任せられなくてはならない。資源の再分配は、具体的には次の二つのステップで実行される。⑴はじめに、各世代の各社会世代は、それぞれの正義原理のもとで、社会世代内での実行可能性を考慮しながら、社会世代内で一定の所得分配を実行する。⑵続いて、各社会世代内で実行される所得分配の情報を考慮しながら、共時的な社会間で資源の再配分を実行する。

このような基準を採用する理由は次のとおりである。各世代が自律的に決定すべき資源再配分の方法は、「品位ある政治的・社会的レジームをもつことを阻む不遇な条件」の特定化（identification）

の問題と評価・測定（evaluation/measurement）の問題を含む。後者は、当該社会構成員が享受する福祉（well-being）のメニューとその達成水準あるいは達成閾値を意味する。上記の基準は、これらの問題を、理論先行的に仮定するのではなく、各世代で共時的に存在する社会間の決定に委ねることを要請する。その理由は、第一に各世代の自律性を尊重するためであり、第二に実行可能性を保障するためである。資源配分の具体的方法を理論先行的に定めるとしたら、実行可能性が保障されない恐れがある一方で、実行可能性を先行条件とした上で、資源再配分を規定する諸条件としてすべての世代に関する情報を集約することは事実的に不可能である(13)。

ただし、それぞれの時代の諸社会世代の自律性を実質的に尊重しようとするなら、次のようなミルの言葉を傾聴する必要があるだろう。すなわち、「自由の原理は、自由を棄てることも自由でなくてはならぬ、ということは要求しえない」（Mill, 1859, 訳 p. 206 Sen, 1983, p. 24）。ひとたび自由の放棄を決定するとしたら、再度、自由の保証を制定する機会それ自体が失われてしまうからだ。このミルの言葉は、世代間正義に関してもう一つの基準を提出する。すなわち、

第二基準　各社会世代の定める資源再配分方法は、他の社会世代の人々が行う自律的決定の実効的な範囲を著しく狭めるものであってはならない。

実のところ、将来世代が実際に選択可能となる行為や状態の機会集合は、先行する諸世代の経済活動や政策の遂行による影響を免れない。しかも、この影響関係は先行する世代から将来世代へと強制

的・非対称的に発生する。社会世代間に存在するこのような強制性・非対称性の存在は、上記の基準に理を与えるのではないだろうか。[14]具体的にどのような決定が他の社会世代の自律的決定の範囲を著しく狭めることになるのかは、最終的には、前述の二つの基準のもとで資源配分方法を定める際に、各時代の諸社会世代間で判断されることになる。ただし、個々人の政治的自由や市民的自由への権利、あるいはまた福祉的自由への権利の制限、あるいは二酸化炭素排出量の無規制などが将来世代の選択範囲を大きく制約することが明らかであるとしたら、それらの選択をあらかじめ禁止するようなルールは、「すべての社会世代の自由と独立を尊重する」という高次原理を実質的に保障する付随的条項としてリーズナブルであり、各時代の社会世代間で継承されていく可能性が高いのではないだろうか。[15]

一〇　世代間調整ルールの制定・改定手続き

次に考察すべき問題は社会世代間の調整ルールの制定・改定に関する承認プロセスである。承認プロセスに関しては、共時的諸社会間のそれと継時的諸社会世代間のそれとの間には基本的な相違があるかのように見える。理由としては、共時的な場合は、各社会の代表者が調整ルールの制定・改定プロセスに、まさに共時的に参加することができるのに対し、継時的な場合は、各世代の代表者が調整ルールの制定・改定プロセスに共時的に参加することは不可能であることが指摘される。だがこのような指摘は少なくともロールズに関しては正鵠を得ていない。

なぜなら、ロールズの社会契約においては、一つの社会におけるルール制定・改定プロセス（正義原理を定める原初状態）においても、共時的な社会間のルール制定・改定プロセス（万民の法を定める原初状態）においても、関係者すべての参加が想定されているわけではないからである。確かに、政治的自由の権利に関する実質的平等の規定によって、一定の年齢に達したすべての社会構成員に対して、ルール制定・改定プロセスに参加する権利が保障されている。だが、権利の実際の行使に関しては、次のような黙約があった。すなわち、参加する当事者たち（parties）がいずれも、⑴社会的協同のための条件づくりというルールの目的、ルールが備えるべき形式的条件（一般性・普遍性・公示性・順序性・最終性）を理解していること、また、⑵何が正義に適う原理であるかを判断する際に、最小限の合理性（the Rational）と正義の感覚（sense of justice）を備えていること、さらには、⑶自分や自分の属する集合体に固有な利益に関連する個別的情報を捨象する一方で、社会や人間の一般的事実に関する知識の共有が担保されることである（「無知のヴェール」によって表象される情報的制約）。

これら三つの黙約は、たとえ個別的情報に関して相互に異なる主体が新たに加わったとしても、あるいは退出したとしても、現にルールの制定・改定にあたる当事者たちが合理性と正義の感覚を正しく行使し、彼らの間で、ルールを制定する目的が共有され、情報的制約がなされる限り、一定範囲内の結論が導出されることを保証する。[16]もちろん、当事者たちが共有する社会や人間の一般的事実に関する知識が大きく変化したとき、制定される正義原理も変化する可能性がある。だが、たとえそうだとしても、それが社会的協同の公正なルールであることが人々によって了解される点においては変わらない。ロールズの社会契約において重要なことは、当事者すべてが実際に参加することではなく、参加した当事者たちが適切な状況で判断を形成することである。「原初状態」とは、そのような形成を支える個々人の認識的な、また制度的な条件の表象に他ならない。

この枠組みに基づくならば、ある社会（あるいはグローバルな）の世代間調整ルールもまた、正義原理（あるいは、万民の法）の制定・改定ステージにおいて決定されることになる。世代間調整ルールの制定・改定に参加する各社会の構成員は、自分たちの社会世代に特有な利益・目的に関連する個別的情報を捨象しつつ、社会の一般的事実ならびに正義原理に関する知識に基づいて、将来世代にも受容可能な、また過去世代にも妥当な判断の形成に努めることになる。

むしろ、世代間の制定・改定ステージの本質的特徴は次の点にみられる。それぞれの社会世代の制定・改定ステージにおいて定まる正義原理は、明確な適用範囲が付されない限り――将来の世代によって改定される可能性を担保しながら――、それぞれの社会の将来世代にも適用されることが前提とされている点である。このことは、社会世代間を隔絶する時間的ボーダーは正義原理の改定により事後的に認識されるボーダーにほかならないことを意味する。

たとえば、ある社会世代の憲法で、基本的福祉の保障が個人の権利（生存権・福祉的自由への権利あるいは環境権として）として定められたとしたら、その権利は当該社会世代のみならず、将来の社会世代にも適用されることが、当然の前提となる。実際に生を受ける個人が誰であるかを予め特定化できないことは確かであるとしても、誰であろうと、「健康で文化的な生活を送る権利」が保障される点に、権利としての概念的意味がある。(17) 法や実践に関しても、特別の期間限定条項が付与されていない限り、世代を理由として差別的に扱われることはない。

さらに、継時的な社会間のルール制定・改定プロセスの特徴は、各社会世代のもつ正義原理に関する情報の一方向性にある。一つの社会における正義原理制定・改定ステージにおいては、社会内のサブ集団がもつ内的規準に関する情報はいずれも捨象されることが想定された。共時的な社会間調整ルール制定・改定ステージにおいては、各社会の正義原理に関する情報は互いに共有されることが想定された。それに対して、継時的な社会世代間のルール制定・改定ステージでは、前社会世代の制定・改定の歴史的な情報が共有される一方で、後社会世代の情報は共有されえないことになる（論理的には、「最初」の社会世代は情報を何ももてず、「最後」の社会世代はすべての情報をもちえることになる）。

だが、このような情報に関する非対称性それ自体は、先述した現在世代から将来世代への一方的な影響関係と同様に、世代間に成立しうる「相互性」の観念を否定するものではないだろう。むしろ、前社会世代までに形成された正義原理の内容やそれを支える政治的諸観念、それらの制定・改定プロセスに関する情報が一方向的であれ、批判的に共有可能であるという点が、言語や文化、伝統の歴史的な共有と並んで、「社会」そのものを定義する点に留意すべきである。以下では、世代間正義を支える「相互性」の観念の検討に移ろう。

二　ロールズの「相互性」概念

前述したように「社会世代」間調整ルールとして、「将来世代の自律的決定の範囲を著しく狭める決定は控えなくてはならない」ことを定めるとしたら、それは現在世代が将来世代に対して一方向的に負う義務となる。はたして、このような一方向的な義務は何によって正当化されるのだろうか。(18)

この問題を考察するにあたって留意すべきは、一方向的な義務の存在は、世代間特有のものではないという点である。そもそも、社会内であれ、社会間であれ、個人の基本的福祉を保障する仕組みは、「資源を提供する余裕のある人々」から「困窮している人々」への一方向的な資源移転の局面をかならずや含んでいる。論理的には、立場の交換が想定可能であるとしても、実際には、生涯にわたって資源を提供し続ける人（家系）、あるいは、生涯にわたって資源を受給し続ける人（家系）が出現する。

本章では、これら一方向的な義務を支える論理を「相互性」概念に求める。ただし、ここでいう「相互性」とは、通常、社会学や人類学、経済学などで用いられている概念とは異なるものであることを注記しておきたい。たとえば、交渉によって両者の便益が高まるわけではないという点において協力ゲーム的な「相互便益」概念からは区別される。また、何らかの意味での双方向性あるいは対称性が存在するという意味で「贈与」概念とも区別される。さらにそれは、互いの選好と交渉力の相違に依存した均衡点を導出するわけでは決してないという点でナッシュ均衡的な非協力ゲームとも区別される。(19)その内容上の特徴から、第四章ではこれを「公共的相互性」と呼び、公的扶助制度の解読に用いた。ここではその概念的特徴を抽出しよう。ロールズの言葉を借りればそれはまさに「政治的観念としての相互性」に他ならない。それは、次のような手続き的な意味と実体的な意味という二つの側面から定義される。(20)

1　手続き的な意味

ロールズの相互性の観念は、第一に、公正なルールを制定する手続きにおける当事者間の関係性として表現される。すなわち、「彼ら（当事者たち）は自発的に、協同の公正な諸原理と諸条件を提供し、遵守しようとするだろう、他者もまた同様に提供し、遵守するという保証がある限り[21]」（Rawls, 1993, p. 49）。ここで、「他者もまた同様に」以下の条件は、ルソーの次のような関心を裏づける。「確かに、理性だけから発する一種の普遍的正義というものがある。しかしこの正義は、われわれの間に受け入れられるためには、相互的でなければならない[22]」。ロールズは、「他者もまた同様に」という相互性が伴わないとしたら、ルールを提供し遵守するという行為が、個々人に過度の緊張を与えることになると考えた。だが、それればかりではない。彼は、そもそもルールが正統性を獲得するためには、単一の個人の理性的・論理的な演繹を超えて、「思考の公共的な枠組み」に裏づけられる必要があると考えていた[23]。彼のいう相互性とは、この公共的な枠組みを支えるものに他ならない[24]。

2　実体的な意味

(1)人権観念を制度化する法制度の存在は、一般に、それを受容している人々の間に対称性を保証する。「協同の公正な諸条件（fair terms of cooperation）は、ルールや手続きによって要求される役割を、各人がそれぞれ果たすという「相互性」（reciprocity）の観念を具体化する」（Rawls, 1993, p. 16）。

(2)いま、「将来世代の選択機会に影響を与えることができるとしたら、将来世代の選択機会を著しく狭めてはならない」という命題を構成しよう。前提部分を実際に満たすのは、常に現役世代であって将来世代ではない。したがって、最終世代と初発世代が存在するとしたら、彼らの間で実際に発現する事態は対称的ではない。ただし、少なくとも論理的には、どの世代に対しても同一の命題が適用可能である（前提部分が実際に満たされない最終世代は、この限りでは何をしてもよいことになるが、それでもこの命題自体は成り立つ）。

(3)「将来世代の選択機会を狭めない」という原理を受容している現在世代の個々人の間に、また、先行世代がその原理を受容することによって「選択機会を狭められない」将来世代の個々人の間に、それぞれ対称性を見ることができる。

(4)ロールズが格差原理の説明として述べたように、偶然的事象と個人の行為との間に対称性をみることができる。たとえば提供する余裕があるという事象と実際に提供するという行為との間に、あるいは困窮しているという事象と資源を受給するという行為との間に。また、「将来世代の選択機会に影響を与えることができる」という事実と「将来世代の選択機会を著しく狭めてはならない」という原理の受容との間に。

(5)「観点としてのリスク[25]」、すなわち、リスクがゼロとはいえないという互いの共通性に着目することにより（たとえ個々人の事故率が客観的に観察可能になったとしても、事故率の個人間相違に着目するのではなく）個々人の間に対称性をみることができる。ここでは、どの世代に生れ落ちる確率もゼロとはいえない点において、人々の間に世代を超えた対称性をみることができる。

先述したように、一般的に、「義務をもつことは可能であることを意味する」（換言すれば、できないとしたら義務をもたなくてよいことを意味する）一方で、「可能であることは義務をもつことを意味する」ということは通常、困難である。「将来世代の選択集合を変えることができる」現代世代は、「将来世代の自律的決定の範囲を著しく狭める決定を控える義務をもつ」とただちにいうことはできない。だが本節で論じた相互性の観念は、可能である場合には義務を負うという命題が、少なくともその道義的意味において、受容可能な規範となることを支えるのではないか。

一二　結びに代えて

本章では、ロールズ正義論のフレームワークと整合的な世代間正義の検討を通して、政治的観念としての相互性概念が明らかにされた。実は、相互性概念は、ロールズの着目する「社会契約」の核ともなる。最後に、この点を確認して結びに代えよう。

それら（正義と公正の概念）は、ある根源的な要素を共有している。それを私は相互性の概念と呼んだ。これは、功利主義によっては決して説明することのできない正義の局面である。それは、少々、誤解の余地を残す方法ではあったが、社会契約の観念によって表現され、許容されてきたものである（*ibid*., p. 190）[26]。

ロールズが指摘しているように、ルソーのいう「社会契約」は、しばしば「あるがままの人間があるがままの環境で契約を交わすこと」と誤解されてきた。だが、その真の意味は、「ある政治的社会的条件のもとにあるとしたら、ひとはどんな道徳的心理学的性質をもつだろうか」を問い、さらに、「ひとがそのような性質をもつとしたらどんな法を受容しようとするだろうか」を問うこと、換言すれば、ある理想的な制度を実現するための諸条件を考察するための概念的装置に他ならない[27]。ロールズの捉える「社会契約」は、前述した「現実的ユートピア」、すなわち、いまだ遠い理想にすぎず、決して実行性がある（feasible）とはいえないものの、ある諸条件が揃うならば、実現可能（possible）となるような理想を描くことをも可能とする。

現在世代のみが影響をもたらす力をもつとともに、現在世代のみがその力をコントロールする力をももつ。将来世代に対して影響を及ぼすことそれ自体は防ぎようがないとしても、現在世代は、どのような影響は控えるべきかを熟慮し、選択することはできる。将来世代が選択する正義原理が何であれ、将来世代に属するひとが誰であれ、彼ら（彼女ら）の選択の機会を大きく狭めるような選択を控えることを原理の一つに設定したうえで、現在の人々が行使する権利の実効性や享受しうる公共善の達成範囲を考慮することはできる。そのような将来世代配慮原理を含む世代間正義を制定する契機は、ある社会のある世代の人々のみが参加する（それ以外は参加できない）社会契約の中に存在する。それがロールズ正義論で構想された社会契約の観念だった。

さらに、ある社会のある世代が承認した個人の諸権利や守るべきことを合意した公共善は——将来世代による再解釈と再決定のもとで改変される可能性はあるとしても——、その適用において将来世代をあらかじめ排除するものではないという了解が、「権利」あるいは「公共善」の概念それ自体に内包されている点を再度、確認しておこう。

本章で残された課題は二つある。第一は、ロールズ的世代間正義の枠組みを、具体的な政策レベルの議論へと展開することにある。ヒントとなるのは、本章五節でまとめたグローバル正義の構想であり、それを八節の(3)で紹介したようなグループ世代間正義の枠組みで論じ直すことである。第二は、これらの理論研究を福祉政策に適用する方法をより具体的に考察することにある。[28] 社会政策の現場では、年金・医療・介護・公的扶助など異なる政策課題ごとに考案される世代間衡平性ルールをより全体的視点から整合化することなどが焦眉の課題とされている。はたして、デリダの希求する「無条件の歓待」を実現することは可能なのだろうか。考察の鍵は、互いに重複しながら複数の集団に所属する個々人の潜在能力に関する社会的評価をいかにして形成するかという、社会的選択の問題にある。終章にて論じ直そう。

（1）　ロールズ正義論の社会概念に関しては、土場・盛山（二〇〇六）Gotoh, 2004 参照のこと。
（2）　Rawls, 1980, p. 518.
（3）　ロールズははじめこれを「カント的構成主義」（Rawls, 1980）と呼び、後に「政治的構成主義」（Rawls, 1993）と呼んだ。

(4) この点はハバーマスとの議論を通じて明確にされたという。Rawls, 1995.

(5) Sen (2002) 参照のこと。

(6) 明示的あるいは暗示的な公共的合意と結合した批判的精査に対する開放性は、民主的社会において評価が恣意性から逃れるうえで中心的な要求である (Sen, 1997, p. 207)。

(7) Rawls, 1993, p. 110f, Sen (2001) 参照のこと。

(8) ロールズは公共的 (public) という語を、各個別的集合体のしきりを越えて成立する社会世界 (social world) と個人との間の関係においてのみ用いた。彼は、私的理性 (private reason) のようなものは存在しないと注記したうえで、各々の個別的集合体と個人との関係については、社会的理性 (social reason) と家庭内理性 (domestic reason) の役割を指摘するものの、それらはあくまで非公共的 (non-public) であると主張する。

(9) ロールズはここでヘーゲルの『法の哲学』に出現する「秩序ある理性国家像」を参照することを薦めている。

(10) たとえば、日本の生活保護制度に見られるように、世代 (年齢) に関わりなく、困窮を条件として所得保障がなされることになる。

(11) 「世代間の公正を保証するためには、人々はどの世代に属するかを知らないということ、あるいは天然資源や生産技術水準などに関する情報が遮断されるということを付加しなくてはならないだろう」(Rawls, 1974, p. 237)。

(12) Rawls, 1999a. 後藤、二〇〇二、三二五頁参照のこと。

(13) たとえば、すべての社会構成員に基本的福祉の保障を目的とするルールを考えよう。資源の制約条件には、現在の人々が提供する資源の量のみならず、過去の世代の蓄積、将来の世代から提供される資源 (国債など) が含まれる。それらは該当する受給者の福祉に便益を与えるのみならず、受給者本人や子孫の活動 (消費。生産。再生産活動) への影響を通じて (たとえば貧困の再生産の緩和)、提供可能な資源の量、給付に要する資源の量それ自体をも変化させる可能性をもつ。これらすべての要因を予め特定化できると考えるとしたら、フリードリッヒ・フォン・ハイエクがいうように理性的設計主義者の謗りを免れえないだろう（Hayek, 1988 参照）。

（14）この点の問題性については、鈴村・蓼沼（二〇〇六）にて、詳細に指摘されている。

（15）たとえば、宇佐美（二〇〇六）、長谷川（二〇〇六）、で挙げられている自然遺産、共通善は、それらの制限が、「他世代の自律的選択を著しく制約する」ことにつながるような項目として解釈される。

（16）それは、ロールズ自身が提案する「正義の二原理」とは限らないとしても、ある性質を共有する「正義原理のファミリー」となるだろう（Rawls, 1971b, p. 191、ただし、ページ数は一九九九ｂから）。

（17）日本国憲法第二五条第一項より。ただし、ここには「国民」という規定があるため、一時的居住をする外国人に対しては制限的である。このような権利の概念的意味に関しては、Gotoh, 2003 参照のこと。

（18）たとえば、生涯を通じて提供するだけの個人（賦課方式年金制度から積立式への移行期の高齢者）と生涯を通じて受給するだけの個人（賦課方式年金制度創設期の高齢者）を含む制度の公正性とは。矢印の双方向性がない資源配分メカニズムをいかに正当化するか。

（19）正義原理を高次の「交渉問題」の公正な解とみなす見解は確かに理解を促進する側面がある一方で、正義の観念に特有の問題を見えなくする恐れがある（Rawls, 1971b, p. 206）。

（20）以下の議論については、後藤二〇〇二、二〇〇四ａｂ、参照のこと。さらに、Gutmann and Thompson, 1996; Weal, 2004 参照のこと。

（21）"[T]hey are ready to propose principles and standards as fair terms of cooperation and to abide by them willingly, given the assurance that others will likewise do so" (Rawls, 1993, p. 49).

（22）ルソー（一七六二）『社会契約論』（一九五四、桑原武夫・前川貞治郎訳、岩波文庫）、五七頁。

（23）ここでは詳細を省くが、この点は、カント理論をより経験的な文脈で読み込もうというロールズの基本的立場と関連が深い。後藤、二〇〇二、二九〇―二九二頁参照。

（24）Rawls, 1993, p. 110f.

(25)「観点としてのリスク」についての詳細は、後藤、二〇〇四b参照。

(26) [T]hey (the concepts of justice and fairness) share a fundamental element in common, which I shall call the concept of reciprocity. (Rawls, 1971b, p. 190) It is this aspect of justice for which utilitarianism, . . . , is unable to account; but this aspect is expressed, and allowed for, even if in a misleading way, by the idea of the social contract" (Rawls, 1971b, p. 192).

(27) Following Rousseau's opening thought in *The Social Contract*, I shall assume that his phrase "men as they are" refers to how (persons' moral and psychological) nature works within a framework of political and social institutions; and that his phrase "laws as they might be" refers to laws as they should, or ought, to be (Rawls, 1999, p. 7).

(28) 社会保障制度の基本的論理に関する経済哲学的考察については、後藤、二〇〇五参照のこと。

参考文献

Derrida, J. (2001) *Papier Machine*, Galilee (中山元訳『パピエ・マシン下　パピエ・ジャーナル』、二〇〇五年、筑摩書房)

English, J. (1977) "Justice between Generations," *Philosophical Studies* 31, pp. 91–104.

Gotoh, R. (2004) "Well-Being Freedom and The Possibility of Public-Provision Unit in Global Context," *Ethics and Economics*, vol. 2, 1–17.

Gutmann, A. and D. Thompson (1996) *Democracy and Disagreement*, Cambridge: The Belknap Press of Harvard University Press.

Hayek, F. A. (1988) *Fatal Conceit: The Errors of Socialism, The Collected Works of F. A. Hayek, Vol. 1.* Ed. by W. W. Bartley. London: Routledge.

Hinsch W. (2001) "Global Distributive Justice," *Metaphilosophy*, 32, 1, 58–78.

Mill, J. S. (1859) *On Liberty*, (塩尻公明・木村健康訳『自由論』岩波書店、一九七一年)。

Pogge W. T.（2000）On the Site of Distributive Justice: Reflections on Cohen and Murphy, *Philosophy & Public Affairs*, 29, 2, 137–169.

Rawls, J.（1971a）*A Theory of Justice*, Cambridge, Mass.: Harvard University Press（矢島鈞次監訳、『正義論』、紀伊国屋書店、一九七九）, revised version（1999b）.

Rawls, J.（1971 b）"Justice as Reciprocity," in Samuel Gorowitz ed. *John Stuart Mill: Utilitarianism, with Critical Essays*, reprinted in *Collected Papers*（1999c）, 190–224.

Rawls, J.（1974）"Reply to Alexander and Musgrave," *Quarterly Journal of Economics*, 88, reprinted in *Collected Papers*（1999c）, 232–253.

Rawls, J.（1980）"Kantian Constructivism in Moral Theory: The Dewey lectures," *The Journal of Philosophy*, 77, 9, 515–572.

Rawls, J.（1993）*Political Liberalism*, New York: Columbia University Press.

Rawls, J.（1995）"Reply to Habermas," *The Journal of Philosophy*, 92–93.

Rawls, J.（1999a）*The Law of Peoples*, Cambridge, Mass.: Harvard University Press.

Rawls, J.（1999b）*Collected Papers*, ed., by Freeman, S., Cambridge, Harvard University Press.

Rousseau, J. J（1762）*The Social Contract*（桑原武夫・前川貞治郎訳、『社会契約論』、一九五四、岩波文庫）。

Sen, A. K.（1983）"Liberty and Social Choice," The Journal of Philosophy, 80, reprinted in Sen, *Rationality and Freedom*, Cambridge: Harvard University Press, 2002, 381–407.

Sen, A. K.（1997）On Economic Inequality, expanded edition with a substantial annex by James E. Foster and Amartya K. Sen, Oxford: Clarendon Press（鈴村興太郎・須賀晃一訳『不平等の経済学』東洋経済新報社、二〇〇〇）。

Sen, A. K.（1999）*Reason Before Identity, The Romanes Lecture for 1998*, Oxford, Oxford University Press.

Sen, A. K. (2001) "Justice, Democracy And Social Choice," Text of Public Lecture at the Center for Interdisciplinary Research (ZIF), University of Bielefeld, Germany, on 22 June.

Sen, A. K. (2002) "Open and Closed Impartiality," *The Journal of Philosophy*, XCIX, 9, 445–469.

Sen, A. K. (2006), *Identity and Violence——The Illusion of Destiny*, New York: W. W. Norton & Company.

Singer, B. A. (1988) "An Extension of Rawl's Theory of Justice to Environmental Ethics," *Environmental Ethics*, vol. 10.

Weal, A. (2004) "Contractarianism, deliberation and general agreement," Dowding, K., R., Goodin and C. Pateman eds., *Justice & Democracy*, Cambridge: Cambridge University Press.

宇佐美誠（二〇〇六）「将来世代への配慮の道徳的基礎——持続可能性・権利・公正」鈴村興太郎編『世代間衡平性の論理と倫理』、東洋経済新報社、二五五―二八二頁。

後藤玲子（二〇〇二）『正義の経済哲学　ロールズとセン』、東洋経済新報社。

後藤玲子（二〇〇四ａ）「規範理論の整合化と重層的福祉保障の構想」塩野谷祐一・鈴村興太郎・後藤玲子編著、『福祉の公共哲学』、東京大学出版会、二六三―二八〇頁。

後藤玲子（二〇〇四ｂ）「リスクに抗する福祉とは」橘木俊詔編著『リスク社会を生きる』、岩波書店、二七五―三〇六頁。

後藤玲子（二〇〇五）「社会保障と福祉国家のゆくえ」川本隆史編、『応用倫理学講義４　経済』、岩波書店、九八―一二四頁。

鈴村興太郎・蓼沼宏一（二〇〇六）「地球温暖化の厚生経済学」鈴村興太郎編『世代間公平性の論理と倫理』、東洋経済新報社。

土場学・盛山和夫編著『正義の論理』、勁草書房、二〇〇六年。

長谷川晃（二〇〇六）「共通善・時間・責任」鈴村興太郎編、『世代間衡平性の論理と倫理』、東洋経済新報社、三〇三―三三六頁。

終章　福祉と正義

一　はじめに

自然的分配は正義でも不正義でもない。これらは単に自然的事実にすぎない。正義か不正義かは、制度がこれらの事実を扱う扱い方をいうのである（Rawls, 1971a, p. 102）

天賦の才や属性、運もまた、ひとの個性にちがいない。それらは、それら自身のうちに、自然的な有利性や不利性をはらんでいるかもしれないが、その価値は多様であり、その意味は人々の解釈や他者との関係性のありように大きく開かれている。天賦の才や属性、運を特定の社会的・経済的不平等に結びつけるものは、それらを特定の仕方で扱う人為的社会制度にほかならない。ひとは生まれもって、何か特定の社会的・経済的報酬に「値する（deserve）」わけではない[1]。ひとが自然的・社会的偶然性からエキストラな利益をえることが許されるのは、そうでない人々もまた利益をえられるときに限られる、というジョン・ロールズの言葉は、いまもなお否定しがたい響きをもっている。

ロールズ正義論の関心は、自然的・社会的偶然性に対する制度的扱いにおかれた。それも、異なる目的や論理をもった個々の制度ではなく、個々の制度の働き方（機能のしかた）を統御する社会の基礎構造におかれた。

しかも、彼の理論のユニークさは、制度をつくり、制度を動かす人々の選択や行動に、その分析視点が据えられた点にある。一定の基礎構造を備えた社会制度に深く規定されながらも、正義にかなった社会の実現を支える人々の選択や行動のあり方、それに伴う規範的な問題が、ロールズ正義論の主題とされた。

後者の特徴は、ロールズ正義論が、まさに「実質的な道徳概念を、私たち自身の道徳感覚や性質との関係で期待どおり働かせるための条件」を探る「道徳理論（moral theory）」であることを示すものであるのだが[2]、同時にそれは、個人の合理的行動を基礎に制度（規範的問題）の事実的分析を志向する経済学者たちの強い関心を招くことにもなった。

なかでも「所与の制約条件下で、もっとも不遇な人々の期待を最大限に高めること」を要請する「ロールズ格差原理」は、『正義論』（一九七一年）刊行当初より、社会的選択理論から最適課税論にいたる幅広い経済学者の関心を呼び、実際のところ、一九七〇年代から八〇年代にかけて、倫理と経済との主戦場とされたといっても過言ではない[3]。はたして、「無知のヴェール」下で、ロールズ格差原理は合意制定されるといえるのか、はたしてそれは、功利主義その他の分配原理と比べてよい性能をもつといえるのか、などがそこでの主要な争点とされた。

本章の主題は、アマルティア・センの潜在能力理論の視点からロールズ格差原理を再定式化することにある。周知のように、センは潜在能力理論の視点から、ロールズ格差原理が依拠する〈所得〉指標に対して厳しい批判を展開している。[4] それに対して、ここでの主要な関心は、これまであまり注目されてこなかった「最大化」という分配原理そのものに向けられる。ロールズ格差原理のもとで「最も不遇な人々」の期待が最大化されたとして、はたして、その絶対的な水準は、本人たちの基本的な潜在能力（福祉）を保障するといえるのだろうか。

この問題は、最低生活保障（たとえば日本の生活保護や基本所得構想）とそれを支える働き手の確保といった現代福祉国家の文脈で、見逃せない論点を含んでいる。[5] 問題の本質は、一九七〇―八〇年代の倫理や経済論争と共通するものの、人々の認識や行動を通して格差原理を有効に機能させるためには、はたしてどんな論理や仕組みが必要か、といったここでの帰結的な関心は、当時の経済学者たちはもとより、ロールズ自身が自覚していた議論の射程をも越えるかもしれない。その意味で、本章は、「ロールズ格差原理」に関する文献学的考証というより、その定式化のしかたをめぐる方法的探究、とりわけ狭義の合理性モデルに対する倫理的観点の独自性の探究という性格をもつことになる。

本題に入る前に、次節では、ロールズ格差原理の〈制定プロセス〉をめぐる論争を概観する。論点は、（たとえば正義原理を制定するという）一定の社会的目標が、私的利益の最大化を図る個々人の（何であれ）自発的な行動を通じて実現されるという、近代経済学に顕著な自己完結的な図式が、正義の問題にもあてはまるかどうかである。

二　ロールズ格差原理の制定と不確実性下での合理的選択問題

ロールズは、「公正としての正義」の中で、一定の公正性をみたす制定手続きのもとであれば、一定の性質をもった正義原理（のクラス）が選択されることを示そうとした。この立論のしかたは、不確実性の理論あるいは社会的選択理論の専門家たちの批判を招いた。はたして、彼の想定する制定手続きのもとで「ロールズ格差原理」が（それだけが）、本当に導出されるのだろうか。論理的には、導出される正義原理のクラスは満たされる条件（群）に依存して、変わる。ロールズ自身の想定した「原初状態」の仮定に、いくつかの条件群を付け加えれば、「格差原理」の導出が論理的には保証される(6)。だが、はたして、個々人はそれらの条件を受容するといえるだろうか。

彼らの批判の要点は次のようにまとめられる。自分がどのような社会的地位を占めることになるかが不確実であるとしたら、私的利益の最大化を図ろうとする合理的な個人は、どのような行動原理をとると考えられるか。格差原理は、起こりうる最悪のケースのみに注目したうえで、最小効用の最大化を図るマキシミン原理を意味するが、そのような原理を採用する人々は、極端なリスク回避主義者に限られるだろう。ノーマルなリスク選好をもつ個人であれば、起こりうる様々な状態に等確率を付したうえで、結果的に期待される自己の効用を最大化しようとするにちがいない。これはハーサニーが提唱する「期待効用最大化原理」にほかならない。原初状態で何か原理が合意制定されるとしたら、それは格差原理ではなく期待効用最大化原理だろう。

このような批判に対してロールズは、まずもって、「私は、人々はリスクを回避する特殊な傾向をもっているとは仮定しなかった。そのような議論をするつもりはまったくなかった」(Rawls, 1974b, p. 247) と応答する。そして、原初状態でかけられる無知のヴェールは、個人の通常の選好を覆い隠すだけではなく、リスクに対する個人の選好、あるいは、不確実性下での行動原理に対する個人の選好をも覆い隠すものであることを、きっぱりと主張する。結局のところ、ロールズは、そこで、不確実性下での合理的選択という、彼らの問いの立て方それ自体を退けたのである。その理由は次の点にあった。

経済学者たちは、個々人は判断を形成するにあたって、異なる他者の境遇を、起こりうる自己の境遇と読み替えたうえで、本人の拡張的な効用関数に組み込むだろうと仮定した。そこでは、個人間の資源配分という「正義の問題」もまた、不確実性下での、あるいは異時点間での個人内の資源配分という「合理的利益の問題」――自分にとってどのような資源配分が望ましいか――に還元されることになる。ロールズが強く反対したのはこの点だった。個人間の配分の問題を、個人内の配分の問題に還元することはできない。正義の問題を合理的利益の問題に還元することはできない。ロールズによれば、

> 秩序ある社会と原初状態の観念は、合理的利益(rational interests)に基づく善の観念ではなく、正の概念(the concept of right)に属するような要素を多く含んでいる。正義の二原理もまた正(the right)の内容を示すものであり、個々人の合理的利益の最大化を社会に要求するものではな

い。……この理論は、個々人の合理的利益の満足が最大化されるであろうことを意味するものではない（Rawls, 1999, pp. 242–243）。

ロールズと経済学者たちとのフレームの違いはきわめて重要である。現にある自己の境遇（特性や能力を含む）を相対化する視点を要請する点で両者は共通するものの、経済学者たちは、現にもつ自己の選好の完全な保持を許すのに対し、ロールズは、現にもつ自己の選好をもすべて相対化する視点を要請する。両者の違いの意味は、両者の中間的な設定をとったロナルド・ドゥオーキンの「仮設的保険理論」をみるとより鮮明になる[7]。ドゥオーキンの仮設的保険理論は、自己の境遇（特性や能力を含む）と確実下での自己を相対化する視点を要請するものの、不確実下での自己の選好（リスク選好）の保持を許したうえで、結果的に、個々人が互いを羨望しないような保険プランを推奨する。

ドゥオーキンの議論は、等しくリスクの前にある個々人の選好を等しく尊重するものであることは間違いない[8]。だが、ジョン・ローマーが正しく指摘したように、彼の設定のもとでは、個々人は、（起こりうる）より高い能力により多くの資源を、（起こりうる）より低い能力により少ない資源を配分するような保険プランを、選択する可能性がある[9]。それは、たとえば能力が縮減したら外的資源も減らして活動を縮小し、能力が回復したら外的資源も増やして活動を展開する生き方として解釈される。これは個人の生き方に関する合理的・慎慮的選択の一つとしては否定されるべきものではなく、近年、ドゥオーキンが個人の善き生として推奨する〈チャレンジ〉観念と適合的でもある[10]。

問題は、そのような資源の配分方法が、現に、異なる境遇にある個々人を等しく配慮する方法として適切かどうかである。もちろん、個人内分配に関する個人の合理的・慎慮的選択は、上記とは異なる方法を選ぶ可能性もある。たとえば、個々人が、（起こりうる）より低い能力により多くの資源を、（起こりうる）より高い能力により少ない資源を配分する保険プランを選ぶとしたら、ロールズ格差原理、あるいは障害のある個人により多くの分配を命ずるセンの「弱衡平性原理」(11)が結果的には実現するだろう。だが、異時点間あるいは不確実性下における個人内分配は、本人の生き方に関する問題であるとしたら、まさにその局面で、特定の原理の選択を個人に強制することは望ましくない。

たとえば、女性は他者への直接的な配慮から自分自身の目的を断念する傾向が強かった点を考慮すると、この問題は重要である。個人間分配と個人内分配とのアナロジーを許さず、正義の問題と合理的利益の問題を区別することは、個人――合理性をいくらか備えた――が、自分自身の合理的利益の問題にひきずられることなく、正義原理を選択することを可能とするばかりではない。両者の区別は、個人――正義の感覚をいくらか備えた――が、正義の問題に個別的、直接的、無制限的に引きずられることなく、自分自身の選好（背後にある価値や目的・適性）を――制定された正義原理の枠内ではあるものの――最大限に尊重しながら、自己の生き方を選択することを可能とするものでもある。

だが、理論的にはともかく、実践的にはこのような区別は得策ではないと考えられるかもしれない。合理的利益を動機としながら、「自発的」に正義原理が選ばれる可能性が閉ざされるからだ。ロールズ正義論は、せっかく個人による選択のルートを用意しながら、結局のところ、利益の観点を否定する厳格な義務論に回帰してしまったと非難されるかもしれない。だが、ロールズは利益の観点を蔑ろにしているわけではいない。むしろ、彼は、複数の異なる質の利益がひとの異なる種類の行動を支えると考える。たとえば、正義原理を制定し受容しようとする個々人の行動は、「彼らのあらゆる利益が社会制度によってどのように形作られ、統制されるべきか」を関心とする「最高次利益（highest order-interests)」によって動機づけられているという[12]。

いずれにしても、ここでは、私的利益の最大化を図る個々人の（何であれ）自発的な行動を通じて正義原理が実現される、あるいは、個々人の（何であれ）自発的な行動を通じて実現されたものが正義原理となるといった自己完結的な図式が、少なくとも正義原理の制定にあたってはふさわしくない点を確認して、本題に戻ろう。いま、「最も不遇な人々」の期待の最大化を要請するロールズ格差原理が制定されたとして、はたして、最大化されたもっとも不遇な人々の期待の水準は、本人たちの基本的潜在能力（福祉を保障する）といえるのだろうか。

三　ロールズ格差原理の経済学的定式化

「すべての人に実質的自由を！」という目標を掲げ、基本所得の無条件給付（ベーシックインカム）政策を提唱したフィリップ・ヴァン・パリース（Van Parijs, 1995）の原点は、ロールズ正義論にあった。彼は、格差原理の解釈にあたって、「最も不遇な人々」をあらわすインデックスにこだわった。もしそれが、所得のみで指標化されるとしたら、「最も不遇な人々」とは即、最小所得者を意味することになり、格差原理の要請は、所与の条件下で最小所得者の期待を最大化するところまで所得移転を実行することと解される。それに対して、「最も不遇な人々」が所得と余暇の両方で指標化される

（たとえば、両者を定義域とする効用概念を用いて）としたら、最小所得であっても余暇を十分にもつ人は、より恵まれた人とみなされ、所得移転を受けられない可能性がある。ヴァン・パリースがこだわったのは、後者の可能性を懸念してのことである。

無条件的なベーシックインカム政策の特徴は、個々人の私的能力の活用の有無が、ベーシックインカムの受給要件とされることはない点にある。たとえば、十分な私的能力をもつにもかかわらず、その活用を拒み、余暇をフルに享受している個人がいたとしても、それを理由に彼がベーシックインカムの受給を拒否されることがあってはならない。はたして、ロールズ正義論はこのような議論を認めるだろうか。

残念ながら否だ、とヴァン・パリースはいう。当初、ロールズは、諸権利と諸自由、諸機会、所得と富、自尊の社会的基盤だけを社会的基本財としていた。だが、リチャード・マスグレイブら経済学者との議論[13]を通じて、彼は余暇を社会的基本財に追加することを認めてしまった。その結果、カリブ海で日がなサーフィンに興ずるような若者は、もっとも不遇な人々とは同定されないという見解を表明するに至った、と[14]。

だが、そのようなロールズ解釈は、正鵠を得ていない。なぜなら、ロールズは、就労能力（潜在的な稼得能力）をもつ人々に対して、それを理由に課税すること――たとえば人頭税のかたちで――に対して明確に反対しているからである[15]。さらに、彼は、別の箇所で、「格差原理のもっとも単純な形式においては、もっとも不遇な人々は所得と富によって同定される」（Rawls, 1992, p. 46, note 19）と注記しているからである。たしかに、パリースが指摘するように、社会的基本財のリストに余暇を追加する可能性を彼は認めた。ただし、それは「余暇を基本財に含めるかどうかは、社会的基本財のより深い理解と余暇をカウントする実行可能な方法に依存する」という留保つきであることを見逃してはならない[16]。また、所得と余暇の相対評価（一単位の余暇の増加は何単位の所得の減少に匹敵するか）に関しては、議論がオープンにされている点に留意する必要があるだろう[17]。

たとえば、成熟した市場をもつ反面、貨幣化可能な資産保有の偏りがはげしく、しかも無料でアクセスできる公共サービスが十分には整備されていないような社会では、所得不足は個人の活動や存在を大きく制約するおそれがある。そのような社会では、個々人が享受する実質的自由の評価にあたって、所得に対する余暇の相対評価を大きく低める[18]ことには妥当性があるだろう。その意味では、ロールズの議論はベーシックインカム論を排除するものではない。

ロールズ格差原理にともなうより深刻な問題は、それを経済学的な枠組みで定式化するとき、ヴァン・パリースが推奨する規範的観点（就労能力があるにもかかわらず、余暇を十二分に享受している個人であっても給付を拒否されない）を含めて、いかなる規範的観点も形骸化される（その意図を実現できない）おそれがある点である。以下では、この問題を詳しく検討しよう。

経済学者の多くは、社会的厚生関数（social welfare function）の一つとしてロールズ格差原理を定式化した[19]。社会的厚生関数とは、個々人の任意の効用関数プロファイルに対して、一定の観点に基づいて、ある「社会的効用関数」を対応させる関数をさす。このもとでは、一定の制約条件下で、社会的効用関数の値（厚生）を最大化するような資源配分プロファイルが、社会的に最適な配分とみなされることになる。たとえば、すべての個人の厚生を同一ウエイトで加算する集計値を社会的厚生とする関数が、「功利主義的社会厚生関数」と呼ばれる。それに対して、最も不遇な人々の厚生に全ウエイトを与える関数が「ロールズ的社会厚生関数」と呼ばれる。[20]

経済学者たちの主要な関心は、どの社会的厚生関数が規範的に望ましいかではなく、それぞれの社会的厚生関数の性能を比較評価することにあった。[21] すなわち、それぞれの社会的厚生関数のもとで、社会的厚生関数それ自身を制約条件の一つとしながら、個々人が私的効用の最大化を図るとしたら、はたしてどんな帰結が社会的に実現することになるかを予測することにある。

たとえば、「負の所得税」構想でも仮定されていたように、個人の効用関数が本人の余暇と所得に依存し、その所得が社会的厚生関数（負の所得税構想では端的に「税」）に依存して変動するとしたら、個人はその変動のしかたに注目しながら、私的効用が最大化されるように自分の労働量を調整しようとするだろう。このような枠組みは、個々人の労働インセンティブに対する税の影響を考慮しながら、結果的に、社会的に望ましい所得配分を実現するような税制度を構築するという、マーリースらの「最適課税論」にも影響を与えた。[22]

この枠組みでロールズ格差原理を分析することの面白みは、「最も不遇な人々」の厚生の最大化を図る「ロールズ的社会厚生関数」のもとで実現される「最も不遇な人々の厚生」が、結果的には、人々の効用関数に依存して、きわめて低い値となる可能性を明らかにする点にある（ここではそれを「格差原理のディレンマ」と呼ぼう）。

この分析は、「最も不遇な人々」にいわば特権を与える（全ウェイトを与える）格差原理のもとでは、他の階層の人々の不満をつのらせ、彼らから徴収できるはずの租税収入を大きく減少させるだろうという、格差原理に対する根強い批判を裏づけるものとみなされた。

はたして、所得インデックスを採用した場合には、格差原理のディレンマを回避することができるのだろうか。残念ながら、答えは否である。以下では、その理由を後藤（一九九四）の定式化をもとに明らかにしよう。

後藤（一九九四）は、「最も不遇な人々の期待」を「最小所得」として指標化した。そのうえで、ロールズ格差原理を、最小所得の最大化を目的として、一定のウェイトで常識的正義の準則（common sense precepts of justice）をバランスづける社会的目標関数（social goal function）として定式化した。

すなわち、典型的な常識的正義の準則として、「貢献に応ずる分配準則」と「必要に応ずる分配準則」をピックアップしたうえで、人々が協同して生産物を産出している生産経済と総生産物を一定の方法――「貢献に応ずる分配準則」と「必要に応ずる分配準則」を一定のウェイトでバランスづける方法――で人々に配分する仕組みを構成した。

このモデルのもとでは、ロールズ格差原理は、制約条件下で、最小所得を最大化するような二つの準則間のウェイトづけを要請することになる。この制約条件には、人々がともに利用可能な資源、社会環境、生産技術などのほか、協同的な生産活動に従事する個々人の就労貢献（スキル・資質、就労時間）が含まれる。その一方で、個々人は、社会的目標関数それ自体を制約条件の一つとしながら、私的効用の最大化を目的としながら、合理的に自己の就労貢献を決定すると想定される。ただし、個人の効用関数は、伝統的な経済学同様、余暇と所得に依存すると仮定される。このとき、格差原理のもとで実現する「準則間の最適ウェイト」ならびに「最小所得」の値は、個々人の効用関数に依存して決定されることになる(23)。

この定式化の利点は、ロールズ格差原理が、異なる目的や論理をもった個々の制度ではなく、社会の基礎構造を規定する原理であること、すなわち、個々の制度の働き（機能）を尊重しながらも、それらの働き方を統御する原理であることを、明示的にあらわす点にある。それはまた、常識的正義の規準間の最適なウェイトを、理論先験的に決定するのではなく、個々人の効用関数の変化にあわせて調整していくことをも可能とする。総じて、この定式化は、以下の引用に示されたロールズの動態的なフレームと整合的だといえるだろう。

社会的諸条件が変化したときは通常、（常識的正義の）規準間の適切なバランスも変化する。正義の諸原理を適用し続けるならば、市場の諸力が変化し徐々に社会構造が再構築され、その結果、規準間のウェイトも改められていくだろう（Rawls, 1971a, p. 307）。

だが、このモデルもまた、実現する最小所得の水準が、本人たちが享受する「実質的自由」に照らして、低すぎる値にとどめられる可能性を避けられない。社会的に配分可能な総生産量は人々の就労量の変化に依存し、人々の就労量の変化は社会的目標を制約条件とする私的効用最大化行動に依存するかぎり、これらの可能性を否定できない。もし、このような結果が、ロールズ格差原理の意図に反するものであるとしたら、定式化の仕方に欠陥があることになる。はたして、その欠陥はどこに求められるべきだろうか。

四　ロールズ格差原理の方法的視座

この問題を考察するにあたって、はじめに注目されるのは、新古典派経済学の内部から起こった批判的考察、とりわけインプリメンテーション理論によるものである[24]。彼らは次のように主張する。社会厚生関数モデルでは、効用関数という個人の私的情報が与件として扱われている。そこでは個々人が自己の私的効用を高めるために、制度や他者の行動を予測しながら、私的情報それ自体を操作する可能性が明示化されていない。社会的厚生の最大化という社会的目標を実行するにあたって、情報に関する分権性、あるいは、意思決定に関する分権性を尊重するとしたら、この可能性を無視することはできないはずだ[25]。

この批判は、上述した後藤（一九九四）の社会的目標関数モデルにもほぼ同様にあてはまる[26]。ロールズ自身もこの批判を一部、共有していることは次の引用から明らかだ。

（社会的厚生関数のモデルでは）正義原理を受容する問題が上位管理的決定の偶然的結果として解釈されてしまう。……これらの便益を受け取る個々人が相互に関連しあっているとは想定されていない。個々人は、限られた資源を配分すべき非常に多くの方向性を指し示すだけだ。なぜある方向に資源が配分され、他の方向には配分されないのかは、ただ、個々人としての個々人がもつ選好と利益（preferences and interests as individuals as individuals）から説明されることになる。人々同士の道徳的関係（moral relations between persons）――共同事業のメンバーであるというような――とは無関係に、また、各人が請求（claims）するつもりでいた事柄とは無関係に、願望（desires）の充足それ自身が価値をもつことになる。社会的厚生関数の価値の最大化を目的として、中央からシステムのルールを調整しようとする（理想的な）立法者が配慮するのは、この価値だけである（Rawls, 1971b, pp. 216–218)。

ロールズの批判が、一定の制約条件のもとで、互いに分離された個々人の効用関数を、何であれ与件とし、その集合的な力がもたらす結果を社会的に最適な厚生とするという、社会的厚生関数モデルの構造そのものに向けられていたことは、彼が、別の箇所で、社会的厚生関数を「中央管理者」と呼び、個々人を「積み荷運び人」と呼んでいることからも確認される(27)。

だが、ロールズの批判は、「分権化」という言葉に尽くされるものではない点に留意が必要である。彼は、前述の引用の中で、「個々人としての個々人がもつ選好と利益（preferences and interests as individuals as individuals）」を越えて、「人々同士の道徳的関係（moral relations between persons）」や「彼らが請求（claims）するつもりでいた事柄」に注意をうながしているからだ。そして、「便益を受け取る個々人が相互に関連しあ」いながら、正義原理を受容していくプロセスの独自性を示唆しているからだ。

はたして、これらの言明が正確に意味することは何だろうか。「人々同士の道徳的関係（moral relations between persons)」や「彼らが請求（claims）するつもりでいた事柄」に注意を払う主体はだれだろうか。ロールズは、格差原理の遂行に関して、どんなオールタナティブな構想をもっていたのだろうか。

前述したように、ロールズ格差原理の一つの特徴は、「平等な諸自由の保証」の優先性を認める点にあった。彼はまた、格差原理の実現にあたって、個人の善の観念の設定・追求・改定に関する本人の責任性——正義原理の範囲内であるが——を尊重している。このことは、個人の労働貢献の選択に対する介入、あるいは、効用関数の形成に対する外的な干渉を許さないはずである。たとえ、ある個人が自らの効用関数の表明を操作するおそれをもつとしても、それが本人の善の観念に根ざすものであり、しかも正義原理に反するわけではない——正義原理が最終的に指示する配分方法を遵守する点において——としたら、それを外的なルールを用いて規制することは許されないはずである。そうだとしたら、結論として、格差原理のディレンマを容認するしかないのだろうか。ここでは、次の三つの引用をもとに、ロールズの真意を探ろう。

合意された諸原理を受容し、尊重することは、正義の公共的概念としてそれらを自覚的に適用すること、そしてわれわれの思考と行動においてその意味を確証することを意味する（Rawls, 1974b, p. 250）。

社会は、市民たちの選好と目的に責任をもたない。少なくとも、それらが安定のために必要な正義の有効な感覚によって容認され、それらの感覚と両立可能である限り（Rawls, 1974b, p. 251）。

公正としての正義では、人々は、彼らが現実にもつプラン、あるいはもつかもしれないプランに同一化される存在ではなく、これらのプランを形成し、採用し、変更すべきときには、そうすることのできる存在とみなされる。……人々は自分自身を、特定の目的複合体に、――それらを追求することはあるとしても――、不可避に拘束されているとはみなさないだろう（Rawls, 1975, p. 283）。

どうやら問題を解くかぎは、格差原理を公共政策として具体的に適用するステージ――それは社会の状況に関してより多くの情報が開示されるステージでもある――で、格差原理の実現にコミットする人々自身の認識活動にありそうだ。

ロールズによれば、格差原理の実現にコミットする人々は、①「正義の公共的概念として」格差原理を「自覚的に適用」し、「思考と行動において」格差原理の「意味を確証」し、また、②「正義の有効な感覚」をもとに、自分たちの選好と目的がそれと両立可能であるかどうかを探ろうとする。

ここでロールズが想定する個人は、これまで新古典派経済学が暗黙に仮定してきた、「個々人としての個々人がもつ選好と利益」に同一化している個人、あるいは、「特定の目的複合体」の命令に服して私的情報の操作に走る個人とは明らかに異なっている。それは、合理的利益とは違った種類の利益を動機としながら、一定の外的視点（倫理的観点）から自分たちの行動を内的に制約する可能性をもった個人である。先の引用にあった「人々同士の道徳的関係（moral relations between persons）」

や「彼らが請求（claims）するつもりでいた事柄」に注意を払う主体は、モデルの中の人々自身であると考えられる。そうだとしたら、一定の社会的目標が、私的利益の最大化を図る個々人の（何であれ）自発的な行動を通じて実現されるという、新古典派経済学に顕著な自己完結的な図式を、格差原理の実現ステージにあてはめることは――制定ステージと同様に――できないことになる。モデルの中の個々人が、その図式を大きく飛び越える可能性があるからだ。

この事実は、格差原理の定式化の方法に大きな転換を迫る。格差原理の動態的変化を規定する社会的諸条件(28)――それは常識的規準間のウェイトの変化を通じて、「もっとも不遇な人々の期待」の水準に変化をもたらす――には、個々人の効用関数（やその操作可能性）そのものではなく、格差原理の「意味」に照らして、一定の倫理的観点から自らの選択や行動を吟味し、内的に制約しようとする個々人の「思考や行動」様式こそを含める必要性がでてくるからだろう。

以上の考察は、新古典派経済学的な就労インセンティブ理論をもとに給付水準の削減を主張する議論に対抗的な視座を与える。たとえば、後藤（二〇〇六a）が論じたように、社会のルールとそのルールを実現する自分自身の活動を、自己の正義の感覚とともに、広く相互的な文脈のもとで捉え返そうという、個人の認識活動を明示的に導入することが可能となるからだ(29)。このような構想は、ロールズ格差原理が「最も不遇な人々」の「実質的自由」を保障する原理として、有効に機能することを支えるだろう。

ただし、ロールズ自身は、妥当な給付水準の決め手となるはずの「実質的自由」の内容に関する積極的な議論を展開していない。次節では、潜在能力概念を指標として「実質的自由」を直接、捕捉しようとするセンの議論を検討したい。

五　潜在能力理論の方法的視座

ロールズが、所得を超えて「最も不遇な人々」を捉える指標を特定化しようとしなかった理由は、社会政策に対する次のような認識にあった。社会政策の原則は、同様の境遇にある人々を同様に扱い、異なる境遇にある人々を適切な差異のもとで扱うことにある。だが、個々人の利益や善に踏み込んでその原則を貫くことには多くの困難が予想される。また、そもそも所得を用いて何を消費するか、消費を通してどんな利益や善を実現するかは、ひとの価値や目的にかかわることがらである。社会政策は、個々人が抱くかもしれない多様な価値や目的に対して、できるだけ開かれたものであることが望ましい。少なくとも成熟した市場社会であれば、ひとは、貨幣のヴェールのもとで、自己の目的や価値、名前をあかすことなく、財やサービスを自由に購入できるだろう。かくして、ロールズ自身は、所得を「最も不遇な人々」の近似的指標とするにとどまったのである。

ただし、ロールズの議論は、ある特定の価値や目的が人々に受容されるとしたら、それらを手がかりとして、社会政策が個人の利益や善き生に直接、配慮することに反対する理由をもたない。たとえば、所得や消費水準にはあらわれてこないものの、社会が配慮すべき理由が明らかであるような価値があり、ある人々にその著しい不足が観察されるとしたら、それを社会政策の指標とすることは妥当なはずだ。このような視角から、ロールズの議論を、「実質的自由」の保障に向かって大きく歩を進めたのが、センの潜在能力理論である。彼は、個人の所得や消費、効用などに関する情報を超えて、個人が実現している行いや在りよう（すなわち、諸機能の組み合わせ：functionings）、さらには個人が達成可能な諸機能の組み合わせの集まり（すなわち、潜在能力：capability）に着目すること、しかもそれらを基数的かつ個人間比較可能な指標とすることで、個々人のおかれている境遇（advantage）を客観的に捉える方法を提示した[30]。

ひとの行いや在りように注目する潜在能力理論には、ロールズが懸念するように、個人の私的領域や個人的情報への社会的介入を招く危険がともなう。また、特定の行いや在りように注目することを通じて、特定の価値や目的に特権的な位置を与えるおそれもある。これらはまさに、新古典派経済学が、方法的に回避しようとした問題であり、基数的かつ個人間比較可能な選好に基づくモデルから、序数的かつ個人間比較不可能な選好に基づくモデルへと、経済学の枠組みを大きく転換させる契機となった問題である。

確かに、潜在能力理論を適用する際には、これらの問題に常に留意する必要がある。ただし、次の点は確認されてよいだろう。潜在能力理論が注目するひとの行いや在りようは、ある人々にその不足が認められたとしたら、放置しておくことは許されないようなもの、社会的責任で――つまりは拠出が可能な広範囲な人々から給付が必要な広範囲の人々への移転をともなって――その不足を補うことが要請されるようなものである。

このことは、たとえ潜在能力理論が適用されたとしても、社会的には関与されない個人の領域が留保されることを意味するとともに、なぜ、ある行いや在りようが特権的に着目され、なぜ、他の行いや在りようが着目されないのか、その理由と意味が常に公共的な精査にさらされる——したがって、理論を隠れ蓑として特権性が無批判に保持されることを困難にする——ことを意味する(31)。

このように、予想される難点を引き受けながら「実質的自由」を直接捉える視点を打ち出した潜在能力理論が、新古典派経済学の枠組みを大きく超えるものであることはまちがいない。だが、潜在能力理論の革命性はこの点にとどまらない。その革命性は、さらに、「実質的自由」の保障を、実質的に可能とする人々自身の判断を内生的に分析する枠組みをもった点に見られる。この点を説明する前に、センの潜在能力概念とヴァン・パリースの「実質的自由」の概念との異同について若干、コメントしておこう。

ヴァン・パリースの「実質的自由」は「本人がそう生きたいと思うように生きられること (to live as one might like to live)」と定義される(32)。それに対して、センの自由は「本人が価値をおく理由のある生を生きられること (to live the kind of lives they have reason to value)」と定義される(33)。両者は、本人が選ぶことを妨げられないだけではなく、実際に選ぶことができること、そのための条件を備えていることに着目する点で共通する。

両者の相違は、センが「理由」に着目するのに対し、ヴァン・パリースがそうではない点にあらわれる。センは、自己にも他者にもその理由をつまびらかにしながら、ある生を価値あるものとして選び取っていく個人の主体的な営み、ならびに、(たとえ自分自身はそのような選択をなそうとはしないとしても) 他者がなぜそのような選択をなすのか、その理由を互いに理解しあう公共的推論 (public reasoning) に着目する(34)。

この相違は、「実質的自由」を評価する方法の違いとしてもあらわれる。ヴァン・パリースの理論では、個々人の実質的自由は、まずもって所得という外的資源の賦与状態で捕捉される。ただし、個人間の内的賦与の差異が激しく、他のすべての個人の状態（外的資源と内的賦与の全体）よりも好ましくない状態だと皆に思われるような個人が存在する場合には、――社会の中の誰かがそうは思わなくなるようになるまで――その個人に対して補償的な給付がなされることになる。これは、もともとブルース・アッカーマンによって提唱された「優越なき多様性（undominated diversity）」と呼ばれる分配基準であり、その基本的発想は、他者の状態を羨む個人がいなくなるまで補償的な給付がなされることを要求する「無羨望（no-envy）」基準に近い(35)。両者はともに、個々人の享受する「実質的自由」の評価――補償が必要であるか否か、どの程度必要であるか――の判断を、個々人がそれぞれ現に有している序数的な選好（preference）に委ねるからである。

境遇の客観性に着目するセンの潜在能力理論においても、人々自身による〈判断〉は重要な役割をはたす。はたして、どのような諸機能を潜在能力のリストに含めるか、異なる種類の機能間の相対評価をどうつけるか、互いに包含関係にはない潜在能力同士をどう順序づけるかなどの問題は、理論先験的に決定されるのではなく、人々自身の判断に基づいて決定される、と構想されているからである(36)。

個人の潜在能力を実現する「資源」と「資源の利用能力」概念についても同様である。たとえば、「資源」には、所得や資産、余暇など個人に所属する資源のほかに、市場の成熟度、無料でアクセス可能な天然資源や公共的な財・サービス、人との関係性や私的能力を活用する場（市場以外の地域や近隣、ローカルな関係性に根ざすもの）などが含められる。また、「資源の利用能力」には、生産や消費に関する能力のほかに、熟慮的な判断の基礎となる能力（合理性や理性、共感、正義の感覚など）や習慣、他者の介助などが含められる。だが、実際に、各々の要素をどう特定化し、複数の要素間の関係をどのようにつけるかは、人々自身の判断に基づいて決定されることになる。

ここで、留意すべきは次の二点である。第一は、潜在能力評価に対する個人的判断プロセスについてである。ここで想定されている「人々自身の〈判断〉」とは、個々人が現に有している選好、あるいは、自己の状態のみを関心事とする評価を即、意味するものではない。それはまた、人々が経験的に共有する常識（common sense）や標準（standard）的思考様式に還元されるものでもない。むしろ、それは、自他の状態や評価、空間的・時間的に遠く離れた人々の状態や評価を広く配慮したうえで人々が抱く共感や反省的評価、それらをもとに形成される公共的推論（第五章で論じられた「開かれた不偏性」）に根ざすものである。センの潜在能力アプローチに、公共的討議を通じた社会的判断の形成といった民主主義の問題が不可避的にかかわってくるのは、このような理由による。背後には、次のような、個人の選好の多層性に注目するセンの社会的選択理論の視座があることを見逃してはならないだろう(37)。

所与の潜在能力のもとで、個人は、自己の保有する資源や自己の資源利用能力のもたらす制約を考慮しながら、「本人が価値をおく理由」に基づいて、諸機能間の相対評価を行い、資源や利用能力の振り分け方を選択しようとする。たとえば、自分は幸い健康で、在宅のデスクワークなので衣食は少量で足りる（したがって所得は少なめでよい）ものの、自由な発想を得るために十分な余暇時間の確保を重んずるといった具合に。だが、このような判断を、それのみを社会政策の基礎としようとはしないだろう。同じ社会には、あり余る余暇時間をもちながら、医療や育児に特別な需要をもち所得不足に悩む人々が存在するかもしれないからである。

留意すべき第二の点は、潜在能力評価に対する社会的判断プロセスについてである。第五章でのセンの議論をふまえるならば、潜在能力に対する社会的判断は、単一の集合体によって形成される完備的順序ではなく、異なる複数のグループ（たとえば異種の当事者グループ）が形成するローカル評価を整合しつつ形成される（通常は非完備的な）部分的順序であると考えられる。ここでは、はたして、ローカル評価の形成手続きに対して、またそれらの整合化手続きにおいて、どのような条件を課すべきか、が探究されるべき社会的選択の課題となる。(38)

「本人が価値をおく理由」は、社会的にも尊重されなくてはならない。また、資源の変換能力に関する本人の個別性は、必要に応じた社会政策をつくる際の重要な情報的基礎ともなる。ただし、社会政策に対する個々人の判断は、自分（たちグループ）の理由や個別性だけに配慮したものであるとは限らない。個々人は、自分（たちグループ）の理由や個別性を社会的情報の一つとして提供しつつ、同時に、他の人たちの理由や個別性に広く配慮しながら、社会政策に関する判断を形成していくことができる。このように互いの理由や個別性を配慮しあう社会的判断の形成プロセスを内生的に扱うことを可能とする点に、センの潜在能力理論のもう一つの革命性がある。

六　結びに代えて

本章の出発点は、ロールズ格差原理が新古典派経済学の枠組みで定式化されるとしたら、その規範性が形骸化してしまうのではないか、という危惧にあった。

その根本的な理由を、本章は、内的整合性に留意する一方で、次の二つの意味で外的（倫理的）視点を排除した、経済学の自己完結的モデル・ビルディングに見出した。すなわち、①モデルの中の個々人の選好を何であれ所与とし、個々人の選好を外的に評価する視点を理論枠組みから排除する。②モデルの中の個々人が外的（倫理的）視点を受容しつつ自己の行動を内的に制約する可能性を内生的に分析する装置をもたない。

このモデルの典型は、いうまでもなく競争市場メカニズムである。だが、一定の社会的目標の最大化という外的視点を導入したはずの社会厚生関数あるいは社会目標関数においても事情は変わらない。社会的目標を制約条件の一つとしながら自己利益を最大化する個々人の行動とその背後にある選好判断を（何であれ）所与とする限り、実現された結果が社会的目標の真意に反する可能性を回避できない。たとえば、最大化されたはずの社会的目標がきわめて低い達成値にとどまる可能性を回避できない。しかも、そもそもそれがきわめて低い達成値にすぎないかどうかを判断する視点をもちえない。

ロールズ格差原理は、社会の中で「最も不遇な人々」に焦点をあて、彼らの期待を可能な限り高めることによって、すべての人々の期待を高めようという意図をもつ。ただし、「可能な限り」とは、社会的諸条件の制約が許す限り、という意味であり、その「社会的諸条件」には、社会状態に関して人々が現にもつ選好のみならず、人々が公共的推論を通じて形成していくメタ判断（自らの選好に関する）が含まれる。この人々の判断形成プロセスに関して、ロールズのおいた重要な、格差原理にも優先する原理は、平等な諸自由の保証・政治的自由の実質的保障であった。
この人々の選好・判断を社会的諸条件の一つとみなす考え方は、ロールズの議論を経済学的モデルに大きく接近させる。だが、両者を分かつ決定的な違いもまた、そこにある。ロールズは、人々自身が外的視点（倫理的視点）を導入する可能性を明示的に想定していた。平等な諸自由の保証・政治的自由の実質的保障のもとで、自らロールズ格差原理の真意を解釈し、その実現に向けて自らの判断と行動を内的に制約する可能性を想定していた。

このようなロールズの特徴は、センにも共有されている。自ら経済学者でもあるセンは、おそらくロールズ以上に、新古典派経済学の到達点と限界を周知したうえで、あえて「実質的自由」を操作的かつ個人間比較可能な指標で捉える枠組み（潜在能力理論）を提出した。彼もまた、平等な諸自由（彼の言葉では、「行為主体的自由（agency freedom）」）の保証と政治的自由（彼の枠組みでは社会的選択プロセスに参加する自由）の実質的保障の観点を放棄していない[39]。これらの自由のもとに、センは、「実質的自由」の保障を実現する人々自身の営み、社会的判断が形成されるプロセスを内生的に扱う理論を構築しようとしたのである。

新古典派経済学が外的視点を排除しようとしてきた理由はきわめて明快である。ものごとの決定プロセスに、「外的視点」の名を借りて、恣意的な権力が入り込むおそれがあることを懸念したからだ。新古典派経済学が重視する「分権化（decentralization）」という語には、社会構成員個々人がもつ視点を超えて、いかなる超越的な視点をも措定しないという意味が含まれている[40]。

ここで問題は、外的視点を排除することが、同時に、分析者自身がもつ問題解決の視点を棄て去ること、あるいはまた、モデルの中の人々自身がもつかもしれない問題解決の視点を完全に相対化することを意味しがちであった点にある。このことの問題性は、分析者自身がもつ問題解決の視点に立脚しながら、どのような場合であれば、ある問題解決の方法が実現可能となるか、という観点から分析を進める道を閉ざしてしまうことにある。

たとえば、社会厚生関数モデルが指摘する「格差原理のディレンマ」を例にとろう。それが発生する可能性を否定することは、理論的にも実践的にも困難である。移転量の増加にともなって人々は労働量を大きく減少させるかもしれない、というおそれが人々自身の行動の制約条件となり、その行動を多くの人が実際にとるようになるとしたら、格差原理のもとで実現する最小所得は、きわめて貧弱なものにとどまる可能性があるからだ。

だが、たとえばいま、次のような社会的情報が人々に共有されたと仮定するとしよう。自分たちの住む社会は、高齢者や障害者が必要とするかもしれない様々な財やサービスに照らして、労働供給量が過剰だとはいえない社会だ。しかも、その一方で、職をめぐる現実は依然として厳しい。働いても一向に豊かな暮らしにつながらない人々、働こうにも働くことのできない人々が数多く存在している。このような情報を得たとしたら、人々は、格差原理を実現するステージで、自らの選好や行動にどんな制約をつけるだろうか。

もちろん、分析者自身がもつ問題解決の視点に立脚しながら、問題を分析しようとしたら、分析者の視点が分析それ自体に投影されることをまぬがれないだろう。だが、自らの視点を明示化しつつ、問題解決の具体的な方法を、少なくとも一つの重要なオプションとして提示する経済学があってもよいのではないだろうか。

外的視点を排除しようとする新古典派経済学のスタンスが、方法的なスタンスにとどまらず、いつのまにか「外的視点を排除することは望ましい」という実体的な価値を帯び、市場とは異なる目的をもって登場したはずの社会政策が、結局のところ、自己完結モデルの典型である市場メカニズムの論理を限りなく受け入れてしまうという愚かさに対抗するためにも。

福祉の視点を基底に据えるセンの経済学は、実のところ、正義の視点を尊重する経済学にほかならない。倫理が合理性の問題に解消しきれないと同様に、正義も福祉の問題に解消しきれない。両者の緊張関係を見据える中から、高度な一般理論の夢に代わる新しい経済学の夢が誕生する。

（1）『正義論』をはじめとするジョン・ロールズの多くの論考に、少しずつ表現は異なるが、頻出するフレーズである。たとえば「何人も、他の人々の助けにならないかぎり、階級的出自や自然的能力など、深く、しつこい影響力をもち、本人の功績とは無関係な偶然性から便益を受けてはならない」(Rawls, 1974b, p. 246)。

（2）Rawls, 1975, ロールズはここで「道徳哲学」と「道徳理論」を区別したうえで、自分の主眼は後者にあると述べている。

（3）ここでは詳細を省くが、ロールズ自身が引用している経済学文献だけでも二〇はくだらない。その中心は、S. S. Alexander, R. A. Masgrave, K. J. Arrow, J. C. Harsanyi, I. M. D. Little, T. Shitovsly, R. Hicks, L. Hurwicz, E. S. Phelps, A. B. Atkinson, A. Sen によって書かれた文献である。

（4）後藤、二〇〇二、第三章、また、Gotoh R. and N. Yoshihara, 2003 では、アマルティア・センの潜在能力（capability）概念を指標としてロールズ格差原理の定式化を行った。ロールズ自身はそれらの問題に対してオープンではあるものの、ロールズ正義論と整合的な形で、彼の議論を展開することは可能だと考えられる。

(5) 後藤、二〇〇六a、b、二〇〇八参照のこと。

(6) 後藤（二〇〇二、第七章）では、「匿名性」「中立性」「斉一性」という三つの条件でロールズ格差原理を定式化したS. Strasnikの議論を紹介している。

(7) Dworkin, 1982/3.

(8) 個人別衡平性が成り立ち、相互便益が成立している。しかも、個々人の初期資源は平等であり、リスクの発生率が等しいうえに、「リスクが発生した場合には資源を分配せず、リスクが発生しなかった場合にはすべての資源を分配する」という共通の選好のもとで、結果に対して互いに無羨望であると仮定されているので。

(9) ローマーは、危険回避的であるか危険愛好的であるかにかかわらず、経済学が仮定しているノーマルな選好のもとで、期待効用最大化行動をとればかならずこの結論が導出されることを示した。

(10) Dworkin, 2000, p. 253f. 長谷川、二〇〇〇、一五八f頁参照。ドゥオーキンの次の言葉を参照のこと。「保険は、それが利用可能である限り、対処不能な運と対処可能な運との間に緊密な関係性を構築する。なぜならば、カタストロフィー対策保険を購入するか、しないかは計算されたギャンブルに他ならないからである」(1981b, p. 293).

(11) 正確には、次のように定義される。センの弱衡平性公理、すなわち、「所得のどの水準に対しても個人iの効用は個人jの効用を下回るものとせよ。そのとき、所与の総所得を個人iとjを含むn人の個人の間で分配する際には、最適な所得分配は個人jに対するよりも個人iに対してより多くの所得を与えなければならない」(Sen, 1997).

(12) Rawls, 1975a, p. 283.

(13) Musgrave, 1974.

(14) 以上の議論については、Van Parijs, 1995, p. 96. なお、このようなロールズ解釈は、意外に根強く、たとえば、ロールズの格差原理は、就労につくことを公的扶助の資格要件とする――ベーシックインカムとは対抗的な政策構想であるはずの——ワークフェア政策を支持するものだ、という誤解をもたらしている。

(15) Rawls, 1974b, p. 252.

(16) Rawls, 1974b, p. 253

(17) これは格差原理を公共政策として具体化する段階で（ロールズのいう「立法」あるいは「実践」のステージ）で、社会に関するより多くの情報をもって決定すべき問題とみなされる（Rawls, 1974b, p. 241）。

(18) このことは、一単位の所得の喪失を補って同水準の厚生を保つには、莫大な余暇が必要となると判断することを意味する。

(19) 正式にはバーグソン・サミュエルソン型社会的厚生関数と呼ばれる。第二章一節参照のこと。

(20) Bergson, 1938, Samuelson, 1947, Ch. VIII など参照のこと。

(21) Samuelson, 1947, p. 221.

(22) Mirrlees, 1971.

(23) 詳細については補論参照のこと。ただし、補論では個々人が他者の行動を予測しながら行動をするというゲーム論的状況を若干考慮したものとなっている。

(24) インプリメンテーション理論については多くの文献があるが、その概説書としては、たとえば、Maskin, 1985 を参照のこと。

(25) Hurwicz, 1986 p. 1444 などを参照のこと。

(26) ただし、後藤（一九九四）の三節はこの批判を想定しながら、操作可能性を回避するメカニズムの探求に向かっている。

(27) Rawls（1974b）p. 249 など。

(28) 「社会的諸条件が変化したときは通常、（常識的正義の）規準間の適切なバランスも変化する」(Rawls, 1971a, p. 307)。

（29）本書第四章参照のこと。ここでは、ロールズの「相互性としての正義（justice as reciprocity）」を敷衍させた「公共的相互性」の概念を提出している。正義の概念との関係については、後藤（二〇〇六c）参照のこと。
（30）ただし、潜在能力を比較評価する社会的判断は、完備性を満たす必要はない点をセンは強調する。社会政策に必要十分であればよい。Sen, 1985 他参照のこと。
（31）Sen, 1999, p. 274 など参照のこと。
（32）Van Parijs, 1995 参照のこと。
（33）Sen, 1999, p. 10 参照のこと。
（34）Sen, 1999, pp. 78-79 参照のこと。
（35）Van Parijs, 1995, 3章参照のこと。
（36）Sen, 1985, pp. 2-4 参照のこと。
（37）これらの点は、社会的選択理論に関するセンの独創的な仕事にもつながっていく。本章が、センの構想を潜在能力「理論」と呼ぶのは、それが単なる「アプローチ」を越えて、社会的選択理論と密接に結びついて、独自な理論を構成していると考えるからである。
（38）たとえば、ローカル評価の形成手続きに関しては、「基本的潜在能力の充足」を課す一方で「基本的潜在能力」を越える場合には「より大きい潜在能力はより望ましい」といった単調性基準の適用を控える要請をなすことが考えられる。詳細については後藤（二〇〇八）参照のこと。
（39）Sen, 1985, p. 670, note 2、後藤、二〇〇二、六一一六頁参照のこと。
（40）Hurwicz（1960）など参照のこと。ルールの制定ステージで、個々人の判断が一定の外的視点を受容する可能性については、社会的選択理論で扱われてきた。ここでの関心は一定のルールのもとで行為する個々人の選好に向けられる。

参考文献

Bergson, A. (1938) "A Reformulation of Certain Aspects of Welfare Economics," *Quarterly Journal of Economics*, Vol. 52, pp. 310–334.

Gotoh, R. (2004) "Well-Being Freedom and The Possibility of Public Provision System in Global Context," *Ethics and Economics*, Vol. 2, 2004.

Hurwicz, L. (1960) "Conditions for Economic Efficiency of Centralized and Decentralized Structures," G. Grossman (ed.), *Value and Plan: Economic Calculation and Organization in Eastern Europe*, Berkeley: University of California Press.

Hurwicz, L. (1986) "Incentive Aspects of Decentralization," K. Arrow and Intriligator (eds.), *Handbook of Mathematical Economics*, Vol. III, Amsterdam: North Holland.

Maskin, E. S. (1985) "The Theory of Implementation in Nash Equilibrium: A Surrey," L. Hurwicz, D. Schmaidler and H. Sonnenschein (eds.), *Social Goals and Social Organization*, Cambridge: Cambridge University Press.

Mirrlees, J. (1971) "An Exploitation in the Theory of Optimum Income Taxation," *Review of Economic Studies*, 38, pp. 175–208.

Musgrave, R. A. (1974) "Maximin, Uncertainty, and the Leisure Trade-off," *Quarterly Journal of Economics*, 88: 652–32.

Norzick, R. (1974) Anarchy, *State and Utopia*, Oxford: Oxford University Press.

Rawls, J. (1971a): *A Theory of Justice*, Cambridge, Mass.: Harvard University Press.（矢島鈞次監訳『正義論』紀伊国屋書店，一九七九年）。

Rawls, J. (1971b) "Justice as Reciprocity," S. Gorowitz (ed.), *John Stuart Mill: Utilitarianism, with Critical Essays*, Indianapolis: Bobbs-Merrill（引用頁は 1999 による）。

Rawls, J. (1974a) "Some Reasons for the Maximin Criterion," included in Rawls (1999) originally pub-

lished in *American Economic Review*, 64, pp. 141–146（引用頁は 1999 による）。
Rawls, J.（1974b）"Reply to Alexander and Musgrave," *Quarterly Journal of Economics*, 88, pp. 633–655（引用頁は 1999 による）。
Rawls, J.（1975）"Justice as Goodness," *Philosophical Review*, Vol. 84, pp. 536–555（引用頁は 1999 による）。
Rawls, J.（1992）*Justice as Fairness Restatement*, mimeo（Lecture Note in the Harvard University）.
Rawls, J.（1999）*Collected Papers*, S. Freeman（ed.）, Cambridge, Mass.: Harvard University Press.
Samuelson, P. A.（1947/1987）*Foundations of Economic Analysis*, Cambridge, Mass.: Harvard University Press.
Sen, A. K.（1985）*Commodities and Capabilities*, Amsterdam: North-Holland（鈴村興太郎訳『福祉の経済学――財と潜在能力』岩波書店，一九八八年）。
Sen, A. K.（1990）"Welfare, Freedom, and Social Choice: A Reply," *Recherches Economiques de Louvain*, Vol. 56, pp. 451–485.
Sen, A. K.（1997）*On Economic Inequality*, expanded edition with a substantial annex by James E. Foster and Amartya, K. Sen, Oxford: Clarendon Press（鈴村興太郎・須賀晃一訳『不平等の経済学』東洋経済新報社，二〇〇〇年）。
Sen, A. K.（1999）*Development As Freedom*, New York: Alfred A. Knopf（石塚雅彦他訳『自由と経済開発』日本経済新聞社，二〇〇〇年）。
Tobin, J.（1968）"Raising the Income of the Poor," in K. Gordon（ed.）, *Agenda for the Nation*, The Brookings Institution, pp. 77–116.
Van Parijs, P.（1995）*Real Freedom for All: What（if anything）can Justify Capitalism*, Oxford: Oxford University Press.
Van Parijs, P.（2006）"Basic Income: Is it Just Idea?," Text prepared for the Workshop with Professor

Philippe Van Parijs, "Real Freedom for All!," Ritsumeikan University, July 7, 2006, translation by Susan C. Black, chapter 3 of Y. Vanderborght & Ph. Van Parijs, *L'Allocation universelle*, Paris: La Decouverte, 2005.

厚生労働省（二〇〇四）『社会保障審議会福祉部会「生活保護制度の在り方に関する専門委員会」報告書』。

後藤玲子（一九九四）「『常識的規則』のウェイト付けによるロールズ格差原理の定式化」、『一橋論叢』第一一二巻第六号、一五五―一七四頁。

後藤玲子（二〇〇二）『正義の経済哲学　ロールズとセン』東洋経済新報社。

後藤玲子（二〇〇四）「リスクに抗する福祉とは」、橘木俊詔編著『リスク社会を生きる』岩波書店、二七五―三〇六頁。

後藤玲子（二〇〇六ａ）「正義と公共的相互性　公的扶助の根拠」、『思想』「特集　福祉社会の未来」第九八三号（二〇〇六年第三号）、八二―九九頁。本書第四章収録。

後藤玲子（二〇〇六ｂ）「ミニマムの豊かさと就労インセンティブ――公的扶助制度再考」、財務総合政策研究所報告書『わが国の経済格差の実態とその政策対応に関する研究会』。

後藤玲子（二〇〇六ｃ）「社会的正義と公的扶助――公共的相互性の意味を問う」、『社会福祉研究』第九七号、三二―四〇頁。

後藤玲子（二〇〇八）「〈社会的排除〉の観念と〈公共的経済支援政策〉の社会的選択手続き」、武川・埋橋・福原編『社会政策の新しい課題と挑戦』第三巻、法律文化社、四三―六二頁。

後藤玲子・吉原直毅（二〇〇四）「「基本所得」政策の規範的経済理論――「福祉国家」政策の厚生経済学序説」、『経済研究』第五五巻第三号、二三〇―二四四頁。

社会生活による調査検討会（二〇〇三）『社会生活に関する調査／社会保障生活調査結果報告書』。

鈴村興太郎・後藤玲子（二〇〇一／二〇〇二）『アマルティア・セン　経済学と倫理学』実教出版。

松井暁（一九九九）「社会システムの倫理学　所有・福祉・平等」、高増明・松井暁編『アナリティカル・マルキシズム』ナカニシヤ出版、一三一―五一頁。

あとがき

本書は、福祉と正義のダイアローグを意図したものである。

芥川龍之介の「河童」にあるように、ひとは誰しも、本人の意思で生まれてきた、とはいえないだろう。生まれたからにはそこに本人の意思もあったはずだ、とレトリカルに後追いできるとしても、出生時に個人が意思表明する機会をもつことができないことは確かだから。

でも、だからといって、個人が自分の生に責任をもたなくていいということにはならない。社会は、生まれてきた個人に、自分の生に責任をもて、と要求することは可能であるし、そうすべきである。だが、それと同じくらい強く、本人の意思で生まれてきたとはいえないすべての個人の生に、社会は責任をもて、とはいえないだろうか。

もちろん、そこには親の責任が厳然としてあり、親の責任は社会の責任によっては代替されない。けれども、その親の生に対しても社会は責任をもち、その社会の責任はどんな個人の責任によっても代替されない、そういうものとして社会の責任を考えることはできないだろうか。

福祉と正義のダイアローグはこんなことを考えさせてくれる。

正義の女神は目隠しをして、左手に秤を右手に剣をもつという。はじめに、その目隠しを外そう。女神さまだから、その眼差しはどんな小さな姿をも見落とさず、人為の壁を貫いてはるか彼方へ届くだろう。

つづいて、左手にもつ秤を、単一の巨大な秤ではなく、たくさんの小さな秤に替えたい。女神さまだから、無数の異なる秤の針先を見つめながら、どの財をどこからどこに移し替えたらよいか、瞬時に判断できるだろう。

最後に、右手にもつ剣を、『花さき山』（文：斎藤隆介、絵：滝平二郎、岩崎書店）の花に替えたい。誰かが人知れず善い行いをしたときに、静かにポンと花咲くように。女神さまだから、その花で世界中の人々に清々しさを伝えられるだろう。

福祉と正義のダイアローグはこんな夢をも見させてくれる。

本書は、二〇〇三年、立命館大学で開催された国際コンファレンスをもとに企画が練られた。ひたすらわがままな企画を最後まで支えてくださった渡辺公三氏、立岩真也氏をはじめとする立命館大学大学院先端総合学術研究科の諸氏、ならびに江川ひかり氏、若松良樹氏、池本幸生氏、そして編集の労をお取り下さった東京大学出版会の竹中英俊氏、白崎孝造氏にまずもって御礼を申し上げたい。また、セン教授との研究交流のきっかけをつくって下さった鈴村興太郎先生、数多くの研究機会を創出して下さった塩野谷祐一先生、そして知的刺激と温かみに満ちたお手紙で励まし続けて下さった藤岡貞彦先生、ならびに多くの学兄と家族に、心から御礼を申し上げたい。本書は、複数の既発表論文を下敷きとしながら再構成されている。初出の雑誌や本を編集された方々との交流が本書の質を高めてくれたことはまちがいない。ここに厚く御礼申し上げたい。

最後に、本書は、次男の闘病生活の最中にまとめ上げられた。冒頭の話は、芥川好きの彼との対話を通じて生み落とされた。本書の編集は終わったが、彼の闘病は終わらない。私の仕事も終わらない。わがままであった頃も、涙することの多いいまも、たえず励まし続けてくださったセン教授に、心からの感謝をお伝えしたい。セン教授の人並みはずれた多忙さを知る私には、当初予定していたセン教授の序文の執筆を本書の刊行を延期してまで催促することができなかった。代わりに、本書の企画に関して、セン教授からいただいたメッセージの一部を紹介する。

親愛なるレイコよ、
本当にありがとう。もちろん、このまま企画を進行させてくれていい。私は、貴女の判断（judgement）と連帯（solidarity）に心から信頼をおいている。これ以上、わたしが手をかける必要のないことはわかっているよ。

本書は経済学の落とし子である。ただし、福祉はひとの善き在りよう（well-being）の実現を希求し、正義はその実現のあり方を問う。福祉と正義は、エコノミック・シンキング（経済学的思考）のさらなる展開と、その細心かつ大胆な転回を要求するだろう。「オリジナルであるということは、論争的だということだ」（アマルティア・セン）。

二〇〇八年一〇月三〇日
後藤玲子

作者　佐々木昌代

人名索引

た行

な行

は行

ま行

や・ら・わ行

事項索引

さ行

た行

な行

は行

ま行

や・ら・わ行

著者紹介 (所属は 2008 年 12 月現在)

アマルティア・セン (Amartya K. Sen)　第 1 章・第 3 章・第 5 章
1933 年生まれ．1959 年ケンブリッジ大学トリニティ・カレッジで博士学位取得．現在，ハーバード大学哲学・経済学教授，東京大学名誉博士．エコノメトリック・ソサエティ会長，アメリカ経済学会会長，国際経済学会会長などを歴任．*Collective Choice and Social Welfare*, San Francisco: Holden-Day, 1970 をはじめとして主要著作のほとんどは邦訳されている．*Rationality and Freedom*, Cambridge: Harvard University Press, 2002 の続編である *The Idea of Justice* を同出版社より刊行予定．

後藤玲子 (ごとう　れいこ)　序章・第 2 章・第 4 章・第 6 章・終章，第 1 章翻訳
1958 年生まれ，1998 年一橋大学大学院経済学研究科理論経済学専攻博士課程修了．博士 (経済学)．現在，立命館大学大学院先端総合学術研究科教授．
主要著書　『正義の経済哲学：ロールズとセン』東洋経済新報社，2002 年．『アマルティア・セン：経済学と倫理学』(共著) 実教出版, 2001 年.『福祉の公共哲学』(共編著) 東京大学出版会，2003 年．*Against Injustice —— The New Economics of Amartya Sen* (共編著)，Cambridge University Press, 近刊など．

小林勇人 (こばやし　はやと)　第 3 章翻訳
1977 年生まれ，2007 年立命館大学大学院先端総合学術研究科博士課程修了．博士 (学術)．
主要業績　「ワークフェアの起源と変容——アメリカにおける福祉改革の動態についての政策分析」(博士学位請求論文)「ニューヨーク市のワークフェア政策——就労「支援」プログラムが受給者にもたらす効果」(『福祉社会学研究』4: 144–64)．

岡敬之助 (おか　けいのすけ)　第 5 章翻訳
1931 年生まれ，2003 年立命館大学大学院経済学研究科修士課程修了．修士 (経済学)．現在，立命館大学大学院先端総合学術研究科博士課程在学．
主要業績　「センの貧困研究の意義：貧困の原因をどのようにとらえるか」(修士学位請求論文)．

福祉と正義

2008年12月19日　初　版

[検印廃止]

著　者　アマルティア・セン／後藤玲子

発行所　財団法人　東京大学出版会

代表者　岡本和夫
113-8654 東京都文京区本郷7-3-1 東大構内
電話 03-3811-8814　Fax 03-3812-6958
振替 00160-6-59964
印刷所　株式会社理想社
製本所　誠製本株式会社

ISBN 978-4-13-010110-3 Printed in Japan